# 读书

## 育人 随笔录

付欣 著

辽宁人民出版社

**图书在版编目（CIP）数据**

读书育人随笔录 / 付欣著． —沈阳：辽宁人民出
版社，2022.1
ISBN 978-7-205-10322-4

Ⅰ．①读… Ⅱ．①付… Ⅲ．①小学—校长—学校管理
—经验 Ⅳ．① G627.1

中国版本图书馆 CIP 数据核字（2021）第 226126 号

出版发行：辽宁人民出版社
　　　　　地址：沈阳市和平区十一纬路 25 号　邮编：110003
　　　　　电话：024-23284321（邮　购）　024-23284324（发行部）
　　　　　传真：024-23284191（发行部）　024-23284304（办公室）
　　　　　http : //www.lnpph.com.cn
印　　刷：辽宁新华印务有限公司
幅面尺寸：170mm×240mm
印　　张：18
字　　数：314 千字
出版时间：2022 年 1 月第 1 版
印刷时间：2022 年 1 月第 1 次印刷
责任编辑：赵维宁
助理编辑：段　琼
装帧设计：一诺设计
插图设计：徐子瑶
责任校对：吴艳杰
书　　号：ISBN 978-7-205-10322-4

定　　价：68.00 元

# 前　言

　　教师的时间是以一节课、一个单元、一个学期和一个学年的方式来计算和度过的。尤其是中小学教师，从早到晚、课上课下地与学生在一起。这样一份不轻松的工作，怎样做才不至于简单重复和循环，我们的生命怎样才不至于被动磨蚀，而能透过黑板和粉笔，透过作业和考卷，主动地实现常做常新？怎样才是教师生命正确的打开方式？怎样的教育才是教师和学生的双赢模式？教师怎样在教育生涯中雕刻时光，雕刻自己，活成自己想要的模样，丰盈醇厚、充满智慧？如何能把自己作为一个生命意义的创造者，一个幸福生活的享有者，活给学生们看？

　　我的主张和实践很简单，就是在漫长的教育生活中读读、做做、写写，有点像上海段力佩先生的茶馆教学法。如果提炼成一句话，就是"读书育人乐无穷"。铺展开则有三个维度可同时推进，那就是"读书生活，变化气质""读书实践，精业固本""读书发展，专长立身"。

　　我总是记着杭州名师张化万和我们解释为什么有些老师教一辈子书教不出名堂，是因为他总把教育和生活严格地分开，下班回家买菜做饭与上班上课、教育学生毫无关联，其实教育与生活是一回事。真是这样，生活处处有教育，有打动我们的情可去感受，有触动我们的美可去欣赏，有启发我们的智慧可去领悟，课上课下与上班下班之间应该是流动的，课堂和校园便与生活和社会同样丰富。叶澜先生概括得很精彩，教天地人事，育精神宇宙。而这些生活感受力和转化力，需要我们借助阅读去提升。读就比不读好百倍，读后经常写一写就比不写好百倍。因为在生活中能印象深刻的往往是你写过的东西，能成为人生经验的是你读过写过还做过的东西。

在实践中阅读，我常常是采取主题阅读的方式，就是搜罗与某项有难度有深度的工作相关的书籍，在读中寻找、解惑、分析和比对，获得它的意义和本质，转化成适合自己的方法和策略。这种阅读方法在《如何阅读一本书》中阐释得很是让人振奋。像"十二五"期间我带着老师们做"四轮五环"新情·知教学模式的研究，"十三五"期间做"小学生传统文化教育如何融入育人目标、获得国家认同"的研究，"十四五"期间做"基于问题和概念的教学"研究，皆是如此。

教师的专业发展离不开读书。我们需要在读书、思考和实践的循环中寻找自己，成为自己。要追问自己，我在工作中有什么特长，是指导书写还是作文教学？如果善于指导书写，能不能发展一下这个专长，成为一个书法爱好者，甚至做个书法家、如果乐于指导学生习作，能不能每次作文教学前都写篇下水文给学生读读，能不能每周或者每月都写篇生活随笔或教育案例、哪怕每学期积累两三篇都会不一样。教师把特长发展成专长，是非常好的专业发展路径。这需要教师在繁杂的工作中自我突围，也需要教师在既定研究方向上通过足够量案例的积累和必要关键事件的催化而成为自己。

这本小册子围绕我十几年来读书育人的实践，收录了八十多篇随笔。其中有读书行路、抒写四季的生活札记，它们润泽我的教育和我的生命；有实践中的教育随笔，它们让我通过读写激发教育味，体悟育人中的知与行；有专长发展路上的成长笔记，它们记录了我做语文老师追求精进的努力，和做校长不断寻找制高点的执着。这些随笔质朴有余而不够精细，情怀尚有而高度不足，但它足以激励我进步。有更好文笔和实践而尚未记录下来的老师们、校长们，还有家长朋友们，你们都可以这样写一写、攒一攒、理一理，一定更精彩。

读写确实凝练思想。

记录确实产生价值。

教育确实充满挑战和魅力。

# 目　录

## 第二节　抒写四季

# / 第二章　读书实践 /

## 第一节　读写教育味

## 第二节　育人知与行

# / 第三章　读书发展 /

## 第一节　追求卓越

第二节　寻找制高点

# 第一章

## 读书生活

# 第一节　读书行路

## 求美的人生才精彩
### ——读朱光潜先生的《谈美》

《谈美》是朱光潜先生 1932 年继《给青年的十二封信》之后写的"第十三封信"。作为著名美学家、文艺理论家、教育家和翻译家，朱光潜先生在这封信里"像平时写信给自己的弟弟妹妹一样"娓娓道来，让读者恍如与之亲切面谈。他说："假若你看过这本书之后，看到一首诗、一幅画或是一片自然风景的时候，比较从前感觉到较浓厚的趣味，懂得像什么样的经验才是美感的，然后再以美感的态度推到人生世相方面去，我的心愿就算达到了。"也确实如此，这本小书令我们轻松阅读，但获得的却是深层收获；你会感到自己愉悦地被神明点化着，读着读着，你甚至无限感谢生命，对人生、对自己充满更高更美的期待。

《谈美》它在启示我们，不美枉活；它在指引我们，求美的人生才精彩。

**我们为什么学美——人生有趣无俗**

朱光潜先生谈到，"俗"无非是像蛆钻粪似的求温饱，不能以"无所为而为"的精神作高尚的企求，总而言之，"俗"无非是缺乏美感的修养。这让我们对学美的意义一下子了然于胸——学美是为了免俗啊！这又让我想到东坡居士的"宁可食无肉，不可居无竹；无肉令人瘦，无竹令人俗"，一切美的事物着实都有令人不俗的功效！

我们每个人除了做自己，都有好多个社会角色，可能是丈夫或妻子，是爸爸或妈妈，是教师或亲友。学美不仅仅让自己的人生有情趣，同时做美的使者走向家庭亲友，走向成长中的学生，我们将有幸影响和塑造许许多多有趣无俗的生命。

你看这段话朱先生是如何看待"功名与美"的。"秦始皇并吞六国，曹孟德轴舻千里，这些惊心动魄的成败对于你有什么意义？对于我有什么意义？但是长城和《短歌行》对于我们还是很亲切的，还可以使我们心领神会这些骸骨不存的精神气魄。"是啊，再伟大的功勋也只是一世，不过百年，而人类的心灵却被思想家和艺术家伟大的思想和作品中所散布的星光永恒地点亮。让我们珍爱这璀璨星光，如果能，也努力散布几缕星光去照耀历史的天空。建筑、雕刻、绘画、诗词……这些美的所在，让我们前可见古人，触摸他们千年的才思；后可约来者，与其同享永恒的美好。

**它们为什么是美的——美是有道理的**

倒影为什么比实物美？陶渊明闲适的田园生活需想见农人烈日行风的苦涩，而为什么美？朱光潜先生提出因为美和实际人生有一个距离，要见出事物本身的美，须把它摆在适当的距离之外去看。正身和实际人生没有距离，而倒影有。

这些解释让我欣喜，它向我道明了美之所以美，是有道理的。了解了"艺术与自然之中有一种距离"的道理，我更能理解诗歌为什么要押韵，戏剧中的面具、高底鞋、腔调都是为了有距离于平常，绘画、雕塑都不与实际生活完全相同，对"美来源于生活而高于生活"这句话有了更深入的感悟。想想戏曲、书画、建筑、文物……丰富的艺术门类里那些夸张，渲染；那些清丽，华美；那些姿态，步履；那些线条，色彩；那些符号，元素……在适当的距离里，我们欣赏着世间的大美种种。

美是有道理的，你再看朱光潜先生的总结：是美就不自然，是经过人情化的。情人眼里出西施，恋爱中的对象是已经艺术化的自然。美的欣赏也是把自然艺术化，所谓艺术化就是人情化和理想化。美感经验其实不过是在聚精会神之中，我的情趣和物的情趣往复回流而已。物我同一的移情，比如书法有骨力、神韵、姿态、气魄，是把墨涂的痕迹看做有生气有性格的东西，将心中意象移到字本身上去。

### 学美之于教育教学——懂美才更懂教育

更有味道的语文。作为文艺理论家和教育家，朱光潜先生对文学作品有着精彩的赏评。"诗经《王风黍离》，诗人何必说一遍又一遍，因为情感原是往复低回缠绵不尽的，意义上似重复情感则不重复。"这里对于重复作用的分析多好，多有滋味。"严沧浪说：汉魏古诗，气象混沌，难以句摘；晋以还始有佳句。如《江南》单看起来每句都无特色，合起来看，全篇却是一幅极幽美的意境。不仅汉魏古诗，后世也有，陈子昂的《登幽州台歌》念天地之悠悠，独怆然而涕下，李白的《长相思》相思黄叶落，白露点青苔；钱起的《湘灵鼓瑟》曲终人不见，江山数峰青。因为有情感的综合，原来似散漫的句子变成不散漫，原来似重复的意象也可变成不重复。"这段评论对于我们教学这几首古诗多么有帮助，举一反三来看我们还会发现其他类似这样"用情于散漫句子而意境深远"的佳句，学习像朱先生一样去鉴赏诗词，使我们的古诗文教学乃至整个语文教学教出更多的滋味儿。

更有依据的诵读。"艺术的创造不过是手能从心。筋肉活动成了习惯以后就非常纯熟，可以从心所欲，笔到意随；但最初养成这种习惯时好比小孩子学走路总要跌几跤才可以学会。各种艺术都各有它的特殊的筋肉的技巧。要想学一门艺术，就要先学它的特殊的筋肉的技巧。所谓'思路'并无玄妙，也不过是筋肉活动所走的特殊方向而已。"读过这段话，我们对于技艺的培养过程和其道理就再清楚不过了。是啊，戏曲歌舞、书画篆刻，包括体育运动、女红、厨艺等，不都是将技艺练在不同部位的筋肉里了吗？

小学生的听说读写就更是同理了。曾国藩《家训》中说，凡作诗最宜讲究声调，须熟读古人佳篇，先之以高声朗诵，以昌其气，继之以密咏恬吟，以玩其味。二者并进，使古人之声拂拂然若与我喉舌相习，则下笔时必有句调奔赴腕下，诗成自读之亦自觉琅琅可诵，引出一种兴会来。朗诵既久，则古人之声就可以在我的喉舌筋肉上留下痕迹，拂拂然若与我之喉舌相习，到自己下笔时，喉舌也自然顺这个痕迹而活动，所谓"必有句调奔赴腕下"。要看自己的诗文的气是否顺畅，吟哦时喉舌间所习得的习惯动作就可以再现出来。从此可知前人所谓"气"也就是一种筋肉技巧了。

多么精当透彻的解释！这使得我给自己多年在学校开展的经典阅读、经典诵读活动又找到了一份依据，我将站在更高的意义上做好我们的阶梯阅读和诵读工作。同时这段论述让我感觉诵读如此神奇；人，如此神奇！

更有意义的游戏。朱先生在书中写到游戏的本质，让我对儿童游戏里的教育意味和成长作用了解更深入，对人的游戏的心理需求和积极作用也更有所理解。他说，艺术的雏形就是游戏，游戏之中就含有创造和欣赏的心理活动。像艺术一样，游戏把所欣赏的意象加以客观化，使它成为一个具体的情境。小孩心里印上大人骑马的意象，这意象成为他情趣的集中点（欣赏），从心里外射出来，变成一个具体的情境，于是有骑马的游戏（创造）像艺术一样，游戏是一种想当然的勾当，但在幻想境界中仍保持着郑重其事的态度。像艺术一样，游戏带有移情作用，把死板的宇宙看成活跃的生灵。人情化是儿童所特有的体物的方法。像艺术一样，游戏是在现实世界之外另造一个理想世界来安慰情感。骑马的游戏是他弥补现实缺陷的一种方法。

"艺术家虽不失其赤子之心，但究竟是大人，有赤子所没有的老练和严肃。艺术都带有社会性，游戏不带。艺术不是只达到表现，它还要传达。艺术与社会如花和土壤。游戏只顾表现，逢场作戏，艺术还要把意象进一步传达于天下后世，所以游戏不必有作品，艺术则必有作品。"这里又明了地比对了游戏与艺术的关系，也令我从中想见游戏与教育的紧密关系。

更为科学的课改。朱先生在"从心所欲不逾矩：创造与格律"一节讲到道，"王静安《人间词话》'四言敝而有楚辞，楚辞敝而有五言，五言敝而有七言，古诗敝而有律绝，律绝敝而有词。盖文体同行既久，染指遂多，自成习套，豪杰之士亦难于其中自出新意，故遁而作他体以自解脱。一切文体所以始盛终衰皆由于此。'四言、五言、七言、古、律、绝、词的交替是变化，而音节的需要则为变化中的不变化者。变化就是创造。不变者归纳为原则、规范，因为它是人类共同情感的需要。但只有群性而无个性，只有整齐而无变化，只有因袭而无创造也就不能产生艺术。"这段评论，对于我们正在开展的课堂转型工作多么富有指导意义！由此我领悟到，凡是一个模式能套上一切人物时就不能适合于任何人；白云小学和乐课堂"四轮五环"基本教学模式只能在结合了各学科、各年段、各种不同师生实际的教学样式里才能焕发生机！近两年的教学样式提炼和完善工作已经验证了朱先生的话。这让我感受到美学、人学、教育学的骨肉相连、神魄相通！懂美才更懂教育！

下面又说："艺术须寓整齐于变化。由整齐到变化易，由变化到整齐难。从整齐入手，创造的本能和清晰的需要会使作者在整齐之中求变化以避免单调。从变化入手，则变化之上不能再有变化，本来是求新奇而结果却仍还于单调。"这深深启发了我，在课堂转型工作中选择了"先自上而下为主构建基本模式，后自下而上为主提炼具体化的教学样式，全过程的上下联动"的策略。"从整齐入手"及从基本模式的思想和规律入手，我们提出变式应用"三不变""三不定"和"四尊重"原则，使老师在提炼教学样式的实践中有"创造的本能和清晰的需要"，使他们"在整齐之中求变化有自己的创造"。

更具人格的一生。"过一世好生活好比做一篇好文章。好文是完整的有机体，一字一句可见全篇精神的贯注。陶渊明'见南山'不能误认为'望南山'，因为自然与物相遇相得的神情便完全丧失。这种艺术的完整性在生活中叫做人格。凡是完美的生活都是人格的表现。大而进退取与，小而声音笑貌，都没有一件和全人格相冲突。不肯为五斗米折腰向乡里小儿，是陶渊明生命史中所应有的一段文章，如果他错过这一小节便失其为陶渊明。下狱不肯脱逃，临刑时还叮咛嘱咐还邻人一只鸡的债，是苏格拉底的生命史中所应有的一段文章，否则他便失其为苏格拉底。"多精彩的一段话！如风行水上自然成纹，是怎样的人，感到怎样情趣，便现出怎样言行举止。一字一句见全篇，有人格的人生就是由"字句"到"篇章"对真善美的谐和完整与一以贯之。我觉得人格上的"统一"与"坚定"难能可贵。

朱先生又启发我们，有人格的人能对生活彻底认真，又能看重一般人看轻的，看轻一般人看重的。看重事上知道执着，看轻事上知道摆脱。如苏东坡论文为人，不但能认真而且能摆脱；认真时见出他的严肃，摆脱时见出他的豁达。再如王徽之雪夜乘舟访友过门而去，"乘兴而来，兴尽而归"。朱先生还启发我们，所谓人生的艺术化就是人生的情趣化，觉得有趣味就是欣赏。你是否知道生活就看你对于絮叨事物能否欣赏。面对车水马龙的世界如在阿尔卑斯山谷中穿行，"慢慢走，欣赏啊"。

求美的人生才精彩，朱光潜先生的《谈美》引领着我们教师一生的修为，更指导着我们对学生人格的培养。求美的人生更精彩，让我们和学生一起追求真善美，一起认真而富有情趣地生活。

（2012 年发表于《大连教育》）

## 喜读千年家教经

往年曾在新华书店购得《中国古代圣贤家训》一书，草草读过无甚印象便置之高阁。寒假得以翻阅此书，如获至宝。连读一个月来，深感 217 页的薄书，篇篇精彩，字字珠玑。因为是写与子孙的文章，圣贤们均用至情的文字，传达着自己一生数十载最深的人生感悟，情真意切。可谓"平生经验谈，留与子孙说"。

书中记述了上自商周下至明清两千多年来名人先贤的家训，每一篇都有引人深思、让人暗自颔首之处。细读之后几度翻翻合合梳理精要，得有"圣贤教子有道""名人之所以名""修身乃教子之源"三点最深的感悟。

### 圣贤教子有道

先哲们写的家训基本围绕为学、立德、传家三方面内容。孔子的弟子陈亢曾好奇地问孔子的儿子孔鲤："老师对你的家教有什么不同？"孔鲤说："没什么不同，只是有两次当我走过厅堂时，父亲分别询问我有没有读《诗经》、读《礼记》，强调'不学诗无以言''不学礼无以立'。"到底是孔子的高足，陈亢马上总结出圣人教子之道：问一得三，闻诗，闻礼，闻君子远其子也。孔子引导儿子读经典，从中学表达、学做人。关于嘱咐子孙读书的还有刘备那分明是列书单的遗嘱；韩愈对"孩提巧相如"的两家孩子，因读与不读而导致长大

"一龙与一猪"的妙喻；杜牧对子孙"日读十页，月进一箱"的鼓励……

周公是历史上有名的政治家，其教子亦很是有道。他对年少气盛的儿子的告诫既具体又深刻，蕴含着人生的大胸怀和大智慧："不怠慢亲友，老臣旧友没有大的过失不要抛弃，不对人求全责备""君子力如牛不与牛争力，走如马不与马争走，智如士不与士争智""德行广大而能保持对人的恭敬，地位尊贵而更要谦卑，见多识广而又总能自觉浅薄"等。周公著名的典故"一沐三握发，一饭三吐哺"就出自这篇家训。

曹操戎马一生，不仅治军持法，教子也是一样重能力、不徇私情。他在《诸儿令》中说到"不私臣吏，儿子亦无所私"，所以他的儿子曹丕能成为三国时期著名政治家、文学家，曹植作为诗人和文学家成为建安文学中成就最高者，在文学成就方面，父曹操、兄曹丕、弟曹植并称为"三曹"。即便早夭的曹冲也凭着称象美谈流传千古、妇孺皆知。这些都与曹操对儿子公平公正、不以家世倨傲的教育，与曹氏凭能力竞争的家风密不可分。

### 名人之所以名

史学家司马迁应当是家喻户晓的历史名人，读过他的父亲司马谈的《命子迁》，你就更能理解司马迁为什么能忍辱苟活写《史记》。司马谈身为太史官，在临死前父子诀别之际，告诉儿子祖先从周朝开始就做太史官写史，自己作为史官有何等的责任心和自豪感，恳切期望司马迁继承父业，完成修史重任，以此"事亲、事君、立身"。所以司马迁不仅接下了父亲的接力棒，而且在贫苦屈辱中以惊人的意志写成史家绝唱——《史记》，根本原因是父亲遗训使他负起这继承祖业的家族之责，记评历史的社会之责。可以说司马迁之所以名，离不开父亲司马谈的遗训。

蔡文姬是汉魏才女，读读其父蔡邕的《女诫》，我们就知道了文姬何以有如此的修养和才学。"心犹首面"，心灵和头发面容一样需要化妆。"览照思心之洁，傅脂思心之和，加粉思心之鲜，泽发思心之润，用栉思心之理，立髻思心之正，摄鬓思心之整。"父亲教育女儿，照镜子、抹脂、搽粉、洗发、梳头、理鬓的同时都要内外兼修、滋养心灵。有这样用心良苦的父亲，自然就有了德、才、貌兼备的两个女儿，一为博学多才的蔡文姬，二为西晋名将羊祜之母蔡贞姬。

**教子重在修身**

元代学者郑太和在家训中说，"为家长者当以至诚待下，一言不可妄发，一行不可妄为""以量容人，常视一家如一身"。做家长，一言一行的得体合宜，以量容人的宽厚谦恭，这都是我国家教注重言传身教思想的体现和诠释。唐代明君李世民告诉子孙要"克己恤人、勿鄙人短、勿恃己长"，此三点为修身中极其重要的内容。

说到修身，无论帝王将相还是文人雅士多强调勤以修身，俭以养德。李世民在《帝范崇俭》中说："奢俭是荣辱的开端，物欲近闭则嘉命远盈，千欲内攻则凶源外发""雍正皇帝秉承康熙帝遗风——躬行节俭为天下先"；一生不着华服的司马光认为"俭，德之共也，侈，恶之大也"；知足常乐的白居易"一裘暖过冬，一饭饱终日"；陆游告诉子孙"看见别人的华服珍玩不能不动是种病态，天性淡泊或学问已到的人自然不会如此"。

在修身方面，我发现先贤们还十分注重修养口德。庄子说"因喜而过分之誉尚不失为厚道，因怒而恶语相加为害最大"；东汉将领马援称"闻人之过如闻父母之名，别人之过可听不可讲，不喜讥议既防口祸亦为修德"；西晋名将羊祜在《诫子书》中说，"无传不经之谈，无听毁誉之语，闻人之过，耳可得受，口不得宣，思而后动"。曾国藩给儿子的信中也谈到"举止端庄、言不妄发，德之基也"。

宋代饱学之士家颐说，人生至乐无如读书，至要无如教子。读圣贤家训，这里有诸葛亮教子侄淡泊明志，有东方朔示后人尚中从道，有颜真卿训子孙为政不可不守。读圣贤家训，我敬佩颜之推给后代总结治家勉学、涉务省事等系列家训的良苦之心，欣赏经学家王肃向儿孙讲述饮酒的意义和礼节如此细致入微，赞叹刘邦《手敕太子》读书后"追思昔所行，多不是"的坦率真诚。

千年家教经，总结修身齐家教子之道，浓缩中华民族文化精粹，幸甚读哉！

（2013 年发表于《大连教育》）

## 凭此窗口好回望

### ——我读《老课本新阅读》

　　朋友送我一本《老课本新阅读》，很喜欢。近几年，教育界和社会上都在回味民国，回味民国教育。我感觉这种回味是大家在物质生活日渐丰富过程中，更加想念民族文化的濡染、渴望更多的人文精神的表现。之前我也读过《南渡北归》《国语开明读本》《民国大文人》《中国情怀》《过去的小学》等。今天捧读《老课本新阅读》，结合学校所立的市课题《小学生优秀传统文化教育策略研究》，我想做一点梳理，当然也想和送书的朋友做一个交流。

　　《老课本新阅读》一书的作者对民国以来的语文和德育教科书做了很深入的研究，涉及民国课本、教师讲义、学生范文、艺术课堂、习惯养成，等等，让人敬佩。书中选登 1911 年新国文、新修身教科书、1919 年新体国语教科书、1925 年新撰国文教科书中精华内容，注了简短却深刻的解读。这些注解满溢着作者对传统文化和民国老课本的深爱。像作者自己说的"文浅意深""童心洋溢""清气升腾"……当翻看过作者列出的 1904 年至 2002 年，百年间 14 本语文课本的"第四册第一课"时，我的心几多感慨。作者的研究如此全面精细，所选角度如此之独特，像一个切片横切了中国百年历史和百年教育史，让人从小小窗口收获很多发现和感慨。其中有我用过的 1981 版语文教材，有我教过的 1995 版和 2002 版的，也小小地回望了一下自己的成长史和教书历程。我喜欢这样的回望，我需要这样去回望。

　　**"源头的石头改变了河流的方向"**

　　童年给我们打下的往往是心灵的底色和本民族文化的烙印，很喜欢作者的这一句："源头的石头改变了河流的方向"。民国元年教科书第二册第二十四课，端正清朗的毛笔楷书竖版写道："巷中有屋，四面短墙，向南开门，客堂在前，书斋在旁，卧室在后"，下边配着黑白的图画，清雅之风拂面。这里有我们民族的建筑文化、居家文化和街巷文化。时代变迁中，我们的现代化都市建造了很多摩天大楼，但一定要在那些依山傍河的山原树荫中建有我们的中国式民居，一定要在那些古镇里"冰冻"着成片的原始村落，一定要在每一个走进现代化节奏的都市里保留有地域特点和人文气息的老建筑、老房子。每个时代一定有所变又有所不变，我们需要永远带着文化的魂、民族的根在时代里行走。我想，如果孩子们先在书本中有所识，再到水乡旅游参观，就更能看懂那些院落的布局，了解原委，感受中国人天人合一的建筑和家居的哲学，感受中国的文化和人情特点。或者先去古镇院落有所体验，再有机会到课本的文字图画里梳理回味，一样有所呼应和联系对照，都是极好的学习。这就会是孩子们"明朝小巷卖杏花"的巷，就会是孩子们"走在悠长又寂寥的雨巷"的巷，也会是孩子们"让他三尺又何妨"的"巷"……

第二十二课："竹几上，有针有线，有尺有剪刀。我母亲，坐几前，取针穿线，为我缝衣。"同样敦厚的小楷，清简的配画，一时感叹现在的孩子已经难以看到"慈母手中线"了，那么我们还拥有同类的爱与深情吗？想起有一次给儿子买的饼干，盒子上写着英文的"mother's finger"（妈妈的手指），家庭制作的意思。是啊，我们能不能多让孩子享受妈妈的手指带来的爱，那种素朴自然带着亲人手泽的爱。身上的衣裤有妈妈亲手扦的裤脚，有妈妈勾的花边、配的胸花；厨房里妈妈亲手将厨具擦得亮亮的，亲手烧的菜香气四溢；家里收拾得整洁一新，妈妈亲手洗晾熨烫的衣物飘着好闻的香味儿……如果孩子们多的是这类的体验，他们就可以在孟郊的诗句里回流中国人千年来的情感，"慈母手中线"就会成为中国人独有的一种穿越时代的温暖与亲情，成为一个形式百变却内蕴弥深的意象。

**"大国民的养成在于小时候、小本子、小事情"**

书中附赠了一本《模范公民》小册子，是全八册中的第八册，供高小毕业年级学生使用的。作者以"模范就是树一个好"做这一章节的题目，醒目醒脑。这本《模范公民》小册子仅有巴掌大，便于学生随身携带，重量轻但其理念和意义却很重很重。这本小册子共有六个单元，二十三个要点，每一页都印有标题，辅以图画或小故事。让人触动的是封面有"愿辞"：我愿遵守中国公民规律，使我身体强健，道德完全，做一个中国的好公民，准备为社会国家服务。里面的内容就是条条对应的"中国公民规律"，决不空洞宏大，具体而清晰。六个单元分别是进取精神与精细态度，自制的习惯，节俭和爱用国货，避灾和救险，对人的态度，爱人和爱生物。那些图文并茂的"迎客送客之仪容""封信拆信之法""叠衣、刷帽、刷鞋之法"等让小孩子一目了然该怎么做。我想这应该就是我们所说的教养，这样才是在养育一个孩子。我们的习惯养成教育真该为孩子们提供这样有体系又很清晰具体的指引，让孩子件件学习，脚踏实地地成长。

让我欣赏的还有小册子引导小孩子做反省的做法。对照小册子，每个人都能看出自己内心敏感的、行为欠缺的项目，发现那些会心一笑可为之的，扪心自问可改之的行为。学生对照这些行为范式为自己打圈打叉，这恐怕是长成一个人必须经过的，即使你日后不一定都是打圈打叉的形式了，一种自省改进的习惯会推动一个人终生的学习和进步。中国的孔孟圣人常常是日三省其身，大儒名士也多有写日记反省的习惯。学校教育终究是要推动人走上自我教育，引导人的自我完成。作者也认为"心头想，口中说，纸上语，世间行，皆一致者，难"。是的，不过我想有了自省的方法和习惯的人可能就有了知行合一的工具了，就会无限接近理想人格。

**"莫放春秋佳日去，最难风雨故人来"**

作者说民国教育使农业社会的文化融入了现代昌明，科学知识，公民意识，说礼也说理，爱仁也爱人。我赞同。民国教育确实是中国几千年传统教育与现代教育衔接的重要过渡，有西风东渐的融合，也有在新时代下对自身的省察和扬弃。而民国教育为什么能取得这样的突破，归根结底是"人"使然。书中评论半个世纪中不同年份对教育体制、社会思想、办学风格、语言革命、课本体例编写和插图设计及印刷等起到重要作用的人物。蔡元培任教育总长制定"五育"并举的教育方针，确立了与现代教育接轨的壬子学制；胡适推动白话文运动"言文一致""心口和谐"，让纸语人言、文坛世俗有了对接；陈独秀大力宣传科学和民主，对民国教育产生深远的影响；丰子恺在漫画世界里尽显他的古意童心，亲自为民国课本插画、论民国教育短长；黎锦晖——"中国儿童歌舞音乐第一人"，主张新音乐运动与新文学运动并进；陶行知反对功利至上，倡导重视人的价值，在他的平民教育中实践生活教育；商务印书馆董事长张元济、总经理王云五顶着国难战火，不计盈亏印刷新教科书……即便是地方割据的军阀也有重视教育的一面，通过减免学费推行义务教育，1924 年起山西地区适龄儿童入学率已经达到百分之八十以上。

"春秋佳日，风雨故人。"我们能否沾染一点民国先生们的气息和格调，能否在"故人"的精神花园里采撷几朵，在"故人"的风骨和境界里学得一点超越？

民国任何一位私塾先生的文化底蕴都是了得的。国小的教师都是诗书兼工、为人方正的样子。对照之下，我们今天的小学校长和教师身教的高度恐怕是不够的。

百年教育缩影于一方小学课本。凭此窗口，回望百年，总是那些天性自然、人性活泼的字画经得起岁月的打磨。翻阅和回望百年教育，我们不是要沉湎过去，不搞倒退，更不是颠覆，而是要好好地溯本清源，融入现代，融入当下，更好地走向未来。越是民族的就越是世界的，我们要加强学习我们的优秀传统文化，理解我们的教育有怎样的民族特点。我们需要在历史的纵轴中认识自己，中国人几千年来有着怎样的时间过往，如何继承和新生；我们也需要在历史的横轴中比对他国认识自己，影响全球的思想、制度和教育是怎样的，如何借鉴和创造。

"源头的石头改变了河流的方向"，小学教育是那关乎河流方向之源头的石头；"大国民的尺度立于小时候、小本子、小事情"，小学教育围绕的"小孩子""小事情"关乎我们大国民的造就和培育。回望教育百年，难忘浓郁的民族文化之风，清新的现代风气之先，还有那些筋骨强健、血肉丰满的"风雨故人"。我们今天的小学教师、小学教育不应迷失文化自我，更要不负时代地做好教育创新。一起努力吧，创造一个属于我们的"春秋佳日"！

（2017 年写于市重点课题《小学生传统文化教育途径与策略创新》研究中）

# 一个人的影院
## ——我观《百鸟朝凤》

　　八百里秦川，黄河汤汤，唢呐只有在这里才吹奏得如此千回百转、荡气回肠。它像那些黄土地上的麦田，水边的芦荡，树丛中的百鸟一样，从这方水土里生就出来，吸附着皇天后土与蜿蜒河套化育的醇厚性灵。师兄弟天鸣和蓝玉就在这河湾里用芦秆吸水练气，师徒三人就在这苇荡树丛里与鸟虫唱和，我们的文化也像这唢呐声声在美妙的自然中孕育，在美好的人情里绵延。那么旷远的秦川，那么茂盛的苇荡，那么绿莹莹、水灵灵的画面里，那么渺小却执着自得的师徒，太美好的一幕幕！

　　就像唢呐曲子悲欣交汇的韵味一样，师徒们的传承之路从来就不是平坦和欢愉的。一群师兄弟从小一起摸爬滚打，为了乐班，为了传承，有的光荣"传声"成为未来班主，有的留下组班成为终生从业者，有的则被强行要求回乡另转他行。一支班子就是一棵大树，主干只能留一个，影响他的便成为"水权"只能尽早打掉。看到小师兄弟最后去留的一幕，我的心禁不住有泪。多年的相处里，焦师傅从一件件事、一个个细节里品鉴徒弟的人品、悟性、韧性、情性，唢呐乐班班主纯正的德与艺就这样代代单传。这是我们的匠人艺人，我们的非物质文化遗产传承的方式。"知道为什么选你吗？是因为你爸跌倒时你去扶他时的一滴眼泪儿！"是啊，黄河边的唢呐永远是有德者可学，有德者可享！《百鸟朝凤》朝的是德高望重的逝者，是坦荡正直、克己奉公的精神！我在心里说，天鸣啊，这么多师兄弟因为你像水权一样被打掉，这么多苦难寂寞、激将委屈、历练抉择都是师傅看似无意实则有心的考量，你可挺得住、担得起、托得久啊！

　　唢呐声声，在平静的日子里已经非常不易，而面临时代的变迁，文化的冲突，就更是危若覆巢之卵了。有钱人对乐班可以招之来挥之去。倾心于新鲜的流行音乐、轻松的通俗音乐、舶来的西洋音乐的人们与坚守执着的唢呐班打成一团。混乱的场面，踩烂了的唢呐，头破血流的师徒……那是唢呐匠们被踩烂流血的心，是传统文化被野蛮相向的残局。紧接着，唢呐人陷入生存困境，飞舞在唢呐上的手指在打工中残掉了，昔日尊贵地坐在太师椅上的唢呐高手几乎沦落至街头行乞了。这些画面令人深思，现代化进程中我们如何珍视文化传承，如何对生养自己精神世界的传统文化进行应有的保护和转化？

影片的尾声里师傅遗恨而亡了，天鸣在师傅坟前吹奏的《百鸟朝凤》婉转而悲怆。唢呐声声，是对师傅大恩大德的歌唱，是唢呐行弃恶扬善价值观的回响。灯亮了，我环顾四周，再次确认这是我一个人的影院。百鸟朝凤，这里只我一人来朝。

走出去，外面满是可口可乐、兰蔻、施华洛和乐享的人流儿。劳动公园里飘出的钟声格外悠长，那是祈福钟，钟声悠悠……

（2017年写于市重点课题《小学生传统文化教育途径与策略创新》研究中）

## 朝圣孔里

早上乘车去曲阜孔里，拜谒孔庙、孔府、孔林这"三孔"。"合德路""弘道路""浴沂路"……多好的路牌地标，圣人之德化在这里逾越千年深入人心。

我们先来到孔子研究院。蓝天白云下，视线出奇地好，一切都是那么清晰亲目。整体望去这是座关于孔子的新建筑群，却让人心头流荡有古风。宽敞的大院里先望见两幢汉白玉牌坊，"志道据德""依仁游艺"，上面提纲挈领地镌刻着孔子的思想。走过两幢牌楼，呈现在眼前的是一座巨大的方池，中心是圆形的坛，内圆外方，取自天下第一所学校"辟雍之学"，"辟"同"璧"，圆形宝玉，"雍"即"雍水"，环绕之。最早的学院带有求学修身方圆相生的寓意，感召千古学子之心。不一会儿，那辟雍坛的喷泉次第喷洒，最后全场绽放。晶莹的水链，如雪的水柱，交互喷涌，悦人眼目心灵。

正殿未开放，站在门口望进去是一个古代学堂摆设的大堂。广场右边是孔子研究院的成果楼。楼前一对雕塑名为"金声玉振"，"金声"是编钟的造型，"玉振"是石磬的形状，形容孔子之中正清明，如乐中钟磬，洪亮清澈，余韵在心。一楼大厅及二楼陈列着孔子的哲学思想、政治主张、教育理念、治国理想等，讲述着孔子的家世生平及其影响。儿子在二楼展厅体验了孔子的宥坐之器——欹器，水罐中正不满则不偏不倚地平衡着，满或偏则倾覆无余。"永不自满"，多重要的修身之义。二楼"陈蔡绝粮"的雕塑突出了多处的对比：十余天的绝粮饥饿令弟子们形容憔悴、目光迷离，孔子虽瘦弱却气定神闲地抚琴，弦歌不辍；强壮的军士们戎衣在身、手握兵戈立在外围，听得琴声却面露温和恭敬。这就是思想和精神的力量。下得楼来再看大厅里孔子讲学的群雕，那些模棱混沌的身形，愈显出那精细传神的面部。哲人的思想与影响尽在其神情意态，思想的力量永远于身体和物质之上而恒在。

左侧的"苑"秋色正好。一湖清波，柳岸陶亭，苇荡曲桥，撩人情思。园艺工人正在除草，草香沁人。秋海棠高大多实，熟透了的海棠果还真好吃。

秋阳煦暖，我们来到孔庙。几道门殿之后是核心建筑"大成殿"。殿前那些古树两三人合抱的估计有千年历史吧，令人敬畏。二层重檐九脊大殿在古树的掩映下更显庄严。大殿周绕回廊，两圈围栏，排水口像故宫太和殿一样装有龙头石雕。大成殿里供奉着孔子和十二弟子，上面有康熙手书"万世师表""斯文在兹"匾额。殿前香火不断，只是香烛过盛都燃着火苗，院内人多烟大也是没办法，黄金周嘛。大殿前十根盘龙透雕石柱子显示出孔子素王的声望地位。盘龙活跃在云海间，龙头昂扬，须髯飘忽，一鳞一爪都传达着龙的精气神，绝对是精工细雕的极品。有这十根盘龙柱，什么大厅、门窗等都不必多看。大殿侧面和后面的石柱一样粗细，但改用浅浮雕的盘龙图案了。虽然清浅，但那些黑发丝一般纤细的线条，那些行云流水的走笔，那生气勃勃的龙形象依然巧夺天工。仰头望去，大成殿顶铺的是黄灿灿的琉璃瓦啊，又显一番皇家气派，黄琉璃可是封建社会皇帝专用色调呢，可见孔子的圣人地位，至圣先师，万世师表，甚至被封为文宣王啊。

从孔庙出口走出来是一趟大街，卖各种吃食和旅游用品。我和儿子各买一个大葱煎饼，煎饼鲜香，大葱脆爽不辣，好吃！一个煎饼吃不到头就来到孔府。这里是孔子后代的家园，经历孔氏多少代传人的使用和维修扩建。孔府前边是厅堂，喜欢那些匾额"节并松筠""诗书礼乐""宏开慈宇"。还有一个孔族的公堂，有桌案，有"肃静""回避"的红色牌子，上面虎口大开令人生畏，就像县官的衙府。这里是家族解决纠纷和惩戒违纪成员的地方。孔子家族是世界上最大、历史最久远、影响力也最大的家族，已经入吉尼斯世界纪录了。中间出现了卧室，绣房，厨房等，生活气息浓厚起来。后面是后花园，有粉墙黛瓦前的太湖石，有各种奇花异草。五柏抱槐，千百年形成的独特景观。那里有几株小腿粗的桂树，桂花香气弥散得好远。"福"字照壁吉祥可爱。一片无花果树都结着果子。一丛古老的石榴树根部老态龙钟，枝条倒也繁茂，还挑着几个石榴。我们在假山石下的鱼塘边小亭子里坐下来，看游人种种，看游鱼自在，看闲云飘荡，也让透过稀疏树荫的阳光映在自己身上。

从孔府后花园出来，我们乘车去了孔林。经过一段古城墙，据说是明清时期的曲阜老城墙。我们沿着神道行走，看到曲阜三宝之一的子贡手植楷木，听说存活两千多年，清朝时被雷电击中着火，烧得只剩这一截。里边陆续看到孔子的儿子孔鲤、孙子子思的墓，最后看到孔子的墓。这些墓都是前面立着一大一小两块石碑，小的古老些，大的说是孔子的五十世孙在清朝做大官为祖先立下的。子贡庐墓处还是让人多发幽思的所在，这位脑子活善经商的大弟子在师傅墓前修了草房子，守墓六年，忠孝之名传颂千年。

"三孔"游过已是午后。我们找到一个借用孔子出生地的叫"阙里人家"的饭店，点了鲁菜的代表菜九转肥肠，曲阜特色菜孔府豆腐，还有沿路见到的招牌"鬏肉"。我们还发挥自己的想象力，各自说了对"鬏肉"的理解和猜想，事实上是红烧肉、豆腐、海带、卤蛋、白菜等一锅炖，吃时自行选择搭配。孔府豆腐外表看上去像煮的鲜豆腐，内里却是冻豆腐一样的蜂窝眼，吸进汤汁很好吃。九转肥肠是大肠段炸过后浇的糖汁，嚼起来先是大肠的肥香软糯，内里又有一点韧劲，丰富的口感再混着糖汁，香甜滋味欲罢不能。

连游"三孔"，唐宋明清遗迹间感受圣人的深远影响，体验儒家文化的丰厚人文。曲阜民风淳朴温雅，人们的生活节奏不疾不徐。这里遍布孔子的子子孙孙，多少代来享受着祖先的恩泽。没有第二人有孔子这样绵延千年的影响力啊，而且将无穷尽地影响下去，只要有中国人的地方就有儒家文化的延续和生发，绵绵不绝，生生不息……

（2016年写于市重点课题《小学生传统文化教育途径与策略创新》研究中）

## 近临淄水品齐韵

淄博，是我们此行特立独选之地。因为她是古齐都临淄所在地，体验齐文化不可少的。

晚睡之前先做功课。我和儿子一起选定游览淄博的景点和顺序。景点大大小小很多，我们选了中国唯一活着的古商业大街——周村大街和齐文化集大成之所——齐文化博物馆，作为必游项目；选了姜太公祠、管仲纪念馆和蒲松龄纪念馆作为选游项目。

周村大街一派热闹景象。印年画的，卖卤煮的，丝绸店，古董庄，烧饼铺……都是古香古色的门面和装潢。这里最独特的是长达三四里的热闹街市里散布着十来个博物馆，有周村烧饼的，老电影的，古钱庄的，状元府的，大染坊的，烟标、糖标、酒标的，大宅门的，还有魁星阁、千佛寺等古建筑的，是集热闹吃玩与增长见识于一体，好吃、好看、好玩的体验式文化商业大街。那些绚丽的丝绸铺里有响当当的名牌"瑞蚨祥"，里面陈设有老板蜡像，中庭茶座，品牌历史展示，私人定制衣物展览，让人觉得"瑞蚨祥"活得正好！周村烧饼博物馆更大，看了那些展览你会感叹小小烧饼的来由与丝绸之路的繁华密切相关。周村是历史上丝绸之路上货品集散地，人称"旱码头"。周村人为了给南来北往的商人、伙计们提供好吃耐放的食物，从西域胡饼那里得到启发，创新出周村烧饼来。只是比起胡饼来，周村烧饼精细了，小巧了，讲究了，随俗了，创造了，成为品牌了。观看组组仿真的场景，我们了解着烧饼制作的工序、工具、工艺。那些蜡像，老作坊，老式工具，老街巷子……唐宋的遗砖旧瓦，明清的石碾量具，淳朴厚重的历史感，亲切平常的生活感扑面而来。买了现场制作的烧饼嚼上，热烫嘣脆，麦香四溢！古时周村人称这薄脆热香的烧饼为"呱啦叶子"，多么形象！擎着一片片"呱啦叶子"咬着，香甜地逛在古铺人流中，好悠闲惬意！这边新娘出嫁大红轿子吹吹打打，那边高头大马状元郎巡街风光无限，看得你兴奋不已。

别说，状元府的主人，清朝康熙年间的武状元王应统还真是个令人敬佩的人物。他武功高强，作战英勇，多次带兵平乱立功。王应统为人正直忠诚，无畏而坦荡，为官清正廉洁，受诬陷还清白后辞官还乡，修缮状元府。整个状元府三四进院落像模像样，厅堂、门廊、绣房、花园、习武场等，都显大户人家的风范，庄重考究，让人感动。反倒是不远处拍摄电视剧《大染坊》的杨家大院商业活动太多，弄得老宅"失魂落魄"，没有感觉。

下午再三周折后终于在近3点才找到"齐文化博物馆"。9月新馆刚开，一个充分使用新技术的现代化场馆。从龙山文化、大汶口文化中走来的齐文化在我们眼前一一展开。姜尚当年辅佐周武王灭商封齐，成为齐国开国太公。他建立并治理齐国，发展工商业、渔业、盐业等，实行仁政，倡导学风教化，使齐国成为春秋时期黄海边的富庶大国。等到齐桓公称霸，管仲相齐，晏婴辅三朝，齐这一东方强国文明昌鼎。展馆内饕餮纹的青铜器，战车辚辚旌旗猎猎的古战场，墙面上长达数十米的殉葬战马马骨，齐威王"一鸣惊人"的雕塑，举袖成云、挥汗成雨的齐都临淄复原沙盘……令人叹为观止。尤其齐国的战车闻名天下，那些牢固的车轴、精细的部件、威风的驷马一乘，放到今天这就是"宝马""奔驰"，齐国就是傲娇的汽车制造大国。

逡巡展馆间，心想着齐国还有个不可不提的文化符号"稷下学宫"，果然在出口前最后一处展馆里出现了它的影像。稷下学宫是齐国官办高等学府，春秋时期权贵士人们辩论天下、激荡风雷的地方。它的出现与古齐国倡导思想开放、学风盛行有关，也与春秋时期权贵养士的社会风气有关系。从春秋四公子孟尝君、信陵君、春申君和平原君到秦朝的吕不韦，都是门下士人成百上千的侯门大宅。稷下学官学术氛围浓厚，思想自由，几乎容纳了当时"诸子百家"中的各个学派。其成员可以充当政府智囊团，可以著书立说，"不任职而论国事""不治而议论""无官守，无言责"。多么自由包容的一所大学！何等蔚为壮观的"百家争鸣"。

出得"齐文化博物馆"直奔淄博火车站，服务台那里取了儿子丢在昨天火车上的水杯，我们心满意足地登上了开往济南的火车。

近临淄水品齐韵，淄博此行不虚！

（2016年写于市重点课题《小学生传统文化教育途径与策略创新》研究中）

## 风水福地济南府

我的第一感觉就是济南可真是福地啊！城内百泉争涌，本来处于山东平原腹地容易干燥，但因为这些泉水的润泽，使得济南府气候温润，景色柔美，物产丰富。"家家流水，户户垂柳""四面荷花三面柳，一城山色半城湖"，多美的风水福地啊。

我们浏览网页，了解到历史上舜曾"渔于雷泽，躬耕于历山"，历山就是济南市历下区南部的千佛山。春秋时期济南为齐国的泺（luò）邑，后来改为历下。直到汉代因地处古"济水"设立了济南郡，才改称济南。汉灵帝时曹操曾管理济南，政绩颇著。济南地处山东齐鲁大地，圣人辈出，历史悠久，人文荟萃。走在济南的大街小巷，看着身边穿梭着的当地人，觉得生活在济南的人们应该很幸福啊。

一大早我们就来到趵突泉公园。进得园内，但见处处流水。那些水好清澈，缓缓地流着，像油一样的，游人的心马上跟着沉静柔软起来。园里人还不多，我们很清静地拍着照片，边走边赏。小桥流水边有人围观，见水面有尾巴甩动，水波漾起，还以为是大鱼，游过来一看竟是只海豹！它优游地游着，有人喊它就游过来，还翻着肚皮玩花样。我和儿子都在嘀咕，海豹还能在淡水里生活吗？

我们寻着天下闻名的趵突泉来了。不大的小院落里人已不少，围过去向池中望去，那三眼泉水活泼泼地跳在眼前。之前在课本的图片里看过太多次了，这次终于身临其境！只见中间那眼跳得最有力，水花翻银吐玉的。两边的水花略小，色泽就接近池水一些，像翻滚的翡翠。三眼泉水一字排开，不停歇地涌动着，涌出一池清波，流向园内的河道。河边垂柳丝丝缕缕，小桥水榭掩映其间，彩色的鱼群在水流中穿梭……这源头活水间的美让你感觉无比清新自然，是别处的人造景观难以比拟的，这就是真的魅力，美的真谛。关于趵突泉的赞美就太多了，池边有座石碑，康熙和乾隆爷孙俩在正反面各自题字，康熙的题字"激湍"我更喜欢。

趵突泉只能远观，而周围散落着的那些小泉就可以去亲近了。你可以贴近了，观赏那些一串串飘摇上来的水泡。有的池子里几缕泡泡此消彼长，有的池里就一缕似有似无的像条线儿。池水深的泡泡比较长，摇曳多姿；池水浅的泡泡消失得就快，烟花一般。那个叫金线泉的池子旁，人们弯着腰，侧着头，在水面细心寻找那条神奇的金线。不断有人找到，就开心地指给旁边的人分享。大家还一起分析原因，细细的泉眼里有泉水涌出，细到我们肉眼看不到它，但池水足够平静，泉水涌出的一侧水面稍稍高出一点点，慢慢向另一侧蔓延，就在水面形成了一条移动的线，奇妙得很！大自然的水千姿百态，我们有幸在这里看到水的这种形态！

园子里有很多人文气象，纪念湘君湘夫人的，表现历史上齐鲁两国"泺水会盟"的，最著名的还数李清照的纪念堂。这位生在济南的女词人着实是这里的骄傲。纪念堂用分布在长廊里的三组蜡像来再现李清照的一生。文人官宦父亲李格非的绝对影响，状元之后、大户人家母亲的耳濡目染，父辈朋友周邦彦、黄庭坚等的提携欣赏，夫家宰相第三子赵明诚的志同道合，成就了一个光彩照人的婉约派词人李清照。而家仇国恨辗转江南，物是人非颠沛流离间，苦难成就的却是千古"人杰"李清照。漱玉堂前海棠依旧，粉墙根底绿着芭蕉。清泉汩汩似才思泉涌，丹桂点点寓体性留香。喜欢堂内的一副对联："藕花深处旧时影，柳岸池边画里人"，易安写照！

马路对面的五龙潭景区点睛的是那一池开阔的潭水，碧蓝翠绿的像九寨的五彩池，彩色鱼群和池边的彩色人群交互着欢乐。附近有个可以亲水乐水的浅池，散布着些石头青蛙，孩子们脱了鞋、挽着裤在里面尽情玩水。绕着景区东部的是月牙泉，大大的月牙形水域环抱半个景区，里边有小船，岸边有芦苇丛和拉京胡、吹萨克斯的闲适的人们。秦琼祠挨着景区，门口照壁上那肥壮的战马踏着云纹、水纹，驰骋云水间。那个兵强马壮的帝国酷爱战马，飒露紫、夜照白、昭陵六骏，千里马的黄金时代！祠堂建筑有典型的唐式屋脊，简洁大气，质朴古拙。那些木拱结构和悬挂的灯，和现今的日式建筑很相似。儿子用了洪荒之力，也没挪动院角的那只石锁。喜欢祠堂间的对联："历下显扬男儿志，昭陵长驻忠烈魂"，横批："望隆桑梓"。我和儿子在大门边一起读完了石碑上《后唐书》关于秦琼的介绍。

中午吃了地锅鸡、荷叶蒸包、香蕉抛饼、石榴汁、甘蔗、无花果、红毛丹……

下午来到大明湖。好宽广浩瀚的水域，湖心岛都有好几个。听说有个岛上面有历下亭，我们没有时间，只好走回头路了。错过也好，为此行留白吧。湖边有荷塘多处，这个我喜欢。暖风微醺，清波漾漾，好舒爽。唯一不足的就是湖里游船太多。"蒙山雨润"的石碑久经风雨侵蚀，很有岁月感。题字"柳岸春深"的湖边长亭，趣似颐和园的长廊。喜欢藕神祠前的对联："一盏寒泉荐秋菊，三更画船舫藕花"。

我们在藕神祠一个水榭边的美人靠上坐下来，享受大明湖边午后一个时辰的慵懒时光。这个水榭三面池水，里面秋荷环绕，正面对着大明湖东北角的水域。我们在这里搜读了刘鹗《老残游记》中著名的《大明湖》选段。出了藕神祠，经过高大的汇波楼、北水门，我们就出了大明湖景区。

　　回来的济南机场候机厅里，一面玻璃墙上展示着山东名人：孔子，孟子，孙子，荀子，鲁班，墨子，东方朔，管宁，诸葛亮，王羲之，范仲淹，李清照，辛弃疾，蒲松龄。好羡慕这方水土！别了济南，别了齐鲁大地！祝福济南府这块风水福地，祝福绵延着齐风鲁韵的山东大地！

　　（2016年写于市重点课题《小学生传统文化教育途径与策略创新》研究中）

## 雁荡山游记

　　雁荡，这个词第一次清晰地进入我的视线应该是中学课本里介绍沈括和他的《梦溪笔谈》，宋代科学家沈括率先从中发现了流水对地形地貌的影响。2015年夏天的一次会议上，听到历史学者傅国涌先生深情回忆自己中学时代的恩师徐保土如何帮自己修改作文《我爱三折瀑》。傅先生是温州乐清人，家乡就在雁荡山，给我感觉那份讲述里醇美的师生情是融合着雁荡山水的润泽的。没想到当年年底我就有机会走进了雁荡，亲身感受了那份润泽与美好。

　　通过百度我了解到雁荡山那些奇异的峰洞溪瀑来自一亿多年前一次火山喷发。只是当年那些红亮灼热的熔岩奔突汹涌后，那场浓烈彻底的燃烧后，留下的竟然不是焦黑的灰烬，而幻化成这样一片奇美山水，在这东南的海滨陈列千年。南北朝时世人发现了她的惊艳，至于唐宋就已经是游人如织、行旅如云了。

　　怀着十二分的向往，我终于亲近了雁荡。首先游览的是雁荡山国家森林公园。一入门，那一汪莹绿的水就让我心醉了。火山岩中的钙质使这里的湖泊水塘蓝幽幽绿莹莹，类似九寨风味。前方有一个水帘洞，我们开心地钻进去。里面挺宽敞，站立百十人不成问题。岩洞边缘泉水淅沥沥织成水帘，再哗啦啦、叮咚咚汇入水潭，妙不可言。从那参差的山岩望向对面的松林，松林上方留下山岩黑的剪影，好像被镶上了奇特的画框，我想象课文里写的镜泊湖那里的地下森林是不是就是这种感觉。行走在山石树丛间，你会在脚边身旁发现一簇黄雏菊，几朵粉红的山茶花，一下子就笑开了你的脸，你的心……景区门口有个小广场，四周设有几家便利店和餐馆，我们在这里休整。你可以靠着那丛刚竹，望着那磅礴的崖壁间露出的一方蓝天白云；可以坐在大樟树下的那些石凳上，仰着脸暖暖地晒太阳。来自北方的我实在喜欢那棵长成小树的山茶花，围着她欣赏她已开的花，羡慕她枝头繁多待放的骨朵儿，然后倚在树下幸福地发了会儿呆……

　　下午我们相约"雁荡三绝"，首先驱车来到"一绝"灵岩景区。一下车大家就受到"钟鼓齐鸣"的热烈欢迎，两座山因形似分别被叫做钟岩和鼓岩，两山相对，于是"钟鼓齐鸣"。沿着山路一直向山里行走。山路顺着山溪蜿蜒，多了份灵动和曲径通幽的感觉。阳光灿烂，空气却湿润，很舒服呢。一路上，你一会儿在林梢天幕中惊遇天柱峰，展旗峰，青蛙岭……一会儿又在溪边坡地上邂逅竹林万竿，小桥连缀，河床坦陈……景区的深处便是小龙湫了。几百米高的崖壁上一股灵泉摇曳而下，我的脑子里马上呼应了路边石碑上介绍的小龙湫是龙子的涎水的那种说法，圣洁，玉液琼浆。远望去，那缕玉水像天女耳边垂落的一缕柔发，像岩壁向外喷吐的一道蓝烟，像书圣遗下的尽兴一笔在山石间似有似无……回返的路上我落在队尾，不想喧闹着拍照，只想在这里多磨蹭点时光。偶然撞见路边山壁上一小枝红豆，就是王摩诘笔下的南国红豆吗？一抹红色映在灰黑的崖上真的很美，像是谁插在石缝间的，我用手拉了拉，哇，竟是长在上面的！

　　离开小龙湫，我们约见"第二绝"大龙湫。大龙湫也是一样的"养在深闺"，我们顺着山路走向纵深。那些只有一二百米的奇山秀峰却壁立有形，就像一个个巨大的盆景，一扇扇自然天成的山石屏风，罗列在那里，任你在她怀里流转、沉醉。这里的河水明显地充盈，水湾里水草葱茏，河鸭嬉戏。那些长在水边的幸福的树便多了些诗意的影儿。著名的剪刀峰就立在这淙淙的绿水边，山水相映自然成趣。峰回路转，剪刀峰就逐渐变成了昭君出塞，白熊寻子，企鹅登岸，擎天一柱……山里的树木也更加高大繁茂，那些裸露的根交叉着画满了山坡，遒劲，野性，让你敬畏大自然无穷的生命力。大龙湫就在前方了，就在驻留的人群处。这里视野变得开阔，一大潭绿水几成小湖，岸边排列着几只木船，可做游船的。大龙湫，又是一样地沿崖飘落，击落在黑色的石滩上，飘洒进绿的潭水中，细细的水珠弥漫在空气中，凝在你的发丝上闪亮……这里的摩崖石刻是景区里较为集中的一处，我想是因为这里是景区的眼引人注目，也是因为这里崖壁面积更大吧。那些朱红、苍绿、灰白的崖刻来自不同时代，字体各异，布局不一，使后来人嗅到先人的志趣和气息，心里一阵温热，青山绿水便多了一份岁月积淀的历史气息和人文魅力。听说这里有文豪苏轼、书家蔡襄、诗人范成大、剧作家汤显祖的诗句题壁，在路上我亲眼见到了康有为和张大千的手迹。

从大龙湫返回景区门口我们另辟一径，"不走回头路"。这条路的特色是"移步换景"。果然如此，前一段满眼蓊郁的杉树，那些笔直入云的树干布满画面，那么纯粹，随便取满镜头的根本、枝干或青叶都是很有味道的摄影作品；后一段河水宽阔，树木掩映，那些树或拱在水面半空，或伸出一枝与水相接，或在水面探个头、张成伞，一片妩媚。各式山峰流转其间，眼前的景色不停地变换，高低错落，目不暇接，边看边拍，真是有些乱了手脚和心神。一路走至山口，河边几栋小房子，一座石桥，一棵大树如盖，似曾相识的经典画面……

第三绝灵峰我们是在暮色中约见的。太阳落了，山石树林都模糊了，而那些秀峰的轮廓却清晰起来。于是边走边看，边看边想象，边想象边欣赏。"犀牛望月""情人相约"，就半真半幻地随你审美了。我不大愿意跟随导游克隆大众的想象，和他们保持安全距离走在前头，观望间头正着仰，倒着仰，侧着仰，颈椎好舒服倒是真的。

天完全黑下来，我们也乘车返回了。这一天在偌大的雁荡景区里流连感觉很美好很满足。雁荡雁荡，据说源于千米山顶的一个火山湖，湖水清澈，苇荡茂盛，南归的秋雁多宿于此，故湖名为雁湖，山名为雁荡山，大旅行家、地理学家徐霞客称为"鸿雁之家"，现今雁湖只余一口小水塘了。雁荡雁荡，一次燃烧带来的亿年美丽！来历已够神奇，山水已够秀美，而每每想到这白垩纪的流纹质古火山，曾是山水诗祖谢灵运登临过并在此发明谢公屐，想到这些崖壁河床、古木繁花曾是东坡见过欣喜过的，曾是沈括见过研究过的，曾是方孝孺见过描写过的，曾是无数先贤见过流连过的，就仿佛有了"前已见古人，后自有来者"的穿越感。

雁荡雁荡，"东南第一山"，我来过，却把心的一角留在了这里，那个未曾见的雁湖将在我的梦境里不断出现，湖水漾漾，天光悠悠，芦花飘飘，秋雁啾啾……

（2015 年写于中山区青云小学）

## 凭海临风放眼量　幸饮醍醐增觉悟

随中山区校长进修团在厦门学习的十天里，我们都喜欢上了这座美丽的城市。厦门有东晋至今的悠久历史，也有别称鹭岛、嘉禾屿的美丽富饶。绿树红花，椰风海韵，街头巷尾皆风景；高楼林立，车水马龙，环岛路上尽繁华。探海长龙般的郑成功演武大桥上，似闻风掣令旗的猎猎之声；南普陀寺彩殿塔影间和幽长巷道里，飘来千年古寺的晨钟暮鼓……这座南国滨海之城，人文与自然和谐共美，历史与现代精彩相融。

而厦门大学当是这座城的骄傲。绿树掩映，古木参天，芙蓉湖水，白城沙滩……这里是全球最美的大学之一；嘉庚楼群，鲁迅纪念馆，清水墙，琉璃瓦，长回廊，这些建筑皆是中西合璧的经典。有大楼更有大师，这座爱国华侨陈嘉庚先生1921年创办的大学历来名流云集。年代远一点的有鲁迅、赵元任、杜威、林语堂、陈景润、余光中、顾颉刚……近一点的有杨振宁、李政道、连战、李敖、易中天……穿行在这所被誉为"南方之强"的大学校园里，各类宣传栏标题告诉你，钱文忠等学者们主持的学术活动在这里即将或正在进行。行走在这样的空气中，我体会到人类对精神、心灵、学术和未来的孜孜以求，心中涌起对自由、思想、闻道、进步的无限向往。

四五十位成员，在这里是同仁，也成为同学。大家在教室里面一排排坐定，打开桌上的书本讲义，倾听教授们的娓娓讲述。有记录，有批画，有交流，有思辨，回到课堂充电的感觉真好。老教授研究通透，讲述真诚，中青年学者思维活跃，语言幽默。楚汉传奇里谈领导力，国学经典中说现代管理。围绕着茶与鸦片，了解中国与欧洲两百年间的力量流转与爱恨兴衰，我们会意、感慨也沉思；倾听老子与孔子的哲学，儒佛道三教的精髓，祖先的智慧启发我们渐修觉悟——"打开生命的天窗"。课堂间歇，茶余饭后，同学们都谈论着我们的课程，我们的教授；不仅谈论教育，还谈论起历史、政治、国学、文化……

四五十位成员，在这里是同仁，更是朋友。这是一个如此温暖的团队：熟悉的三五成群更加亲密，不熟的彼此介绍开始熟识。食堂里热热闹闹同桌而餐，路途中开开心心结伴而行。这是一个如此认真的团队，守时守纪步调一致，上课听讲风雨无阻，倾听互动自然交流，参观学校好学好问。这是一个如此和谐的团队，老成持重的，少壮阳光的；开朗外向的，温和含蓄的；不同年龄的，不同性格的……学习中共同进步，生活中互相帮助。

厦门之行，是开心之行，更是开悟之行。周宁博士的《茶与鸦片》，轻语漫谈间告诉你中国在近代是如何衰弱的，听这些渐渐远去的故事是让我们的心头留下"一切历史都是当代史"的警醒。程文文教授以楚汉相争说管理，启发我们：我们的工作和我们自己是与大千世界密切联系的，哪里都有管理之道、人生之道，只要你有悟道的自觉。简锦益老先生对中国哲学有深入的研究，独到的解读，并终身努力地躬行，力劝大家"人生不过百年，抓紧时间修正自我"。林荣辉，一个对国学经典有无限热爱的教师，他呼吁发现传统教育的现代价值，呼吁开展指向成长的发展性评价。厦门外语学校赵继容校长关于云端学校、TED 教育演讲集、优秀公开课资源、微课程等的介绍，让人感到未来已来，我们已被卷入数字海啸，应当做的是指尖上的教育。

诸多演讲者中给我触动最大的就是那位任勇先生，厦门市教育局副局长。他将人生的各个角色都做到了极致。做教师他是那样优秀的数学特级教师，做校长他是著作上百本的名校长，做教育局长他是务实创新、业绩卓著的局长。

他分管安全工作，将安全意识渗透到每一位老师心中，编辑的丛书全国发行；他分管艺术工作，对于艺术教育的思考马上产生正确的导向，开辟艺术教师更广泛的研究与实践空间。由于从教育一线一路走来，从学习研究中一路走来，他的理论和经验拥有实践的有力支撑，闪烁着汗水的光芒。他的成就既散发来自草根的清香，又饱含学术研究的甘醇。他平和而低调地讲述那些在我们看来极其超凡的思想，厚重的研究和卓越的成就。"人是靠思想直立的"，他是靠思想卓越的人。

　　同行，同心，同德；开眼、开心、开悟。厦门之行使我们在新的高度上思考工作，思考教育，思考人生。凭海临风放眼量，幸饮醍醐增觉悟。美好的厦门之行，在心底珍藏。

　　（2013年中山区中小学校长厦门大学培训班总结，发表于《中山教育》）

## 好教育培养成功学习者
### ——我眼中的英国教育

　　好教育教会学生如何爱学习，会学习。走进英国学校，了解英国教育，虽谓管中窥豹，但充分感受到英国教育是如何努力培养成功学习者的。

### 一、学习方式——好方式培养好兴趣

　　新课程改革以来，我们积极探索学生学习方式的变革，倡导"自主、合作、探究"的学习方式，并在小组合作学习、综合性学习等方面做了很多研究和实践。这次我见到了英国的课堂，惊诧于学生在课堂上丰富个性的学习方式。走进教室，你会看到有的学生在研读课本，有的在相互讨论，有的在操作教具，有的在向教师询问。尽管教学秩序看上去不太整齐，可是学生们的学习神情都很专注、很投入，而且课堂气氛富有生机，十分活跃。我发现英国小学的课堂教学过程可以说是老师围绕着学生转，通常教师只做必要的讲授，更多

的时间留给学生自学，教师进行巡回解答和指导。三到五岁孩子的学习方式更是五花八门：玩沙子，玩水，玩附近收集来的植物叶子、果实，玩各种游戏器械……我用了很多个"玩"，是的，"玩"是英国儿童主要的学习方式。这种以儿童主体活动为主的学习方式使学生始终处于好奇、体验、思考的积极状态。

**二、分层教学——好策略产生高效率**

分层教学技术在英国学校被纯熟地运用着。我们看到一节六岁学生的音节认读课上，十几个学生坐在电子白板前，老师在领着他们拼读音节，另外几个已经会拼读的学生在读与这些音节相关的故事书；一节数学课上，老师给一组学生纸笔辅导，一组学生在摆弄数学教具自己学习，还有的学生在计算机旁，由助教帮助通过这一课的测试。他们的写作课也是常常分层教学的，除了班级分层，更有年级分层，依据学生学习水平分成不同群组，年级组老师分别教不同水平组。学生在教师恰当的分层策略和相互作用中得到最好的发展和提高。

分层教学中，教师根据不同层次的学生重新组织教学内容，确定与其基础相适应又可以达到的教学目标，从而降低了学得慢学生的学习难度，又满足了学得快学生的学习需求。

**三、学业辅导——好计划确保好成绩**

英国学校和政府一起来研究制定教育教学标准，将标准分解到教师教学计划和课时方案中，并依此制定具体可操作的学业测评标准。我们在ScconsopeCE小学和学校的校长、副校长交流了他们的教师个别辅导计划。我们了解了他们英文和数学学科在不同年龄的目标，竟然是分男孩、女孩的，男孩目标比女孩的稍低一点，看出他们是充分尊重学生认知规律的。学生达不达标也是有确切分数的，通过了孩子的分数是绿色的，临界的为黄色，没通过的是红色的。教师将没达标学生情况统计在个别辅导计划中，校长会有计划地逐一了解并和老师一起制定需要辅导学生的达标方法，六周后过问效果。是的，前几日在一次培训课上，两位老师还给我们模拟了校长与教师商讨给班级学生制订个别辅导计划的情景。这样细致的辅导计划让我领会了他们"为了每个孩子的进步"的目标是在扎扎实实地被落实的。

**四、学习联合体——好氛围促成好教育**

在英国，教育有良好的社会氛围，社区、企业等纷纷承担教育的义务。我们在斯坦索普足球俱乐部了解了这样一个学习联合体。他们把学校里学习兴趣不高的学生组织到足球俱乐部来上课，课程学习的主要资源和载体是足球俱乐部的一切，但目标仍是学校学科学习目标，不只是学踢球。学生由学校选送，定期来到这里。学生们很喜欢在这里学习，并很快提高兴趣和自信。学生以阅读和数学为主，主题往往是足球。他们到球场测量，结合看台计算票价等。学生看球赛要写报告，要学习拍摄写说明、采访球员完成稿件，甚至利用专门为学生设置的专业电视台现场制作节目。学生有机会和球员球星接触，他们把球衣奖励给进步的学生，鼓舞学生们克服学习中的困难。除了足球俱乐部，还有些网球、马术等俱乐部都设置了这样的学习联合体，开发形成课程。北林肯郡有两个这样的学习联合体，全英国有 170 多个。

（2011 年中山区中小学校长英国贝林肯郡考察学习小结，发表于《中山教育》）

## 探访莎士比亚故居

那天探访莎士比亚故居，我们先来到的是他妻子的出生地。绕过一座顶着厚厚茅草的老旧房屋，来到一片花园庭院。这里有几株花，一棵苹果树。地上有掉落的小苹果，我们好奇地捡起来，擦擦尝尝，味道很好。还有一个用树丛编织的草房子，里面放有桌椅，可聊天，屋顶是捆扎着的树枝梢儿，可望见绿叶间的蓝天，好玩儿有创意！

进到古老的房屋，工作人员介绍了主屋的一张桌子和一张长木椅子，窄而沧桑。墙上的一张老妇人照片，是莎翁妻子的一个亲戚，这老太太常常抠下家具上的一块向人们出售，说是莎士比亚用过的这个或那个。这些残破的桌椅也太不容易了，经历了四百多年沧桑的岁月和叵测的人心。墙上挂着些瓷的盘子，都有两三百年历史，是仿照中国青花瓷的英国制造，算是高仿的 A 货。老屋的桌上、窗台上都摆着摘自院子的鲜花，这种明亮鲜活与灰暗沉重的老屋搭在一起，好像连起了时间的两头，别样的美，别样的感觉。

工作人员重点介绍了厨房。那炉前有个铁架子，通过转动把手，在一个秤砣般重物的作用下铁架子旋转起来，以使架上的羊啊、鸡啊的烤熟。左上方一个挖进墙壁的小烤炉，是烘烤面包用的。那个封烤炉的木门是三百年前的原物。当年主人使用后马上放进冷水，使它更耐用。地上磨得亮亮的青石板也是真实的文物，它们在我们脚下，当年也在莎翁的脚下。老屋里的物件大多是找些旧东西布置起来的，尽量体现那个年代的场景。但已经很好了，身在其中，我们感受得到莎翁生活的十六世纪英国乡村是个什么样子和氛围。

午饭后我们来到莎士比亚的出生地。先是在门厅里看关于他的视频，奇特的是，一段结束了换另一个房间播下一段，片子看到深处人也来到建筑物的内里。那些片子有介绍莎翁童年的，有介绍他的作品的，有介绍他当年在伦敦的辉煌成就和影响的，有播放由他的剧本拍成的影视作品的，介绍他的剧作被译成多少种文字传播的。有些播放间有莎翁正在创作的蜡像，还有仿真的布景，随着情节变换色彩。

走出所有展播间我们才进入莎翁的故居。在那里我们看到复原的莎翁出生的房间，大床边放了一张婴儿床，有个模拟"小婴儿"躺在里面。这里专门有间屋子介绍整栋建筑的历史，四百多年来有过怎样的变迁，十九世纪初一个人将它买下来设成莎士比亚博物馆，越来越好的效果和回报证明了他的远见，当时卖这栋建筑的海报复印件就摆在那里供人们参观。这间展室里还展示了到此参观拜谒的名人，像马克·吐温、狄更斯、霍桑等。透过窗口我们看见一群学生围坐在花园里，两位身着戏服的青年演员正在为学生们演出莎翁戏剧经典片段。一会儿我们也来到其间，知道了演员们正演的是名剧《麦克白》。虽然是在露天的草地上、公园里，但他们的演出十分投入，富有激情。演出后，那位女演员还幽默地在孩子们之间游说，动员他们穿上戏服尝试表演。

我们是穿过纪念品商店走出故居的。商店里最特别的商品是各种各样的羽

毛笔，莎翁当年就是用这种羽毛笔创作那些精彩的剧本的。他真是个伟大的作家。这个超越时代的伟大剧作家因为超越时代而备受磨难，先驱者注定要用被误解和被迫害换来身后几百上千年的荣光，我想他们即使活到后世百年千年见到这些也将超越和不屑，他们在关心人类的大悲苦中是无我的。

我在这里买了一个介绍莎士比亚的彩页小册子，回来后作为纪念品送给儿子，我和他都读，都喜欢。儿子还在小册子的影响下，不止一遍地读了《莎士比亚作品集》，这个让我始料未及。

（2011 年记录英国教育考察之旅）

# 第二节　抒写四季

## 新年赞美诗

当新年的钟声
又一次在耳畔敲响，
这意味着
新的一年又在你手中开启。
回想一年里踏实如履的脚步，
我们才发觉，
一年来的汗水又带来多少佳绩，
带来感动，带来欣喜！

今天，让我们也来称赞称赞自己，
哪些说的是他，哪些说的是你，
听懂了我们的称赞，
请您——举手示意。

是你们，为学生打开一扇窗，
让他们看到整个世界！
是这扇世界之窗，
展现精彩纷呈异域文化。

是这扇世界之窗，
吹来清新的八面之风。
一种语言，一种思维，一扇窗口，
给了孩子们一个无比扎实的现在，一个无可限量的未来。


是你们，给校园带来
管乐的热烈，民乐的悠扬，
是你们，给校园带来
舞姿翩翩，歌声阵阵。
音乐是心灵的体操，
于是孩子们多了份浪漫情怀，多了种艺术人生。
音乐是一种语言，
于是孩子们一次次用这语言诉说优雅，表达才情！


是你们，
让绿茵场成为校园最美的风景，
飞舞的毽球是童年里蹦跳的彩色音符，
中华武术魂在成长的脊梁里回响。
感谢你们的快乐体育，
乒乓场上的推挡，足球赛中的拼杀，
还有蜘蛛行，还有两人三足。
是你们，让望海的孩子更健康、更快乐、更阳光。


折折叠叠，涂涂画画，
是你们在告诉孩子们，
什么是艺术。
是高楼大厦，是大树小花，也是你笔下的随笔涂鸦。
纸笔油墨和画夹，

是你们在告诉孩子们，

艺术为了什么。

为了发现、欣赏、想象和创造。


只要胸中有真善美，

笔下就有最棒的图画。

只要胸中有真善美，

一张张彩纸都会妙手成花！


一二三四五六七八，

我爱祖国也爱妈妈！

虽说我们都打小长大，

可是走进小孩子的世界，

却仍得是个大学问家。

规矩他，是为了将来飞得更高，

教给他，是为了他自己做得最好。

流传千古的诗词，我们全部拿下！


数学竞赛里的难题，

我们也不怕！

低年级的老师，是你们

用爱心和耐心将望海学子的人生，一边夯实，一边开启。


桌椅依然摆正，

读书更加认真，

知识日益丰富，

习惯日渐养成。

听说读写早有飞跃，

乐学善思已成品质。
自由的想象里有我们的狐狸和乌鸦，
生活就是作文，难忘那次父母不在家！

中年级老师，是你们兼顾上下，
方有孩子们的继往开来，
是你们承前启后，
才有孩子们的潜力无边。

是孩子，
却已迸发成熟的思想，
有思想，
却还是群烂漫的孩子。
所以，让他们知道《淘气包马小跳》的故事，
也要读懂《论语十篇》和《爱的教育》，
所以，让他们知道鲁滨孙永远的漂流，
也要知道钢铁是如何炼就。

打开话题侃侃而谈，
古诗对联妙趣横生，
国学经典深入骨髓，
腹有诗书气自华！
高年级的老师们，
是你们
让小小少年走向明天蓄势待发，
以梦为马，不负韶华！

在孩子们的记忆里，

还永远忘不了这样的"三人行"，

计算机、品德、科学老师，

是你们，

让他们拥有惊奇的发现，

拥有那些难忘的体验，

是你们

让他们了解神奇的世界，也了解神奇的自己！


如诗的生活，

如诗的工作，

如诗的业绩，

此时的你是否发现，自己也这般了不起！


新的岁月承载新的希望，

新的伊始开启新的梦想。

新的一年，国运昌盛，

新的一年，好运连连。


让我们共同祝愿——

望海的蓝天永远澄澈，阳光永远温暖，

望海的视野里永远是奋进的帆影，

望海的舞台上永远是完美的团体！

（2007年12月为中山区望海小学元旦晚会班子朗诵节目撰稿）

# 我爷爷

我爷爷那么普通，我爷爷又那么传奇。

爷爷是旧时代家中的独子，却一辈子无娇少宠、宽厚慈让。倒是爷爷的爸爸，我的太爷爷唯我独尊、任性一生。爷爷七岁下田劳作，十七岁便与长他七岁的奶奶成婚。爷爷虽未读书，修养却极好，是大地主岳父家的好女婿，是全村人尊敬的"老队长"。

我是家里最小的，我见到的爷爷已是他六七十岁时的样子。我知道爷爷是怎样一直劳动到终老。想起爷爷，眼前的画面是他佝偻着身子扫院子，是他坐在田间地头拔草，在菜地里捆白菜、摘豆荚，在大门口用果树剪子剪树枝儿……爷爷晚年的劳作大多是用手臂的，所以我印象很深的是并不高大的爷爷有双超大的手。

爷爷劳作是极有韧劲和耐心的。有一年，我家在一块薄薄的山地上种了些谷子，结果野草太多，谷子苗完全淹没在草丛中。爷爷带着小板凳去山地坐着清理，一寸寸地拔。土干草细，根本像拔鸡毛一样繁难。爷爷用薄铁片拨土，细心分辨谷子苗，耐心地去除周边的野草苗。哎呀，那是我根本没信心干下来的活儿，简直就是在成片的山地上绣花！爸爸妈妈都说毁了种别的吧，但我爷爷不吐口，日日去除，终于将细如牛毛的野草除尽。当我看到原本一片草海的山地上显现出一行行稀疏却清爽的谷子苗时，心里是又感佩又惭愧。爷爷除草真是有经验。他带着我，拔了三角菜，我们就晾晒到阳光最足的田埂上，因为不这样稍有点水汽三角菜就满血复活。田里还有一种叫笛子草的野草更厉害，不仅沾水就活，而且扎根极深，爷爷带着我在田头和了泥浆把笛子草搅进去。太阳蒸干了泥浆，笛子草像被铸进了水泥，无法再生。

多少个放学后的黄昏，爷爷带着我们扫院子，填猪圈，把小山一样的农家肥敲打成碎末儿……直到他走不动路了，还让我推着自行车，他老人家把手拉在后车座上借力行走，到果园里去拔草松土。爷爷这一辈子就喜欢田地，七岁就下地种田，年轻时起早贪黑地挣钱买地，解放后当队长以身作则地带领大家种地，年老了在自家承包的土地上坐着爬着地干。土地就是他老人家的信仰，劳作就是他老人家的精神呼吸。想到勤劳一生的爷爷，我不禁为自己经常的懒惰而愧疚，可是我真的做不到像爷爷那样勤快。我受了他多少影响啊，只能说幸亏如此，否则我不知还要懒多少倍。

　　爷爷是我劳作的榜样，更是我童年的温暖陪伴。爷爷七十多岁的时候腿脚不利索，常拉着我去五里外的乡里赶集。作为犒劳，有时是买几个苹果，有时是一杯螺蛳，或是一块热豆腐，我便很开心。爷爷的箱子里总是有冰糖，有橘子，有饼干、罐头，那大多是我那两个在沈阳的姑姑带回来或邮过来的。爷爷吃时自然是要分给他的孙儿孙女，这也是我们喜欢待在爷爷屋里的一个原因。当然还因为别的，比如爷爷的好性情，还比如爷爷陪我们讲话儿。爷爷给我讲霸王项羽和汉王刘邦的故事，讲努尔哈赤老罕王的故事。我从爷爷那听到的最惊心动魄又最引以为豪的就是爷爷讲他奶奶的故事。小日本占领时期，有一天日本兵又到村子里来搜小鸡，爷爷的奶奶把几只鸡藏到菜窖里。日本兵搜了一圈没搜到，刚走出大门口，一只不争气的公鸡喔喔鸣叫，日本兵转身回来搜出了公鸡，凶相毕露地向爷爷的奶奶伸出了刺刀。爷爷的奶奶好厉害，不仅不躲，还把头伸过去说：“你砍！你砍吧！”日本兵看到毫不畏惧的爷爷的奶奶哈哈大笑，伸出大拇指说：“你老太太，好好的！”最后，不仅人毫发无损，还把鸡也还给了爷爷的奶奶。这可不是电影不是小说，是爷爷的真实讲述，爷爷的奶奶好勇敢啊！爷爷像一座家族桥梁，在爷爷的讲述中，我知道了机智勇敢的爷爷的奶奶，还知道了年轻时任性闯边外（北大荒）、老年时酒壶不离手的狂傲大厨太爷爷，知道了极爱干净、厉害却讲理的我奶奶，挎着洋刀的公安局长四舅爷……

　　爷爷晚年在伯父家和我们家轮月吃饭，孙儿们都喜欢爷爷，临近的那天便抢着来给他搬早饭用的糖罐子、蛋篓子。爷爷有肺心病，冬天生病了我们都积极热心地来照顾。妈妈也是待爷爷很好。我记得妈妈把炒熟的花生剥了壳，放到面板上擀成花生碎儿给牙口不好的爷爷吃，记得好东西都等爷爷来我家时做来吃。我爷爷很喜欢吃妈妈刚炸的萝卜丝丸子。一大家子人中间爷爷从没一句不合时宜的不满和抱怨，作为长者和尊者他也不发脾气不使性子，少说多做，做事留有余地。爷爷的柔和乐观与宽厚深深影响了我，尽管我做不到爷爷那么好。

爷爷是82岁那年春节病重的。春节当天，他还努力穿着新衣服，坐在炕上接待晚辈们的拜年，之后就卧床了，一直打吊针。后两天，乡村医生不再打针了，说血已经倒流。正月二十五，我的爷爷离开了我们。神志不清的前夜，爷爷意识乱了，口中念叨的还是"惊蛰乌鸦叫……谷雨种大田……"我那在田地间劳作了七十多年的爷爷，节气时令、春种秋收已入了他的精神深处、魂魄内里。爷爷离开那年我17岁，全家人都报庙去了，我一人守着爷爷，守着像是睡着的爷爷，我一点不怕，我知道爷爷给我的是不尽的慈爱，我对爷爷是满心的敬爱。

二十多年后的这个清明节，我还在心里呼唤您，爷爷，我还在记忆里亲近您，爷爷。我多想还跟着您插栅栏，栅栏挡住了鸡鸭猪狗，青菜们呼呼地长，癞瓜、梅豆爬得里出外进。我还记得您那么爱植树，祖坟边的松树，门口的杏树，厕所边的枣树。您知道菜园边的大杨树和水井边的山楂树都不在了，但它们都长在我记忆里了，谁也拔不掉……

（2016年参加中山区中心小学清明节"寄往天堂的信"征文活动）

## 年轻时我不懂父亲

中午坐在窗前，忽然就想起小时候我爸给我买的那条花裙子。一串小猴子每人捧只大桃子的图案，橙一圈、蓝一圈的，那花裙子清晰得就像摆在眼前……鼻子一酸，又要下泪，算到今父亲已经过世19年了！

　　爸是个中学物理教师，参加了"文化大革命"后第一批高考，他是当年大连地区物理状元。爸一米七八的个子，体形匀称，戴着副眼镜，典型的白面书生。

　　我写关于父亲的文章这应该是第二次。父亲总是生病，从小到大，我们的日子几乎是以他的病来纪年的。我从上小学就开始常去村卫生所、乡卫生院为他买药。兜里揣着爸写的字条，到窗口挂号、划价付钱、取药。爸体弱多病，尤其是脑神经不好，有药物依赖。所以家里爷爷、伯父和妈妈都不希望他总吃药，我也跟着大人们的情绪，不大情愿为他买药。村里乡里都知道我爸是"药罐子"，所以每次买药我就不觉得是什么光彩事，那些人一讲起我爸和他的药，我就更不爱听了，买了药就分秒不停地逃离。家里大大小小的药瓶子，熬着的中药汤，燃着的艾蒿灸条……从小，我就闻着爸的药味长大。

　　记忆里爸爸就抱过我一次，那时我大概4岁。一个冬天的清早，妈要去赶集，我就闹着要去，爸爸把我从妈妈身边抱走，放到炕上，说：咱大姑娘听话不去哈。他平时不大哄孩子的，不会说这样的话，自己都边说边不自然地笑了两声。我又急又难为情，一会儿就不哭了。

　　我见到的爸爸总是忧郁多病，所以我很愿意听爷爷讲爸爸小时候如何淘气，喜欢听妈妈讲爸爸年轻时多爱运动。爷爷说爸爸带着班里的皮小子们都把车轮子滚进了教室，老师上课一提问我爸什么都会，那些跟着淘的答不上来就总受罚。妈说爸年轻时特爱打篮球，每天下班回来胶鞋边都满是汗渍。应该是吧，我没上学时，爸爸夏天下班后爱拎条毛巾去水库洗澡游泳，我见过他从水库这边游到那边，不像我们那样扑腾，而是那么静静地就游过去了。

　　爸爸平生最开心的日子，就是我念师范、哥念大学那几年。每次寒暑假回来，爸都要问我学习怎么样，有没有获什么奖。知道他每次都要问，我也就努力拿一两项。待递给他，他总是很高兴，看得很仔细，然后收到他的抽屉里。现在想来，如果说我还算上进的话，爸爸的要求和鼓励是起了很大作用的。

　　我们在外上学，每学期开学前返校，爸都要雷打不动地送我们到两公里外的车站。有时我们没带什么包裹，骑去的自行车也有寄存处，爸也执拗地要跟着骑去。想想自己还常对爸"不起作用的送"不耐烦，真是不懂他的心！爸体弱，性格有点迂，讲不过我俩，特别是我哥，但他怎么讲也总是坚持自己的意见，必须送。

那年我刚参加工作，一个深秋的午间，我爸竟冒着秋雨乘长途汽车来到我的学校！那时的爸已很少出远门。爸给我带来一包新下的苹果，好沉！裤脚上印着几道泥浆印子。记得爸还到校领导那感谢，说我小，不懂事，多批评。中午我想请爸吃当时正时兴的海鲜自助餐，爸执意不肯。我只好带爸去了个路边小饭店，点了两个菜和一份饺子，爸就觉得点多了，花太多的钱，闹到生气。

可惜年轻的时候我不懂父亲。爸虽不苟言笑，但一直用他的方式在爱我们。他不多说，做的也不一定是我们需要的喜欢的，但于他，一直在用他自己的方式关心子女，很坚持很努力。随着自己年纪的增长，尤其是越来越靠近他当年的年纪，我不仅越来越懂父亲的心，更对自己当年的不理解、不耐烦充满愧疚。

转眼爸离开我们已经十九年。爸，您在那里好好的，我们也都好。

（2017 年参加中山区中心小学清明节"寄往天堂的信"征文活动）

## 端午节：美·爱·趣·智

端午节是欢乐节，
吃粽子、顶鸡蛋、赛龙舟……
多少开心的事儿啊！

端午节是健康节，
挂桃枝、插艾蒿、点雄黄……
一家人安安全全，健健康康！

端午节是艺术节，

五彩线、巧香囊、把门猴……

家家创造，人人共享！


春夏之交，

要么风和日丽，要么雨水滋润，

这是一年里最舒适的时候。


绿树天边合，

鲜花铺满墙，

大街上到处是香甜的花香和绿阴的清凉！


端午的快乐得伙伴互动，

快来包粽子吧，这天人合一式的美食！

快来顶鸡蛋吧，这好玩又好吃的项目！


对对顶，组组赛，

班班有蛋王！

老师也疯狂！


端午里满是美、爱、趣、智……

我们爱这样的端午！

我们爱这样的中华！

（2018年记录中山区中心小学端午节课程）

## 节日是诗　生活是诗

节日区别于平日，在于它的意义。

节日是开在凡常日子里的花。

节日是心灵的仪式，是有意味的形式。

它以特色吃穿、游乐等活动，传达一种特定的生活意义和文化价值，我们靠这些有意味的形式让文化绵延千年。

九月风清气爽，月朗星稀，是一年中成熟美好、富足舒适的一段日子，也是节日众多的月份。抗战胜利日、教师节、中秋节，又与国庆节紧紧相连。教师节便镶嵌在这美好的九月，它倡导全社会尊师重教，也唤起我们教师自己对工作和生活意义的思考。

感谢中心小学工会为大家所做的贴心服务，给我们带来这样一个开心又有意义的节日茶话会。大家自己设计，自己准备，自己布场，自己彩排，朗诵我们的诗歌，讲述我们自己的故事。我们合作，我们欢笑，我们交出彼此又欣赏彼此，我们依靠彼此又成全彼此。我们在一台节目里走进对方更深的精神世界，我们中没有熟悉的陌生人。我们心灵敏感，乐于改变，每次交流都有新的感悟、新的进步和成长。生命在手就要让它生生不息，成长总在衰老前面，成长的速度能快于衰老的速度，老就是一幅画，一首诗，一支优雅而从容的曲子。

今天的节日被我们过成了诗。那么节日的欢乐与生活的平淡是什么关系？是油水分离还是水乳交融？我说能把节日过成诗的人也能把生活过成诗！我愿意和大家一起在平日的难与忧中耐烦、努力、突破，用一颗诗心去生活，让生活本身就是诗，让它有更多更好的意义和回味。就像刚才大家唱的英文歌"truble is fine"（麻烦也是一份美好），这是多么诗意的表达！像大家讲述的故事一样，人群是发生故事的地方，我们包围在故事的海洋。这些故事使我们动心动情动脑子，使我们在具体的情境里做到有血有肉、有情有义。教育就是与人相处的艺术，是组织、调动、激发、成全人的过程，这个过程、这门艺术需要我们终生学习，终生贯彻将心比心、达人达己的信念，我们顺便就收获了人生的意义和自身的价值。

意义是人赋予的。

意义只有人能赋予。

善于赋予意义的人生更幸福！

再次感谢工会和会务组的老师们付出的辛苦劳动和巧妙慧心！

我们班子成员一道，在这里衷心祝愿大家节日快乐！

我们不仅与大家一道度过这富有诗意的节日，

还将与大家一起富有诗意地度过每一天的生活！

（2016 年中山区中心小学教师节茶话会讲话稿）

## 过节与嚼月

今年的教师节紧挨着中秋节，今天咱们就双节同庆。

工会给大家准备了三个内容。一是大家亲自动手来做月饼，和学生一起转变学习方式，也通过一枚小小的月饼感受悠久丰厚的中华文化，过有文化味的教师节。第二个内容是发放周末健身卡，请大家在周末约起来、动起来，通过运动保持健康和健美。第三个内容是给大家准备了一份全家人享用的节日套餐，周五下班时带回家，和家人一起过一个实惠实用的节日，开开心心地工作和生活。

今天是第一项活动，做月饼。咱得先了解些月饼文化，要不就成了普通游戏，甚至成了干体力活儿。月饼月饼，当然与我们祖先的月亮崇拜有关。中华几千年的农耕文化，先民们很好地做到了"看天吃饭"，比如观日月星象，总结出二十四节气等，月亮在帮助祖先认识世界、生产生活中起了很大的作用。我们的民族又是个极其浪漫梦幻的民族，吃饱了肚子再举头望月，月亮又成了我们最好的审美对象。"嫦娥奔月""吴刚伐桂"的美好想象通过口口相传、代代完善，成了经典的民间故事。"皓月当空""月光如水"的名句名篇通过文人墨客绵延相继地描绘和象征意义的依托，成了人格高洁、亲朋团聚的最佳代表。从文学的角度说，月亮是中国文学一个重要的意象；从美学上来看，月亮很大程度地参与形成我们中华民族的审美思想和情感表达；从哲学角度说，月亮还深深影响了中国人的思维方式和哲学理念；从科学角度说，月球更吸引着人们对宇宙的不懈探索……月，既受文人雅士的青睐，又是平常百姓家的欢喜。秋天来了，月华满天，建议大家要选一个时刻能与孩子和家人抬头赏月，和他们讨论关于月亮的传说、诗句或科学故事与常识。

月饼，就是这样一个与节日、时令和文化紧密相连的美食，是中国人"天人合一"哲学观的大众使者。它是远古以来人们祭祀月亮的供品，从商周时期的太师饼的原创，到汉朝张骞出使西域之后胡饼的借鉴，月饼在漫长的岁月中不断演变和完善。据说到唐朝基本稳固，在北宋宫廷内流行之后广泛流传民间，俗称"月团"和"小饼"。大文学家兼美食家苏东坡曾有诗句"小饼如嚼月，中有酥与饴"，他连天上油亮亮的月亮都想摘下来嚼一嚼，这位好奇心没治的美食家和美学大师。

月饼有广式、京式、苏式、潮式、徽式、晋式、滇式等等，既有一方水土一方人的缘由，又有在时空中花样翻新的变化。发展至今，在传统月饼的基础上又增加了海味馅、蔬果馅、冰激凌巧克力馅等品种。我们今天做的应该属京式和冰皮两种。咱们也搞搞竞赛，看看哪一组最先最好地烤出色泽金黄、形状规整、皮馅适中的月饼。每人九只冰皮月饼，请大家做好了带回去和家人分享。这和超市买的当然不一样，因为它们是你亲手做的，上面留有你的手泽，闪动着你的温暖情意，让我们也借以感谢家人们对我们的支持与爱。

"一年好景君须记，正是橙黄橘绿时。"天清气爽，良辰美景，在这里我谨代表领导班子祝大家节日快乐！开学第一周事务比较多，再多再杂我们也要迈出自己从容优雅的舞步！祝愿大家何时何地都拥有被观望的感觉，被另一个自己观望，被理想中的、更想成为的那个自己观望。精神上不止于做眼前的事这一维度，更能在具体的事务中不忘观照自己、修炼自己，那我们就会一天比一天进步，一天比一天美好。让我们一起用精神与气质的提升赢得生活，赢得岁月！

（2018 年中山区中心小学教师节讲话稿）

## 我的东北年

中国年纵横南北，绵延千载。她一直在延续也一直在生长，与时俱进间变的是些许形式，不变的是永远的亲情团聚和美好祝福。过去的年，现今的年，未来的年，它在随着时代旋转和改变。一个时代的年有一个时代的过法，有一个时代的烙印，烙到哪了呢？莫不深深地烙进了我们的成长记忆。所以啊，听你说怎么过年，基本可以猜到你是哪个年代生人。

从腊八的序幕，到小年的彩排；从倒计时的忙活儿、备吃，到除夕和初一的鼎盛高潮；从正月十五的欢乐颂，到二月二的尾声余韵……这是中国年的基本流程，绵延月余的时日里，我们把欢乐、聚散和祝福拉得长长的，在这样的日子里浸泡濡染、亲身体验，你怎么可能忘却？你怎么能不期盼怀想？作为东北人，我想让大家看看东北年的特色吃法、玩法。原以为没太多可写的，可一回忆起来还得好好筛选筛选，而且这场岁月回看带给我很多乐趣和感悟，愿意分享与大家。

### 东北猪

我们中国人有家就有猪，有猪才是家。东北的冬天好漫长的，十一月底已经万物萧瑟、朔风时吹，到十二月就常有大雪封门了。因为天气寒冷，食物好储存，也因为天冷人们需要养膘过冬吧，在东北元旦前后就开始杀年猪了。杀猪当天要煮一大锅肉，把一大盆猪血灌成血肠，请亲朋好友、街坊四邻痛吃豪饮。那些日子，今天张家明天李家的，每天凌晨村子里都听得到有猪在嚎叫，午后便总有些人家热气腾腾肉香四溢，人声鼎沸成为焦点。男人们连续几日、十几日走家串户地帮忙逮猪忙活、吃肉喝酒，说笑间一年的辛苦散尽，一腔的情谊更浓。

要说杀猪当天最有特点的菜我觉得是一种叫"酸菜末"的汤。就是把最嫩脆的酸菜梗切成碎末儿，撒到刚煮过肉的汤里一烫就好，撒上葱花香菜马上出锅。盛一碗热腾腾的酸菜末喝下去，肉汤醇厚，葱花清香，酸菜粒儿脆爽开胃。不过喝这种去油腻的汤你得嘴上有功夫，烫得很呢。

杀猪这天我的工作往往是给大人们打下手儿，比如剪出十几支尖尖的高粱篾儿给厨师煮血肠时看火候用。我看着他用高粱篾儿扎破沸水里的血肠来掌握火候，流出鲜血就说明还早，越快熟了越要扎得频，以保血肠鲜嫩得刚刚好。倘如此，血肠用快刀切开饱满有形，闪着亮亮的荏儿，一旁查看的厨师就会放下心来，像鲁迅小说里种出好罗汉豆的六一公那样做骄傲而激动状。再如师傅户外洗猪肠时我要手提热水壶帮他冲水，看着那些水流进空空的猪圈，我心里不大是滋味儿。一年来我曾把扫院子的土填进这猪圈，有时故意甩那憨猪一头一脸的土；我曾拔来青草和野菜撒进猪槽，然后开心地看那憨猪饕餮。想起这些，那头花的或黑的猪的样子都会在我眼前晃动，甚至带着表情。但一会儿，这情绪就被现场的忙碌和热闹冲淡了。

下午人们散后，爸妈就要将装满筐子摆满地的猪肉做再分类和再处理，那些猪肘子、猪蹄子、猪头、猪骨头等都要一一挂到厢房房梁上。第二天，妈妈要用比较肥的肉炼油，要用前一天煮肉的老汤烩萝卜片，要把五花肉腌到坛子里。杀猪之后的菜食里油水就多了。直到除夕前一天烀骨荏肉，包净肉馅饺子，做各种菜品，猪肉用量最大最集中。猪蹄子熬成乳白的冻儿了，是过年里最受欢迎的冷盘。猪排骨炖了满是蜂窝眼的冻豆腐，招待最亲近的客人。杀猪当天煮熟腌坛的猪心、猪肝、猪腰子、猪肚等也都在这个时段消费掉了。正月十五烀猪头，煮熟的猪头肉回锅炒葱，香香糯糯的，其他部位的肉就不行，没有猪头肉里那么多的胶原蛋白和脂肪。剩下的猪头肉腌咸入坛。到了二月二，可以取出坛里的猪头肉吃了，还不太咸，切开一片片像奶酪似的，并不腻人，配上炒绿豆芽和卷饼，是很有特色的节日吃食。

过了二月二，整头猪就剩坛子里的咸肉和油渣了。油渣是酸菜、萝卜馅菜饼子菜包子的黄金搭档。咸肉则适合炖雪菜和各种干菜，别有风味。最好吃的是六七月间用坛子底的咸肉炖刚下架的芸豆。至此，这一头东北猪已经吃过半年！噢，还有一两坛猪油，平时炒菜用的，当然得用到下一个元旦。东北人就是这样一年靠一头猪保障几乎全年的动物蛋白，用冻、炼、腌制、风干等各种方法储存，为各个节日提供各类吃食。想到这我自己都吓一跳，我与猪的生命竟如此紧密地联系在一起！一年又一年，我这样赖它长大。

**东北乐**

过年前后，好吃好喝后的我们玩得更是欢实。伙伴们像一群小兽纵横四野、到处奔突。一群半大孩子分帮模拟野战，手持木枪和各种棍子，攻占山头，夺取高地。我们喜欢在茂密的黄草地上打滚儿、疯闹，这比体育课的垫子过瘾多了，无边无沿啊。闹够了，这厚厚的草甸子似乎在诱惑我们，把它点着，看它燃烧。于是就有胆大的点火了，火苗子呼啦啦向四周散开，舔过那些浓密的枯草。黑色草灰面积就在火舌身后不断扩展，像一朵黑色的大花在迅速绽放，神奇好看！火烧起来了，大家又怕大人们发现，就都藏在附近观望。一般来说火烧到河边或土地边就自行熄灭了，空气里一股燃烧的气味儿。看着惊心动魄的燃烧过程，闻着飘散在空中的焦味儿，我们莫名地感到很刺激很满足！难怪大人们要骂，这群猴崽子！

冬天的水库河套自然是我们的游乐场。滑冰车、抽陀螺都是最具吸引力的项目。冰车性能主要看下面的冰刃和手里的冰锥。用薄而坚韧的冰刀嵌入双轨的冰车自然是宝马级的，用粗铁丝做冰刃的国产冰车则不可与之同日而语。滑冰车竞赛时时可以进行，那些健硕的男孩子双臂飞舞冰锥，驾着宝马冰车唰唰驶来，一路上风驰电掣、冰花四溅，到达终点潇洒地一拐弯，冰刀一横冰车就在瞬间喷着冰末子戛然而止。真是帅呆了，不亚于现今那些F几什么方程式的赛车手！冰陀螺是用圆木头刻的，底部镶进去一颗自行车轴里的滚珠。为了转起来更赏心悦目，陀螺面上还要涂上色彩、画上图案。现在想想这些DIY

的玩具锻炼了多少头脑和双手,还有耐心,互相切磋,有的陀螺里可能还有故事。即使没能开冰车、抽陀螺,只在冰面上打打滑刺溜儿也是乐趣无穷。你可以在河岸泥地上助跑,滑行中慢慢蹲下身子保持平衡,肯定会在伙伴的比赛中胜出,滑出最远的距离。后来我看那个冰壶比赛,这边甩出去一只冰壶,那边两人沿着冰壶将停的冰面拼命摩擦"打蜡",让冰面极尽光滑使冰壶滑出去更远,这不就是我们东北人的打滑刺溜儿比赛嘛,只不过我们本身既是选手又做冰壶!

即使是在房前屋后,我们也会开发出好玩的去处,下菜窖子!东北人家冬天都会在院子里挖菜窖子来储存一冬天的蔬菜水果,对于我们这些讨狗嫌的孩子来说那可真是个好地方。我们一个一个地沿着梯子下到窖子底,里面黑黑的,要打手电或点着蜡烛。各家的菜窖子规模、深浅不一,参观其间就让我想起地道战,很好玩儿,还有点探险的味道。当然最吸引我们的还是菜窖里藏着的苹果、萝卜、地瓜等。那些苹果皮儿上落着层薄霜儿,咬一口嘎嘣脆、香甜可口。萝卜举起来在石头上摔开裂成几瓣儿,你吃吧,水分十足。地瓜只要把皮洗一洗就啃着吃了,那种黄瓤的越往里咬越甜……

### 神秘园

我家是锡伯族,常有人好奇我们这个少数民族有哪些特殊民俗,其实作为北方游牧民族,锡伯族和满族的一些生活习俗是相近的。比如说过年要摆供桌,我听爷爷说满族人供桌的方向在正北方,锡伯族的是在西北方,其他都差不多。每年摆供桌,爸爸都会写两副对联贴在墙上。一副是"佛光普照三千界,法水周流万国中",另一副是"……承先泽","……裕后昆",记不清了。供桌设在我家西屋储藏间,上面摆着蜡烛、馒头,燃着香火。说来也怪,小时候我是个胆子比较大的孩子,可每年把这些摆上供桌后,我就很怕独自进那个储藏间。有时妈妈催我帮她取头蒜啊什么的,我就磨磨蹭蹭,催得紧了,就在脑子里先确认好蒜在哪里,然后屏住呼吸冲进去,拿到蒜慌忙逃离,慌乱间撞得门咣咣响。妈妈知道了,就说:"所以嘛,要做好孩子,祖先不仅不吓你,还会喜欢你保佑你。"啊,这在当年小小的我来说是股挺强大的学好的力量。后来的几年,我再进储藏间心里就会默念"我比较懂事孝敬,没做亏心事,祖先会保佑我的"，果然好多了。呵呵，现在想想，这应该是积极心理暗示吧，我们中国的祖先崇拜也真是深入民心呢。

我们也和满族一样除夕要到祖坟请神，初二送神，十五晚上去送灯。这些都是家里男人带着男孩子去的，不带女孩子。过年期间这些祭祀活动比平时密集得多，过年就还有一股子神秘严肃的气氛。

锡伯族当然也会与满族有所不同，比如供奉"喜利妈妈"。"喜利妈妈"是锡伯族信仰的保佑子孙繁衍和家宅平安的女神，我在后街那个没出五伏的老爷爷家看过。那是根很长的有点灰旧了的红丝绳，上面挂着小弓箭、彩色布条、猪骨头、铜钱什么的。听说家里生了男孩要挂弓箭，添了女孩要系上彩色布条。我听伯母说老爷爷家五婶生了女儿小余时，老爷爷就给"喜利妈妈"系了一根红布条，表示家里添丁进口。另外挂动物骨头、铜钱、靴鞋等都是有寓意的，好像挂农具模型是祈求风调雨顺、五谷丰登的。现在想想那滴溜倒挂的红丝绳、彩带，总让我联想到东北山区的萨满教，也是彩带飘飘，念念有词，神秘莫测的。我那老爷爷做过走村串屯的货郎来养家，一生勤苦简朴，活到九十多岁。他会说几句锡伯族语，一双巧手会编筐窝篓，曾送给我一只很精致的小柳条筐，圆圆的，上边有镂空的花边，我用它来装弹珠糖果之类的玩意儿和零食，成了我一段温馨难忘的童年记忆。

说到这，好像整个情绪都变得严肃神秘了。梁漱溟曾说，文化就是人们过日子的方式，那我们过年的方式就是我们的年文化了。东北地处寒带、山野广袤，这种生活环境和气候条件养育着坚韧、豪爽、乐观的东北人。东北在中国大历史中相对于中原文明和富庶江南一直是游牧民族聚居的边陲北疆，这种历史演化和民族特性也形成了东北人勇敢开拓的性格和率性火暴的脾气。东北年自然就带着几分蒸腾与火爆，带着几分粗犷与豪放，好像也带着几分神秘和原始。

我的家在东北，过着东北年的我一年年长大，又一年年变老……

东北年永远在朔风里伴着飘洒的雪花行走，男女老少喜欢在这份凛冽里欢笑、聚散……童年的我永远穿着好看的花棉袄，透过窗玻璃上厚厚的霜花久久地在那里张望、痴笑……

（此文获得 2016 年《教师博览》"过年"主题征文一等奖）

## 水果之美

　　周末早餐食得一枚红心火龙果，玫红的果肉和汁水胭脂一样好看。吃完果肉擎着的果皮都好漂亮，桃红色外皮上点缀着浅绿的节儿。这让我一下子想起《红楼梦》中宝玉与莺儿的对话："宝玉道：'松花色配什么？'莺儿道：'松花绿配桃红。'"望着掌中的"桃红配松绿"，我不禁感慨，水果多聪明啊，天然地懂得色彩搭配之美呢。是啊，山竹圆圆的紫色外皮，配着水绿的蒂儿，紫与绿的绝配；黄黄绿绿的橘子，看上去就联想到巴西足球队队服，和谐而有活力；水蜜桃通身肉粉，一抹红韵像搭配了红色纱巾，女人味十足；西瓜、香瓜们有着绿色、黄色的底子，上面是漂亮的几何花纹，充满设计感……而我们给一些颜色起的名字就干脆来自生活中的水果，像瓜瓤色，葡萄灰，梨黄，橘红，等等。水果真是生活中的色彩大师啊！

　　除了色调，水果还有别的美啊。草莓、香蕉色形俱佳，卡通效果最好了。杨桃的外形挑战着水果普遍意义上的圆和椭圆，切成片儿，就是一盘大大小小的星星！还有的水果名字取得好形象，像"龙眼"啊，"释迦"啊。

　　水果当然是道美味。口味酸酸甜甜为多，但都不同。有的甘甜，有的香甜，有的回甘；有的酸中微甜，有的甜中微酸。牛油果和榴莲有着丰富的植物脂肪和"怪异"的口味，食者或大快朵颐或品咂不尽，观者可能难以理解，甚至不堪其嗅。关于水果千百种不同的芬芳你难以写出，这种香就得叫橙子味，那种香就是菠萝味。口感有脆的，有糯的，有夹杂着轻微嘎嘣嘣的籽儿的，有水分足得像喝饮料的。

　　其实水果的内里乾坤也是一个美的世界。石榴的粒子是最神奇紧密的组合，百香果里有一包子滑滑的酸汤，猕猴桃里绽放着放射状花纹，无花果打开就是一场好奇的探秘。至于里面的籽更神奇了，有星星状排列的苹果，梅花样组合的山楂。而牛油果的核接近乒乓球大，像檀香木刻的大个佛珠。荔枝核光溜溜的，晾干了可以当弹珠玩。芒果的核像个弯弯的薄薄的刀片，上面满是很难去掉的毛絮。现代科学证明，籽实里的养分非同小可，葡萄籽涩涩的但具有抗氧化成分，嚼食可延缓衰老，枣子核或尖或圆可入中药。

水果各自有庞大的家族，远亲近戚密布，它们还有着宗族之美。莓子，桃子，梨子都有自己庞大的宗族，都有共同的地方，但更有自己的个性，大小、颜色、产地相差甚远。让我们感受到生物的多样性，它们随气候环境在衍变，在进化。

如果你是个爱听故事的人，你会更喜欢有故事的水果。妃子笑荔枝里有唐玄宗与杨贵妃的故事，让你忆起杜牧"一骑红尘妃子笑，无人知是荔枝来"的诗句。苹果本来就是苹果，因为亚当和夏娃的传说它就又叫蛇果，讲述着西方神话里人类的起源。人参果的出名恐怕和《西游记》里二师兄有关啦，猪八戒偷食人参果，囫囵下肚不知其味。

有些果子不仅自己美，果树更美。海棠树、石榴树、柿子树都是很多人家院子里的观赏树，也是画家喜欢拿来入画的素材。樱花园、苹果园都是花开如云似霞、红肥绿瘦的喜悦景象。芭蕉树被种植在粉墙脚下，太湖石边，人们未必图它结的芭蕉，可能更喜欢那份"雨打芭蕉"的风雅。想想易安词"红了樱桃，绿了芭蕉"，多美的一幅诗画。枣子树普普通通的，但当被鲁迅先生写成"一棵是枣树，另一棵也是枣树"的文字就成为了经典。落英缤纷的桃林，更因为陶渊明的名篇《桃花源记》成为中国人的梦想所在。

我们爱世间水果，鲜果干果都是人们离不开的美食。街上的水果摊，总是像绚丽的调色盘一样吸引人。春天的樱桃、梅子，夏天的西瓜、桃子，秋冬的葡萄、苹果，无不带着那个季节特有的气息向我们而来，我们的岁月便在这纷至沓来的水果间优美地旋转……

（2017 年春写于中山区中心小学）

# 百衲人生

在杂志上读到台湾作家简媜的一篇文章《百衲》，讲述一个勤俭聪明的乡下妇人，"任何不起眼的东西在她手上总会改头换面"。她把台风过后折断的竹竿制成洗锅刷子分赠邻居；用田边的芒草编成大小不一的扫帚扫地、拂案、牵蛛网；装油漆的方铁桶对角一裁弯成两只畚箕；耳朵痒了，随手按只母鸡抽根细毛修个边儿，就是很管用的耳搔子……简媜欣赏这位乡下妇人，"她所有的常识都来自于劳动与生活，她所再创的东西也无一不应用于生活或更助于她的劳动"。

这位勤俭的乡下妇人，让我想起了自己的父辈祖辈。我的祖父洒扫庭院时捡到弯铁钉总是顺手抓个石头将它敲直，钉在松动了的铁锹、镐头上；我的父亲曾把伯父做木工剩下的小木板刻出花纹，漆上好看的颜色，做成广播的外壳；我的母亲也曾在家中没有熨斗的时代，将第二天要穿的衣裤放在褥子底下，利用土炕的温度和身体的重量把衣物"熨"平整；我那当裁缝的大姨也总是把剩布头按质料分类，依照花色、尺寸进行拼图，做成漂亮的百衲被，棉的、夹的都有……他们同这位乡下妇人一样，将简单甚至清贫的日子过得有滋有味。这种素朴的思想也渗透在他们与邻里的人际关系中，形成远亲近邻间亲密和谐的氛围，温暖着我的童年，温暖着我的心灵。在他们身上，我感受到的不仅仅是勤俭的品德，还有生活的智慧和美。

这让我想到，无论物质文明怎样发达，无论时代如何日新月异，我们总要能够让生活过出一番滋味，这种生活滋味和生活智慧就在于平常事物的运用和转化中，在物尽其用的循环中。其间人与人多了些亲密和关爱，人对生活多了种闲情甚至雅趣，人的内心多了份平和与感恩。

我相信这种用勤俭和智慧将生活过出滋味的需求人人都有，我们应该把它早早地传给我们的孩子。于是我不再只流连于书摊前翻阅家庭 DIY 书籍，而是买回来找时间和孩子一起学着制作。在我们手中，卫生纸筒芯变成了奥运五环式笔筒，食品包装盒都裁成大大小小的生字卡和记事单，鹅卵石经过造型拼粘变身为精美的小画框……于是我更欣赏婆婆的勤俭会过，和孩子一起衷心地夸赞奶奶，并请婆婆帮忙把穿旧的睡衣改成实用好看的围裙、套袖。

　　我相信这种用勤俭和智慧将生活过出滋味的需求人人都有，我们应该把它多多地带给学生们。我们学校的美术老师开发了"综合材料制作"校本课，旧杂志里的彩页、水果包装的泡沫网、布头纸片瓜子儿壳……在学生手里都变成了美的作品，闪现创造的灵光。学校的会议标语会后挂到校门口继续渲染教育氛围，这需要在会前编写标语内容时就考虑合适的措辞和尺寸。开各种庆祝会用的小彩旗，由学生们在校本课上制作，让他们亲身感受劳动的意义和价值，体验自己的劳动和心思被运用的兴奋与自豪，享受自己的双手编织出的欢乐和幸福。

物尽其用的背后是人尽其用，人尽其才，是心灵的清新和润泽。

百衲很美丽，它呈现的是我们对生活、对世界万物的运用智慧和创造热情。

百衲很温暖，它传递的是我们对身边人的关爱，对生活的热爱和感恩。

让百衲缤纷的色彩，丰富的图案，连同它特有的那份温暖，一同走进我们的心灵。

心有百衲，美丽一生；心有百衲，温暖一生。

（2012年发表于《辽宁教育工作》）

## "业余"养人，"业余"养心

《课堂上究竟发生了什么》，看题目这本书应该讲述课堂研究，而作者吴非老师却在他的这本书中专门讲了关于"业余"这样一个章节，题目叫《差异在"业余"形成》。吴非老师说，判断一名教师的教学修养，要多看他"业余"在做什么，他有没有阅读的习惯，有没有钻研"非专业知识"的趣味。

由此我想，学校要保护教师的"业余"，教师要用好自己的"业余"。教师对待"业余"的差异其实源于对自我认识的差异，对生活态度和对生命的认识的差异。

"业"是我们的现实，我们的今天；"余"是我们的自我，我们的明天。朝八晚五，我们的"业"是一样的，铃声响落，我们的"课"看上去也是相同的。不同的是我们的业余，我们的课余。业余里有家庭生活，我们是不是在柴米油盐里觅得生活之道，其实生活之道即教育之道。业余里有兴趣爱好，我们能不能在兴趣的引领下形成自己的才艺和成果，才艺、成果即你的个性和风格。业余里有人际交往，我们能否在爱与被爱中建设一个幸福的家庭，处得和睦邻里，交得亲朋挚友。业余里有文化生活，我们是不是在影视作品的欣赏里思考人生的戏里戏外，是不是在旅行走四方的过程中壮阔精神世界。

对于学科教师，你还应当在自己学科的延伸里多多驻足。语文老师读读文史书、儿童书啦，参加个"为你读诗"啦；科学老师了解了解"科学松鼠会"，参加参加"科技嘉年华"啦；美术老师多看看画展，看看"艺术创想"啦，等等。这些经历多了，你就在自己的专业发展上有了自己的兴趣和特长，进而与学生培养相连，就培育出自己的教育专长。一个有教育专长的老师是幸福的，他可以由此成长为一名教育专家，他可以在学生的成长中获得充分的价值感，他的生命和学生的生命彼此交互，共同生长。

因为是教师，所以我们共同不可或缺的业余生活是尽量充分的阅读。阅读是很个人的事，更多的是在很个人的时间发生。以教育和学科为中心阅读，结合实践，规划课题，写写读书笔记，专业提升就是自然的了。以个人阅读为基础和前提，逛逛特色书店，约上三五书友，组织个读书会什么的，感觉都会很棒。

所以，看好的电影，就写篇影评吧。喜欢什么，就订套专业杂志，参加个俱乐部，交几个发烧友吧。家庭聚会，就用心设计，爱护好老小，涵养好家风吧。业余时间就是一片广阔天地，大有作为。长期用好业余带给你的改变是主动的，是渐进积累的，是自然渗透的，不知不觉滋养你的业内，甚至使你成为你自己。我想，可能这个过程更健康，更合乎人性，更让人幸福，也更接近教育和生活的本质。

"业余"养人，"业余"养心。作为教师，我们的教学修养和生活品质在于有什么样的"业余"。

（2018年写于中山区中心小学）

# 第二章

# 读书实践

# 第一节　读写教育味

---

## 把遗憾酿成幸福

---

那年我还是中山区桃源小学一名班主任，《人民教育》创刊 50 周年庆祝会在北京举行，邀请学校民乐团赴京演出，我所带的班级学生都是民乐团成员，所以我们全班集体参与。演出之后，同学们强烈要求第二天早上去天安门广场看升旗仪式。就这么定了，第二天早上 4 点钟起床赶去天安门看升旗。

可是白天的演出同学们东奔西走很辛苦，晚上和同学们在宾馆睡又很兴奋，早上 4 点钟起床的困难可想而知。两个下半夜才入睡的小女孩睡得实在太沉，当老师同学好不容易把她们的门叫开，时间已经很紧张了。于是大家抓紧时间出发，先是紧走，后来就是集体在北京的大街上奔跑。刚跑到广场东南角，国旗已升到杆顶。气喘吁吁的队伍里不少人流下眼泪，一些沉不住气的孩子把愤怒的目光集中到起床晚了的那两个女孩脸上，"就是你们！为什么不能早起 5 分钟？！"两个女孩羞愧又委屈地哭了起来，整个队伍沉浸在失望与难过中。

后来，我们游了颐和园、故宫、长城、天坛等地后回到了大连，可是天安门广场的遗憾与不快同学们还是难以释怀，他们毕竟是五年级的小学生。

回来之后，我上了一节作文公开课，写写我们的"北京之行"。课上，同学们有写坐飞机的兴奋的，有写游玩的美景的，有写宾馆里的趣事的，有写演出的场面的，等等。该我的了，我每次上习作课都要写下水文的。这次我专门写了天安门广场看升旗的事。"朦胧的夜色，陌生的街头，我们，一群五星红旗的朝拜者，正一路飞奔，为了亲眼看到天安门广场上庄严的升旗仪式。这支在黎明前的长安街上急行军的特殊队伍，是由一群来自大连的孩子和他们的老师组成。昨天刚刚完成紧张的演出任务，今晨便不顾劳顿去观看向往已久的天安门广场升旗仪式……"自己曾经参与的事情老师写得这么美，同学们瞪圆了眼睛投入地听着。接下来，我细致地描写了同学们如何在大街上奔跑，体弱的，生病的，背着最大个乐器的……越跑越累，却越跑越快；听到国歌声时疯了似的冲刺……然后，我在描写同学们最终与庄严的升旗仪式擦肩而过时的失望、难过之余，借助对天边喷薄的朝阳的描写热情地赞美了他们的执着，他们对国旗、对祖国执着的爱，表达出他们的这份执着给我的深深感动。最后，我这样在文章里引导升华学生们的认识和情感："可爱的孩子们，老师跟你们一样，也没赶上令人振奋的升旗仪式，但你们给了我另一种感动，那就是你们对于国旗和祖国的热爱，为了心中的目标朝阳般执着，透着无限的生机！关于升旗，在我们心中依然壮丽，只要心中时刻装着国旗，她就会常常在我们心中升起！"

天安门广场的遗憾与不快就这样在文学的美里化解了，他们还在老师源于生活高于生活的文字里找到了一些神圣和美好。从他们自豪、陶醉的眼神里，从他们热烈持久的掌声里，我内心充满了欣慰。观察到那两个女孩子，她们终于自然地融入鼓掌的同伴中。她们幸福地感受到这阵长长的掌声里有她们，有我们在场的每一个人。

这就是我不久后发表于《大连晚报》的《国旗，在心中升起》，从此一个美丽的故事就印成了铅字，就印在了我和学生的记忆里。

我看到过电影里的女主角把衬衫上烟灰烧的孔洞巧妙地绣成血色梅花的情节，其实在教育中，如果我们善于换一种思路来看待孩子们成长中的现象和问题，用真善美的丝线巧妙编织，我们就会为孩子们编织出一个个难忘的记忆，一颗颗美好的心灵，即便是遗憾，也会被酝酿成一份美好和幸福。

（2000 年发表于《大连晚报》）

## 不做"熟悉的陌生人"

"张老师早，今天天儿挺好""李老师好，昨天晚饭做的啥"……校园里各年龄段妇女大全，见了面这样的招呼、询问不绝于耳。同事之间寒暄问候很正常，但如果除了这些话没有深入的沟通和交流，恐怕会成为彼此身边"熟悉的陌生人"。同事之间如果想真正在精神上彼此相识，我们还需要在工作中制造一些关键事件和活动场景，促使老师们深入地交流看法、碰撞思想，真正地相知相识。

下面是我们学校在这方面的两个典型活动场景。

**场景一：期末考试后的质量分析会**

这一次质量分析会我们不再是教导主任通讲各学年优点和不足，而是教会老师计算出每一小题全学年和各班的得分率，分析数据背后的得与失。出过无数考题的我们知道，每道小题都考查着一个知识点和能力点。于是我们请每位老师选择一两项高得分率的题，在分析会上介绍自己有哪些高招，为什么这些题目自己的学生能做得对学得好。至于问题，每个人的问题没必要在全校讲，某个人的不足讲给他人听无意义。

于是，仅仅一小时准备时间后，会议室里，电脑、站台一字摆开，卷子、数据一字展开。讲者讲得有理有据，这是他平时做的呀。听者聚精会神，这是绝佳的学习机会啊。两个小时下来，会场秩序井然，交流效果很好。

下面是作为校长的我在会上的总结。

老师们，我的感受集中于这样几个关键词。第一个必须是"感谢"。感谢大家在课堂上、教学中付出了这样的努力，做出了这样的思考，收获了这样的成绩！单说五六年级的全区抽测，两个学年数学只有四个不及格，语文只有1个不及格，平均分都在81分以上，五年级英语平均分提到77分！这些成绩的背后是大家的汗水、耐心和智慧在支撑。感谢黄老师和张老师，在学业辅导中心认认真真、兢兢业业地帮助学习有困难的孩子，学生成绩的进步就是这样在一次次辅导、一次次帮助中一点点地积累出来的。

第二个词是"敬佩"。今天每一个发言的老师都让我深深敬佩。今天这几分钟的表达是大家一学期，甚至几年、十几年的实践和思考。所以我们珍惜我们的教育教学实践，看重我们的教学实践，也感恩我们的实践和日常工作。在这里我想给教导主任布置个作业，我们的教学取得这样的进步和突破，源于什么？怎样取得的？可能我们随便想想就能说出几条，但还是落到纸面才更深刻和精准。

第三个词是"相识"，没有像今天这样精神的交流，思想的盛宴，我们就不能从深处去认识彼此。我们在一个学校工作几乎天天见面，我们不要成为"熟悉的陌生人"，我们相伴一程，就要真正相识。今天的活动中，有的人让我们看到了他勤勤恳恳的工作态度，有的人发言的含金量、语言表达的艺术，让我们看到了他灵动的智慧，就是对待同一次眼前的机会，每个人表现出的态度都是不同的。什么是教学能手，什么是骨干教师，什么是名师？哪些人有望成为未来的能手、骨干和名师？我们在看，在想。这也是各学科教师参与今天的分析会的原因。

第四个词是"希望"，我希望大家像今天优秀的发言者一样，能够把问题看出来，把法子提炼起来，把思考和实践写出来。比如王洋老师"动手实践对低年级数学学习的意义和作用"，金碧霞老师"用联系的思想引导低年级学生学语文"，康翠红老师"学习质量标准的细化和指导作用"，冯萍老师"我怎样培养学生自己读题的能力"，陈丽媛老师"写字教学的'表'与'里'"，张倩老师"四字词语的积累与赏析"，于萌老师"培养学生用好演算本的做法和思考"，于俊雅老师"抓典型例题训练一举多得"，马莹老师"反思让错误美丽起来"，高益音老师"笼统教学不出成绩"，孙伟老师"校园的梧桐树——用共同的生活资源指导作文"，高允峰老师"画好135°的方法"，赵振远老师"单元知识点梳理，培养学生学会学习"，吴敏老师"阅读方法的教学提高教学实效"，王水晶老师"作文水平偏低学生的短期集训"，孙秀丽老师"数学教师需要一个错题整理本"，陈军老师"学习共同体培育促进课堂转型"，梁扬老师"作文如画画"。

再一次感谢大家的努力工作，感谢大家的分享与交流。

**场景二："棉花糖"读书会组织的教师读书沙龙**

寒假将至，我们又在琢磨让老师假期读什么书。每年开学，教师读后感倒是收来不少，但是那些稿子几乎千人一面，缺乏真实感受和人的个性。今年的寒假前，我们"棉花糖"读书会搞了一次好书拍借会，主题叫"寒冬长夜好读书"。我把自己读过的书选出四十本，摆到桌面上，一一向老师们介绍，询问谁想借，现场"拍卖"。一会儿工夫，四十本书借毕，有的书拍借中还出现多个买家竞争的现象，真好。我找人记录了书的去向，告诉老师书借去是要还的。读就是了，不要求一定写读后感，开学后和大家交流些真实想法看法就好。

开学后，恰逢四月读书月。"书非借不能读也"，我们又组织了一个"还书会"，题目叫"千万和春读"。会上老师纷纷讲述自己读过的好书。康老师读了《上帝咬过的苹果》，感慨应该学会欣赏自己、欣赏学生。赵老师介绍美国《八间与众不同的教室》，就是介绍了八位优秀教师的经历经验，八种甚至更多优秀的教育思想。陈老师欣赏女建筑艺术家林徽因，我们跟她一起在人间四月天里走近了这位民国才女。马老师读林清玄的散文，她交流的语言也如林清玄一样深刻又优雅，灵动而清新。于老师的《陌生人》故事集让我们感慨"我们帮助近在咫尺和远在天涯的苦难陌生人其实是自己心灵的需要"。张主任读过《学生喜欢的学校》，结合我们当下的课堂转型"把课堂还给学生"的思想来思考，让我们想到把课堂还给学生，把早读还给学生，把每块黑板、墙壁，把整个学校还给学生，那必定是学生喜欢的学校了。高老师读佛学书，呼吁让学生、家长、学校、社会沉静下来。王书记读《教师不可不读的哲学》，提炼"哲学就是告诉人们怎样思考的方法"，读哲学可能一遍读不懂，读过两遍三遍后你看待生活看待工作不觉中就有了新高度！适逢课堂转型，李老师再读《学习的革命》有了更深的领悟。小于老师读《好老师是自己找的》，感悟"好老师"是对学生而言，更是对每一个成人、每一个人而言，要主动寻找生活中那些触动我们的一人一物、一事一景。陈老师大讲《人生设计在童年》，并打印书中精彩语句留给自己和孩子。梁老师读了《颐和园长廊故事》，想象如果在清华美院培训的那个月有这本书多好！周老师读《秋雨散文》中《流放者的土地》一文，感慨东北在清朝作为流放地时的荒蛮可怕。孙老师网上听陶继新"幸福教育"讲座，连听三天。刘教师教音乐却喜欢张大春的《认得几个字》，还写了篇文辞讲究的读书笔记。谭老师和孩子一起读美国、韩国童书，呼吁中国如再不把自己的文化历史、现在与未来通过创意表现到童书里，将大大影响我们未来几十年的文化竞争力……

　　读书交流会后，马老师第一时间给我发来这样的短信："棉花糖三拍，甜甜进书餐。悦悦交书友，漫漫行书路。横竖撇捺折，笔笔皆智慧。逗句问叹省，段段溢真情。"无限欣喜，我的回复："'棉'花三弄，结尔挚友。一解雨果，举座皆惊。二谈《布头》，众心向往。三评散文，心为之醉！有高度，师之杰；有境界，师之圣；乐读善教，师中杰者圣者。"因为在一次读书交流中，她介绍自己读雨果的《巴黎圣母院》对教育的思考，震撼全场，后来在区科研部推荐下全区交流。另一次为推动教师读学校的二十本必读书目而开展了"我领学生读经典"交流会，她的《小布头遇险记》导读十分精彩。今天的交流会她对林清玄散文的解读再夺大家眼球。所以就有了她来信中化用的"三言二拍"为"棉花糖三拍"，我回信中化用"梅花三弄"为"棉花三弄"。（指我们的"棉花糖"读书会）

　　就这样，在读书与教学研究的几轮深度交流中，我们真正走入彼此的精神世界。我们在读书和教学研究中深度相知相识，不再是见面只打招呼的"熟悉的陌生人"。我们，一步步成为真正的同伴和同事。

（2012年写于中山区白云小学）

# 因地能制宜 校校飘书香
## ——书香校园建设活动总结

简而言之，学校就是个读书的地方。"沿着校园熟悉的小路，清晨来到树下读书……"一个飘着书香的校园，是充满无限魅力的，一种与书相伴的生活，是我们人人向往的，建设书香校园当然就成为我们学校一种光荣而美好的责任。那么建设一个书香校园需要多少条件，需要多长时间？我们觉得读书不需要多么豪华的场所，读书也不必下多大决心，读书是最自然的事，只要"一个意愿"，"一点坚持"，因地能制宜，校校飘书香。一段时间后，当校园里的师生喜欢阅读，并时时能轻松而读，书香自然溢满校园。我们中山区白云小学的师生们心中有这个"意愿"，能够做到"坚持"，短短数月，书香渐浓。做读书人，我们喜欢；做读书人，我们幸福！愿意和大家交流我们因地制宜营造书香校园的过程和做法。

### 一、读书，多一点氛围和引导

1.书就在身边

氛围就是周围的气氛和情调，它是无声的语言。好的读书氛围能传达出读书有趣的气氛，读书文雅的情调。对于孩子而言，每天生活的学校、家庭在环境方面有读书美好的引导，有书架书柜，书就在身边，他们自然会跟书亲密起来。环境不必奢华，我们的老师在每间教室的墙壁上开辟一块引导读书的版块，"开卷有益""书韵馨香""小小书虫"，等等。温馨美好的同时强调实用价值，定期张贴美文、好书推荐、读书写作、评选读书人等。书柜不必高大，书架也可以简单到用木板、厚书两头一堵浑然天成，且读去吧！我们班级书架上书的来源有学校图书室的流动图书，有孩子定期自带的自助书吧，还有的班级有简易的阅报夹，报纸是师生按学号轮流买来的，每天一元钱，大家争读之，再有重点地交流交流，学生读报的气氛和习惯自然就有了。

2.爱上阅读课

孩子们阅读兴趣的激发和保持、内容的选择和延续、习惯的养成和激励、价值的思考和取舍是需要我们做点引导的。我们的阅读课每周一节，形式多样：有静静的醋读，有热烈的交流，在与文字亲密接触的同时，适当地开展直观鲜活的有声阅读。《小大人系列》科学碟片、《双语版世界经典故事》、经典的优秀的电影等都是孩子喜欢的受益的声像阅读内容。

内容上我们根据年龄特点、教材设置列有 18 本必读书目，老师适时引导整本书的阅读和交流。推行阅读计划培养学生有计划做事，能体验这份预约的成功。有交点才有学习和碰撞，18 本书学生、教师、家长都读，碰撞才有意思，才有意义。此外，与时俱进的优秀儿童文学的推荐和交流，使我们的阅读保持着鲜活和丰富。在阅读课上孩子怎么思考和表达，怎么摘记、写感受，怎么梳理阅读书目，制作自己的电子读书作品等，都是老师们引导的重点。

价值思考和取舍的引导是需要老师设计和捕捉的。举几个例子：读过童话《灰姑娘》，老师让孩子讨论："你身边有比你漂亮、比你学习好、比你本事多的同学吗，是谁？""你怎么办？"引导学生"别人幸福不妨碍你幸福，互相学习就好了"。读过《白雪公主》让学生评价："皇后很美丽，但你喜欢她吗？"让孩子懂得人是因为可爱善良才美丽；"白雪公主次次遇险而有人相助，为什么？"让孩子们懂得谁能救自己，善良宽厚勤劳的你能救你自己，助人是给自己做最好的保险。《皇帝的新装》让我们明白"什么样的人容易上当"——爱听好话、爱占便宜、不自信的人容易上当。"木偶匹诺曹为什么会变成驴子？"孩子们知道不学习没良心的人不称其为人；讨论"他怎样成为真正的小男孩的？"知道仅仅有生命远远不成，更要有良心有勇气、正直诚实才会是真正的男孩，并以"你现在是真正的小男孩吗？我们来努力！"来激励孩子们。

这些问题和讨论让老师们的阅读课充满创造，更让学生与书本产生了精神上的吸引和依赖。

**二、读书，多一点活动和服务**

1. 读书活动

开设学校"美文悦读吧"是常规活动，每周选择美文展示在公共阅读区的展板上，全校共读。它经历了三个阶段：校长贴出美文，号召读；校长贴出美文及"我读了"签名单，师生签名并读；校长贴出美文、签名单并设计读写建议，第二周附上优秀作文展示，读书会成员组织每班呼应着办好班级的"美文悦读吧"，并将全校选的美文张贴在学校的"美文悦读吧"展板上。阅读和组织阅读的人越来越多，阅读的深度和效度在不断提高。

学校每学期开展换书大集和 4 月读书月活动，读书月里学生读喜欢的书、制作书签、给喜欢的文字配画等，读书月里有读书节，编排童话剧课本剧演出、开展读书大赛等，过得很开心。读多了，写多了，参加征文活动、编辑校报就很自然很轻松了。今年的读书节盛况空前，全校师生及家长参加了本次活动，并有区督学室、基教科和德艺体部领导莅临指导。读书节首先在多功能厅现场直播开幕仪式：付欣校长做了一年来书香校园建设进程回顾，青年教师配乐诗朗诵学校原创的诗歌《读书真好》，学生读书社团展示了他们研究"我们身边的图书馆"，然后各班级在教室展示了师生精心准备的特色读书活动与家长分享。最后，孩子们在操场进行了读书大赛和换书大集。悠悠蓝天，欢声笑语，读书节带给大家无限开心，很好地推进了白云小学书香校园建设进程。

2. 好书流动站

为了与校外图书馆建立友好联系，推动学生走入图书馆阅读，我们申请并成为中山区少儿图书馆的好书流动站。2011 年 1 月 14 日，图书馆和学校一起举行了中山区少儿图书馆"白云小学流动站"启动仪式。仪式上中山区图书馆向白云小学授予了"好书流动站"牌匾，孩子们在校园里迎来了 500 多本时下新出版的优秀少儿图书，他们在寒假里饱读这些好书，并在开学后同学间、班级间轮换阅读。为引领阅读，学校专门制订了"好书流动站"图书借阅登记表，指导学生设计读书计划和填写读书卡等，帮助学生有计划、有质量地进行好书阅读。

"好书流动站"活动推进了白云小学建设"书香校园"的进程，"流动站进校园"的活动为白云小学留下一股清新的书卷气，为学生们留下一段段温馨的记忆。孩子们与好书更亲了，渐渐地将脚步迈进了各级各类图书馆。

**三、读书，多一点组织和公益**

1. 组建"棉花糖"读书会

"棉花糖"读书会是在白云小学开展文明教育"阅读走宽文明路"活动中建立起来的民间组织，首先由爱读书、愿做儿童阅读推广人的教师们组成，他们在校园里、班级里开展各种读书活动，在学生中积极发展小会员，并十分欢迎有意愿的家长参加。

由理事会负责读书会的运转工作，研究读书会每月活动或各项事务。每月举行一次读书交流会，交流读书所得或指导学生阅读情况，讨论阅读过程中遇到的问题。在白云小学网站开辟"棉花糖读书会"专栏，定期推介读书成果，发表会员有关儿童阅读方面的文章或帖子。每学期评选一次读书明星、书香班级和书香家庭，并给予适当奖励。

2. 促进家庭阅读

促进家校全方位阅读，我们有责任引导家庭阅读。我们利用家长学校交流家庭阅读的建议。今年学校利用家长开放日为家长做了"有兴趣好习惯爱阅读""坚持好习惯阅读促飞跃""自主学习广泛阅读"三场分别针对低、中、高三个年段学生的家庭阅读交流会。在学期末家长会上，学校请来语文教育专家王福全老师做家庭阅读专场报告，深受家长欢迎。

我们相信阅读引领文明，阅读改变命运；我们相信始有爱读书的老师和家长，才有爱读书的孩子；我们相信阅读是最美好的事，是每个人应有的生活方式。书香校园让我们感受阅读之美、阅读之乐，帮助我们走进这样自然舒展、乐趣横生的阅读生活。

"沿着校园熟悉的小路，清晨来到树下读书……"学校就该是个读书的地方。我们白云人乐做一个读书人，乐做儿童阅读推广人，乐意因地而制宜地去建设我们的书香校园！

（2011 年发表于《中山教育》）

# "知书达礼"提升民族软实力

国家发展需要提升民族软实力。相对于国民生产总值、硬件设施等硬实力，软实力主要包括文化、意识、价值观的吸引力和感染力，政治交往的道义、正当性和亲和力，发展制度模式的吸引力，对国际规范、标准和机制的导向、控制能力，国际形象的认可度等。

国家软实力提升应体现到社会各行各业，学校更应当是国家软实力建设的重点，因为它是育人之所，软实力说到底就是人的素质的实力和水平。而校风是学校精神文化的重要组成部分，是校园里被普遍接受和广泛认同的思维模式和行为方式，所以学校提升软实力主要通过校风的树立和执行。中山区白云小学在上级部门的指导下，结合学校的传统和实际，开展和乐教育，树立"知书达礼尚礼致和和而不同其乐融融"的校风。

**一、建设读书组织，相信阅读是最硬的软实力**

读书促进人的最佳发展；良好的阅读习惯是一个人最硬的软实力。"棉花糖"读书会是白云小学在开展和乐教育中建立起来的读书组织，由爱读书、愿做儿童阅读推广人的教师们组成，他们在校园里、班级里开展各种读书活动，在学生中积极发展小会员，并吸取有意愿的家长参加。

"棉花糖"，其外形与云朵相似，暗合了我们对学校的爱，并借"糖是甜的"通感"书是甜的"。读书的童年更香甜，读书的人生更精彩。喜欢阅读、乐做阅读推广人的教师都可以成为会员。设计学校或班级读书活动，以自己的热情与执着获得师生的共同成长，促进教育教学的发展。喜爱读书的学生都可以成为学生会员，组织学校、班级读书活动，成为同学阅读路上的同行者。喜欢阅读、有家庭阅读指导热情的家长都可以成为家长会员，乐于和老师、家长们交流阅读心得，探讨阅读问题。

学校开展的"牵手阅读以书会友"联合大队会、换书大集、棉花糖读书节、阅读之星书香家庭评比等都为学生搭建平台创设了读书氛围。推动教师阅读，我们开展"草色遥看"春读会、"我领学生读经典"等活动，教师读书首先个人受益，更重要的是影响学生读出滋味、读出思考、读出品位、读出习惯。

**二、注重礼仪教育，软实力提升贵在日积月累**

校风是学校的共同观念，软实力实际上就是基于共同观念做好该做的事的能力，而这些往往都是从一些小的事情做起。文明礼仪教育是我校对优良传统的继承，它培养学生遵守最基本的礼貌、礼节，提升学生的文明素养。我们提出"习文明礼仪做优雅少年"的培养目标，以礼育课程的研究与实施提高学生文明素养。德育室组织班主任、教研组长、家长代表成立项目研究团队，架构了白云小学礼育课程体系：一是常态化班会礼仪习惯培养课程，每天十分钟的常态班会为礼仪习惯培养提供得天独厚的条件；二是间周一节的校本礼仪课，学习礼仪知识，观看、模拟或现场体验礼仪之美；三是德育活动中的仪式教育。本学期在全面推进三类礼育课程的基础上侧重研究文明礼仪习惯培养方法策略。我们遵循德育知情意行规律，修订文明礼仪行为习惯标准后各年级组分解细化，师生共议共同遵守，升旗仪式以校园礼仪剧的方式宣传，践行导行主要利用常态化班会来引导评价调整。老师们用学生伙伴式语言来表述这些礼仪习惯，用竖起大拇指、七色花、小帆船、笑脸等学生们喜闻乐见的形式，促进礼仪习惯的养成。每月升旗仪式上表彰集齐整十个图案的同学，戴上校级文明达人的徽章，这样表彰的面儿大，谁都有被表彰的机会。

我们既不小视自己一个小学校对于人口素质、民族软实力建设的责任和作用，同时在工作中将育人之责落实到每个人、每件事。知书达礼和谐发展，和而不同个性成长，白云的校风努力引导和谐人际氛围、积极的精神状态以及健康的心理环境。科学分解、认真踏实，我们将良好的校风作为目标，作为文化氛围融入常规工作中，创新地加以执行。通过树立和执行良好校风，促进师生形成良好的思维模式和行为方式，提升学校的软实力，长此以往地提升民族的软实力。

（2011 年发表于《大连日报》）

## 读书真好

读书真好，
书里画着那么多好看的图画，
苹果，鸭梨，斑马，大象……
我们从这里认识世界，快乐生活。

读书真好，
书里讲着那么多好听的故事，
爱丽丝掉进了兔子洞，
小木偶终于成为真正的小男孩！

书是骏马，
带你穿越时空隧道。
一则成语，一段历史，
中华文化，源远流长。

书是帆船，
带你感受世界文明。
《伊索寓言》，朴素的古希腊智慧，
《一千零一夜》，神奇的中东风俗。

城南一段段旧事，
回响在冬阳和驼铃里。

像泛黄的老照片，
诉说童年诉说老北京。

寄人篱下的安妮，
还有坚强的海伦，
高贵自强的心灵，
激励我们鼓起独立的勇气！

看得见一百单八的铮铮铁汉，
说得出九九八十一难的漫漫征途。
三国风云中涌动着忠义才智，
红楼荣衰里藏有多少人世箴言。

去听百年前野性的呼唤，
也读沈石溪的狼王系列。
鲁滨孙的漂流充满生存智慧，
顽童汤姆在历险中长成男子汉！

读书真好，书是暖暖的，
像是妈妈讲故事的笑脸。
读书真好，书是甜甜的，
像是老师夸赞的眼神。

读书真好，
它让我们的世界无比宽广。
读书真好，
它让我们的生活香甜如蜜！

读书真好，我爱阅读！（N遍）

（2011年写在中山区白云小学第一届读书节）

## 白云·童年·棉花糖
### ——白云小学低年级版校歌

好白啊，好软啊，
这朵朵白云多像那棉花糖！
飘飘飘它飘不定，
原来它也是个淘气包！

在天空，在房顶，
在树上，在山岗……
呀，落在我的帽子上！
抓住它，尝一尝，
甜甜的爱里我们快乐成长！

好圆啊，好甜啊，
这快乐童年多像朵棉花糖！
变变变它变不停，
原来它也是个幻想狂！

像小鸟，像肥猪，
像花朵，像海洋……
咦，还像妈妈的大鬈发！

抱住它，躺一躺，

绵绵的爱里我们快乐成长！

（2012年写于中山区白云小学）

## 我们的研究故事：从课堂转型到学校价值重构

说起自己带领老师们开展课堂转型研究来，我首先感谢中山区良好的研究氛围和优厚的研究条件，感恩自己和老师们有这份幸福，学校和学生们有这份幸运。三年来我和老师们一道通过立项课题研究，以冷冉先生"情·知教学"为主要理论支撑，以中山区课堂转型指导意见和实施方案为主要指导和参照，构建了以"四轮驱动以情优教，五环聚焦以学定教"为主要特点的课堂教学基本模式，简称"四轮五环"模式；引导教师结合不同学科、课型和师生实际应用基本模式，提炼了十几种基本模式下的不同教学样式。课题研究推进课堂向"学为中心"转型的同时，也逐步改变了学校文化，尤其是与课堂密切相关的学习文化、学生文化和教研文化。学校从课堂转型这样的"小切入"点深入研究，逐步有能力去实现每个学生的学习权，给学生提供挑战高水准学习的机会，有能力发现和发展每位教师的教育专长，为其专长化发展甚至成长为专家提供支持，逐步实现着创建儿童、教师、家长和社区"学习共同体"的大目标。

### 借助转型，实现课堂之"模"与"样"的演变

把思路拉回到2012年初，说起改变传统课堂，转型为"学为中心"的课堂，我们一开始是有很多困惑的。"就咱学校这样的学生课堂放手怎么放？""讲得多吗，我觉得还没讲透，下午辅导我还得继续讲呢！""我们这么教了好多年，怎么改，能改吗？"老师当中这样的认识和言语多的是，所以我们必须做好有耐心地长期科学地开展一番研究的心理准备。

首先是学习与尝试改变阶段。2012年上半年，我们带领团队跟随中山区学习团参与了在上海召开的全国课改工作会议，搜集撰写资料综述，对本学校课堂教学现状做了充分调查与分析，尝试着进行教学转型的探索。我们增加四人以上小组学习的指导和实践，培养学习共同体，指向每个学生的充分发展。教学组织形式、教学内容、教学模式、教学方法、教学评价等均围绕学生的"学"来组织开展。学校关注每个学生充分、和谐地发展，不仅关注每个学生的认知水平增长，更关注兴趣方法、学科情意、习惯、价值观以及心理、个性等不同方面的均衡发展。在"生本课堂"理念影响下，学校出现了可喜的改变。座位改变——打破固有学习形式，目标转变——指向学习计划的制订和使用，课堂评价——关注每个人充分和谐发展，校本研修——交流推广学习模式。我把这阶段研究写成了《学习的革命》一文，刊登于2012年4月16日《大连日报》。

其次是到提炼模式阶段。2012年下半年，根据中山区教育局下发的课堂转型工作指导意见和实施方案，我们带领研究团队开始完善学校课堂转型方案，并借助大连市规划课题立项工作将之立为市级课题《"情·知教学"新课堂模式的架构研究》。11月以"四轮五环"模式的理论支撑、内涵解读及实践验证研究为重点的研究方案通过了专家论证。我们认为让老师看到课转的前景进而有更强的研究和实践的愿望是这一阶段很重要的，因为如果看不到可参照的课堂老师们将难以着手。为此，我亲自主持了以教师小组合作学习研讨为主要形式的一次校本研修活动——《做学习促进者　做学习专家》，带领团队从中国知网、人民教育出版社官网、大连教育学院网站等处搜集来名师课堂视频，筛选理想的课节和片段，让老师们观看、讨论，调整为适合本校本班的教学环节和策略为己所用。"情·知教学"理论下以"四轮驱动以情优教　五环聚焦以学定教"为主要特点的基本模式在老师们的模仿与思辨、内化与创造中应用于课堂实践，课堂转型呈现出指导思想与教学实践的紧密联系和对接。

从模式运用到样式提炼使研究走向深入。教师应用基本模式中一些不适和困惑的出现，引起我的反思，我从清朝建筑世家"样式雷"的案例受到启发，应该灵活应用基本模式，从教师的实践中提炼不同学科、课型和师生实际的教学样式。2012 年底到 2013 年上半年，提炼教学样式工作得到了各学科教师的响应和落实。这一时段，我和研究骨干一道扎入了课堂，扎入了教研组研讨，尤其是阶段成果交流预备会上，她更是善于倾听教师的总结后精彩点评和提升，老师们感到自己的研究这么成样子、这样有水平很开心。这一阶段，我带领团队总结出提炼教学样式的变式研究"三不变""三不定"策略和"四尊重"原则。"三不变"策略指"四轮五环"基本模式变式研究中"情"与"知"和谐共进的教学价值观不变，通过合作与展示培育学习共同体的宗旨不变，运用已有研究成果和传统好方法的原则不变。"三不定"策略指"四轮五环"基本模式变式研究中不强调五环的完整取用，不一定按照五环固定的顺序，不规定五环各自的时长。"四尊重"原则指在"四轮五环"基本模式变式研究中尊重不同年段学生的认知规律，尊重教师的个性需求和教学专长，尊重不同学科教和学的规律，尊重课堂实践检验和实际效果。教师提炼了第一批十三种教学样式。这些研究实践和总结在 2013 年 4 月大连市"情·知教学"思想实践研讨会和 2013 年 6 月中山区课堂转型工作推进会上都做了交流。

**借助转型，促成研修之"量"与"质"的突破**

学校有怎样的办学目标，有怎样的课程理念，就必须有怎样的教师队伍，校本研修应该成为教师专业能力最近的加油站，为课题研究和课改工作做好人力支持和技术保障。我觉得冷冉先生的"情·知教学"理论是大连本土的符合素质教育的先进教育理论，基层学校和教师有责任贯彻"道以术行"的思想，承担起"情·知教学"不断有新实践和新发展的责任。

我们首先锁定所做的是关于课堂教学的应用研究，只有足够量的课例研究才能帮助老师改善教学行为，学习了佐藤学的课改书籍，创造出"周教研日"这一校本研修方法。"周教研日"活动简单说就是落实"每周一课"和"每人一课"。学期初确定年组教研专题，结合课表选定同伴互看的"每周一课"固定课时。这是其一，其二确定每学期全校展示的"每人一课"，谁，什么时间、地点，开放哪一课。这样各教研组按照自己的研究需要轮流上课，一学期下来校内各科课例研究可达到 60 次以上。校长和教导主任的看课、引领和跟进也更有计划性和针对性。

以课堂为中心的研修当然不只是在课堂里，我们还带领研究骨干抓住课堂转型这一核心工作，将校本研修主题化、课程化，架构校本研修课程体系，并研发了"情·知教学"理论概要及校本化思考、情性因素的行为化和培养策略、"从鱼牛图看相异构想"、什么是"以学生学习过程为逻辑结构的课堂"、"情·知教学"理念下生本课堂基本模式解读、课堂展示的道与术、"四轮五环"教学模式课堂评价标准解读、学习共同体的培育和形成、基本模下多种教学样式的尝试、调整和提炼、一种教学样式的循环验证与应用等研训课程。

当年以课堂转型为核心的校本研修已经实现"量"与"质"的突破，现今付校长将之提升为富有特色的"读书育人"校本研修模式。这种模式以"师生共同成长为成功学习者和学习专家"为目的，以创建师生、家长、社区学习共同体为主要措施，以"读书生活——变化气质""读书实践——精业固本""读书研究——专长立身"三个维度引领教师读书育人，以读的姿态来生活和发展，过充实幸福的教育生活。

**借助转型，蕴藉文化之"神"与"形"的引领**

学校文化是持续促进发展的稳定性力量，一个学校有什么样的文化就会有什么样的行为和气场。而文化是需要涵养和提炼的，只有形成文化课堂和学校才能全员、全时空地持久发挥积极的育人作用。我们引领团队以教研文化、学习文化建设，引领教学实践，又从教学实践中提炼新思想，完善提升已有文化，并以各种方式宣传推广它。我们带领团队以课堂转型为核心，以教学模式的建构使用、评价和完善为载体，寻得些策略，建设些制度，形成一整套思想。课堂转型研究不仅改变了课堂，而且逐步改变了学校文化，尤其是与课堂密切相关的学习文化、学生文化和教研文化。

学习文化形成的关键是创建学习共同体，主要通过教师团队和学生集体两个决定性力量来实现。学校以学习文化建设引领教学实践，又从教学实践中提炼思想，不断丰富学习文化，使学习文化有"形"有"神"。

学习文化有"形"指学校将所提炼的思想、方向、追求展示在教室里、走廊上，营造氛围更引领行动。比如在观课表和学校教研计划下备注上学校的教研文化："学习是学校生活的中心，研究学习是教师工作的中心""克服教室、学科间隔阂，集体合作实现每一个学生的学习权""课例研究是教学研究的核心工作"等。学校走廊里展示着"和乐课堂"师生共同的价值观："不追求'上好课'，而追求实现每一个人的学习权、发展权""倡导基于柔和声音的交往，基于倾听关系的对话，构筑人与人合作学习关系""学重要的在于'说'，教重要的在于'听'""教给别人是最好的学习方式"等。

学习文化有"神"指比提炼、张贴思想和口号更重要的是实践和应用，引导教师在教学模式的"立"—"变"—"破"的循环中更大程度地"把课堂还给学生"，更大程度地成长为"学习促进者"。学校的计划和重点项目要落到课堂，年组的教研重心要放到课堂，教师研究精力要投入到引导学生学习中。课堂拍照以学生学习为主角，拍学生群体或个体学习过程，拍小组交流和展示，拍学生作业和作品，教师的出现是要和学生在一起的。

从"小切入"做"大教育"。三年来我们以课堂转型工作为抓手和切入点，从模式到样式有"模"有"样"地改变了课堂，从架构研修课程到提炼研修模式改善了校本研修，从研究制度创新到成果推广和文化提升改善了学校文化，从思考课堂的价值到思考学校的价值和人的成长与发展，明确了学校、自己和教师的职责与荣耀。面向未来，我们将带领老师们着眼于人的学习与成长，扎根教育教学研究与实践，努力使学习成为大家的、成为终身的，共同建设一个爱学习的学校，影响几百个爱学习的家庭，带动一个爱学习的社区，共创一个爱学习的社会。

（2015 年发表于《中山教育》）

## 精神深处幸福多

作为现代人，我欢喜丰富的物质生活，但我更想借由这物质表达情感和心意，更想了解这物质背后的文化和意义，这种贯通身心的享受是我迷恋的幸福。作为教育者，我渴望学生进步，渴望自己业务精进，却最是那难教育的孩子和富于挑战的任务给我的收获最多，幸福最长，这种柳暗花明的体验是我珍视的幸福。说到底，幸福是种精神满足，教师的幸福尤其这样。不断地不足，不断地满足，如此循环。作为一个教师，我要幸福；作为一个校长，我要和老师们共享幸福。我和我的老师们相信，精神深处幸福多，读书育人乐无穷。

**读书生活变化气质，教师幸福的精神长相**

教师最应该是读书人，也最有条件成为读书人。我所在的几所学校都分别成立了"棉花糖""蓝朵儿""棒棒堂"读书会，它们有的表达校名的美好寓意，有的表明读书的老师和学生棒棒的，棒棒的读书人欢聚一堂。这些读书会引导教师广泛阅读，体会读书对生活、对工作和研究的指导意义，以积极的心态、愉悦的心情、平和从容的心境面对生活，以读书人的榜样影响学生。林肯说一个人要为自己的长相负责，指的是附着在生理长相上的精神长相。读书涵养正气，沉淀静气，增加底气；读书保存率性，蕴藉知性，成熟理性。读书变化气质，是教师最幸福的生活方式。读书让教师永远有最美好的精神长相，幸福一生。

**读书实践精业固本，教师幸福的精神资本**

我们引导教师将读书所得应用于教育教学实践，做到知行合一，因为过硬的业务是教师的根本。我们围绕重点工作和教师个人研究方向选书读书，更通过课堂教学、课题研究和课程开发"三课研究场"开展研修活动，积极实践应用和转化创新。基于读书与思考的实践才会使老师精业固本，成为称职的、能干的、自信的、从容的老师。这使教师实现自我价值，在内心深处获得自我认同，是教师获得职业幸福的精神资本。我们看重的是使教师获得这种幸福。

**读书研究专长立身，教师幸福的人生积淀**

教师的职业生涯应该是一条越走越宽的人生路，它要酝酿一个饱满醇美的生命作品。专长立身的教师，是精彩的故事会，是宝贵的智慧谷。学校帮助老师科学制订个人发展规划，其中重要的一项是明确自己的研究方向，培育自己的教育教学专长。"专长"指教育教学中专门的学问、技能和特长，这是教师安身立命之本，是成为自己、成就自己的源泉。我们根据教师的研究方向，帮助教师搜集购买相关书籍，广泛地阅读主题图书，指导实践，孜孜以求形成自己的专长，进而成为某方面教育教学专家。

如果人生的前面，总有一个最好的自己在那里，工作就不只是挣个工资，不只是有个营生，更是努力地、耐心地靠向那个最好的自己。如果人生的前面，总有一个最好的自己在那里，工作就不是"为谁卖命"，就不是为学生"燃烧自己"，而是自觉地借助领导和同事成熟自己，借由学生的成长成就自己。

读书生活，变化气质，我和我的老师们在塑造自己幸福的精神长相；读书实践，精业固本，我和我的老师们在聚集自己幸福的精神资本；读书研究，专长立身，我和我的老师们在积淀自己的幸福人生。教师真正的幸福在精神深处，教师真正的幸福是读书育人。

（2015 年发表于《江西教育》和《大连日报》）

## "读"进一个公共、民主、卓越的学校
### ——谈阅读对学校改革发展的促进与推动

21 世纪的学校改革将走向公共性、民主性和卓越性。公共性强调共有和公开，民主性强调协同与人本，卓越性即指学校不断自我修正、完善与超越。在这样的学校改革哲学中，把创建儿童、教师、家长和社区"学习共同体"作为学校的价值追求，努力实现每个学生的学习权，给学生提供挑战高水准学习的机会；努力发现和发展每位教师的教育专长，为其专长化发展进而成长为教育专家提供支持。学校将积极建立"尊重合学"的人际关系，形成"学习即与自然、自我、同伴对话"的学习观，培育"乐于改变和迷恋成长"等学校文化。在"公共、民主、卓越"诉求下的学校改革进程中，阅读作为师生应有的

生活方式，起到巨大的促进和推动作用。

**读书的学校，努力使"阅读"成为"大家的"**

学校实现"学习共同体"的价值追求需要基于阅读推广工作。我每到一个学校都组建一个温馨的读书会，一个松散自由却充满吸引力的读书组织。读书会首先由爱读书、愿做儿童阅读推广人的老师们组成，他们在校园里、班级中开展各种读书活动，在学生中积极发展小会员，并不断吸收有意愿的家长参加。

我们喜欢每天分享一篇美文，既不增加老师们的负担，又积累了共同的阅读材料和集体记忆，更使阅读成为生活和工作的背景音乐，使阅读成为教师稳固的生活方式。我们曾经这样用读书会共享的美文读宽老师们的精神世界。大家知道小学是女老师扎堆儿的地方，作为新调来的校长，我发现一些女老师有人会传一些不利于团结的话，有一天，我抓住了一个好机会和老师们聊聊这些，那就是学校年过五十但做事认真的张老师在群里分享了一篇文章《我想像样地老去》，非常好的文章，我写了篇随感，在教师集会上读给全体老师听。

"感谢张老师推荐的文章——《我想像样地老去》。是的，看一个社会是否文明不仅要看这个社会中孩子们、青年人和中年人是否活得像个人样，更要看老年人是否活得像个人样。不被像个包袱甩在角落里，不会在交通高峰时段被限制使用老年证，不会因为下车慢了点遭到呵斥，不会因为在旅行团中没买东西而一路遭白眼……眼神还能像孩子一样纯净，可以穿鲜艳的赛车服在公路上奔行，可以攀岩、跳伞，和年轻人一起飙车……坐在轮椅里有温柔的护士推着去散步，享受阳光和绿草……我想像样地老去，不是我乞求，而是我有这权利。

"由这篇文章我想到，'像样地活'在我们是对兢兢业业工作了半辈子而患了大病的老师表达出应有的关心，这既是对他的爱护，更令我们感到一份踏实和安心；'像样地活'在我们是对认真工作、友善待人的每一位老师、保安、保洁人员的肯定和赞美，是他们每日制造正向和谐的空气，让我们的精神得以畅快呼吸；'像样地活'在我们是发现、发展每一个人内心的善，潜在的能和闪光的智慧，相互学习、分享和成全，让我们的生命持续地生长和丰富，追求着满足着，再去追求……

"我还想到，'像样地活'绝不是到超市里去翻弄新鲜易损的蔬菜，多扯一大串免费的包装袋，绝不是去与小商贩斤斤计较，去骗低保，去墙倒众人推，去枪打出头鸟，去传无聊的八卦或损人利己甚而不利己的话……'像样地活'，需要社会和集体给你应有的尊严和爱，也需要每个人去自尊和自爱。'三日不读书便觉面目可憎，语言无味'，'闲来静思记过，莫论他人非'，相信这种'场'和'波'是有巨大能量的。开心很重要，学习很重要，让别人开心，和大家一起学习是最好的事。'三日不读书'也没有三次传消极的话杀伤力大，它把女人的善和美损伤殆尽。

"不要怕老，怕也无用，怕也不必。不去抱怨操持家务使我们老，教书育人使我们老，教养孩子千辛万苦使我们老，其实你不带孩子，不做家务，不批作业一样要老。重要的是，老去的每一条皱纹里都有尊严，有故事，有智慧，有意义，老又何妨？

"我们会像样地老去，张老师会，你也会，我也会！有主见，有良善，有情义，有担当，我们一起活得像个人样，像个男人样，像个女人样，幸福女人样！"

现场老师们听得聚指会神。看，一篇美文就能这样读宽我们的精神世界。

**读书的学校，努力使"学习"成为"大家的"**

学校重要教改工作总要围绕学生和教师更多更好地学习，努力使"学习"成为"大家的"，比如课堂转型工作。我和老师们从阅读和调查入手，先后阅读了《学校的挑战》《合作学习策略》《学习走向对话》《学习型学校案例剖析》《"情·知"教学理论与实践》《第五项修炼》等专著，阅读讨论了《上海教育》课堂改革专刊，《中国教师报》郑州课堂改革连载报道等相关内容。我们还以"读"的姿态，以学习吸取的心态到上海参加国家课程改革会议，实地考察上海的学校和课堂。

在自己学校的课堂转型中，我们研读区文件和模式，博观约取外出学习和书报阅读所得，结合学校课堂教学现状调查，提炼了"四轮驱动以情优教、五环聚焦以学定教"模式，简称"四轮五环"模式。"运用之妙，存乎一心"。在模式运用中，我们能够用活思想提出"尊重不同年段学生认知规律，尊重教师个性需求和教学专长，尊重不同学科教和学的规律，尊重课堂实践检验和实际效果"的"四尊重"指导思想，开展多种样式的变式应用研究，活化了课堂。我们用对变式策略，提出并运用了"情"与"知"和谐共进的教学价值观不变、通过合作与展示形成学习共同体的宗旨不变、运用已有研究成果和传统好方法的原则不变的"三不变"策略和不强调五环的完整取用、不一定按照五环固定顺序、不规定五环各自的时长的"三不定"策略。

**读书的学校，努力使"发展"成为"大家的"**

教师队伍获得科学而有个性的专业发展依赖于教师阅读的质与量，为此学校架构了"读书育人"研修模式。"读书育人"是以研究学习为核心，教师以读的姿态来生活、实践和发展，通过培育成功学习者来育人亦育己的校本研修模式。"读书"是最重要、最基础的学习，是成为终身学习者不可或缺的条件，所以"读书"还可以作为一个切入点延伸到一个人整个的学习和发展当中来，所以这种校本研修模式是以"师生共同成长为成功学习者和学习专家"为目的。这里的"读书"不仅是读文本有字书，更是读生活、读实践、读人读事这些无字书，是教师以"读的姿态"来生活、工作和发展。"读书"引领教师以读的姿态建立起自己与外界的基本关系，以互相尊重、互相学习的关系为最佳人际关系，一路吸取、建构和成长。"育人"则是希望通过教育教学实践把学生培育为成功学习者，来发展和成就教师团队。"育人"是教师的本职、天职，也是教师实现个人价值的主要途径。

教师读书是一种思辨对话、吸取统合和实践转化间的循环。教师读书不只读有字书，而是以读的姿态和方式与世界相遇和相处。"读书育人"，教师在这种相遇和相处的过程中常想教育的事，常想人的影响，常想为了人的更好的成长。常，使之成了习惯，成了稳定的生活方式。林肯说一个人要为自己的长相负责，指的是附着在生理长相上的精神长相。读书涵养正气，沉淀静气，增加底气；读书保存率性，蕴藉知性，成熟理性。读书变化气质，是教师最幸福的

生活方式。中心小学创建并运行着"读书育人"的研修模式，努力借助它帮助
教师养成"读书育人"的生活方式。

（2016 年发表于《中山教育》）

## 读书，呵护孩子的"精神之胃"

像关心孩子每天"吃什么"一样关心孩子每天"读什么"，
像关心孩子的饭桌一样关心孩子的书桌。
让我们关心读书，呵护孩子的"精神之胃"，
让我们关心读书，关注孩子的心灵成长。

鼓励孩子每晚睡前读会儿书，
经常给弟弟妹妹或爷爷奶奶读书读报。
给孩子订阅点杂志，办份图书馆的借书卡，
经常听他们谈谈自己对正在阅读的书有何看法。

可以让孩子帮忙准备菜单，
并在你做菜时让他为你读菜单。
可以让孩子读几种食物营养成分标签，
问问他："你知道哪一种食物含热量最多？"

可以让孩子为自己最喜欢的地方绘制地图，
家的周围、学校、城市、游乐场……
可以全家人轮流朗读些有趣的书和文章，
以此作为一种娱乐，度过美好的睡前时间。

可以让孩子通过阅读实用书刊，
来制作玩具、礼物，学习体育项目。
孩子一旦收到礼物就让他写封感谢信，
然后才允许他使用这个心爱的礼物。

可以做一套家庭书目卡，
把家里人读过的书记录下来。
可以在家里制订一个阅读进度表，
贴在某个孩子方便看到的地方。

可以在家里挂上世界地图或中国地图，
举行一次比赛看看谁读过的书涉及的地方最多。
可以画一张历史年表，买些不同朝代历史故事书来读，
让孩子把阅读过的书在年表合适的地方做上标记。

最重要的，
在你乐滋滋地读书的时候要多让孩子看见，
让他看见你在读中发笑、思考和记录……
哪怕每天提着张报纸就那么坐一阵子。

像关心每天"吃什么"一样关心每天"读什么"，
像关心孩子的饭桌一样关心孩子的书桌。
让我们关心读书，呵护孩子的"精神之胃"，
让我们关心读书，关注孩子的心灵成长。

（2015年写于中山区青云小学"蓝朵儿"亲子读书节）

# 校长的专业化尺度是师生的成长幅度

## ——谈校长专业化发展的认识与实践

引领教师成长，是校长的一项基本专业职责。学校的价值是最大限度促进"人"的发展。作为校长，首先是对自己学校教师和学生的发展有责任心，并围绕这个中心去做事。学生面对的是教师，学生的成长借由或者说依托于教师的成长来实现。教师面对的是校长，校长对学生成长的促进要通过引领教师成长来实现。可以说校长的价值尺度永远是师生的成长。教师专业成长一项工作，牵引的是教师、学生以及校长自己多重的成长。下面结合青云小学"读书育人"校本研修模式的架构和完善，谈谈我的认识与实践。

## 一、向哪里出发——模式愿景

21世纪的学校改革将走向公共性、民主性和卓越性。公共性强调共有和公开，民主性强调协同与全纳，卓越性即指学校不断自律与自我超越。在这样的学校改革哲学中，青云小学把创建儿童、教师、家长和社区"学习共同体"作为学校的价值追求，努力实现每个学生的学习权，给学生提供挑战高水准学习的机会；努力发现和发展每位教师的教育专长，为其专长化发展甚而成长为教育专家提供支持。学校将积极建立"尊重合学"的人际关系，形成"学习即与自然、自我、同伴对话"的学习观，培育"乐于改变"和"迷恋成长"等学校文化。

这样的学校发展愿景需要有相应的教师团队来支持。由此学校教师团队的研修方向就要以教师为主体，以研究学习为核心，以创建学习共同体为主要措施，努力让教师们共同成长，成长为能将学生培养为成功学习者的学习促进者，成长为学习专家。在这样的背景下，青云小学架构了"读书育人"校本研修模式。

### 二、思想下的行动——模式解读

"读书"是最重要、最基础的学习，是成为终身学习者不可或缺的条件。"读书育人"研修模式是以"师生共同成长为成功学习者和学习专家"为目的，教师以"读"的姿态来生活、实践和发展，通过培育成功学习者来育人育己的校本研修模式。"读书"引领教师以读的姿态建立起自己与外界的基本关系，以互相学习的关系为最佳人际关系，一路吸取、建构和成长。"育人"则是希望通过能把学生培育为成功学习者来发展和成就教师，通过培养学生集体来发展教师团队。"育人"是教师的本职、天职，也是教师实现个人价值的主要途径。本模式以创建学习共同体为主要措施，以"读书生活——变化气质""读书实践——精业固本""读书研究——专长立身"三个维度引领教师读书育人，共享一个有书卷气质、研究能力和教育专长的教师团队，过充实幸福的教育生活。

### 三、怎样到达那里——模式实施

在"读书育人"校本研修模式分为"读书生活——变化气质""读书实践——精业固本""读书研究——专长立身"三个维度，这三个维度是三方面目标，也是三个主要途径。

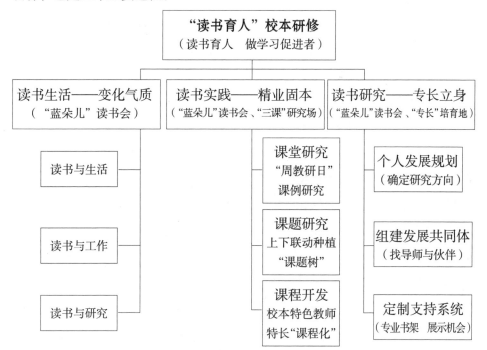

**（一）第一维度"读书生活——变化气质"**

学校成立"蓝朵儿"读书会（蓝朵儿即青云的清新外形和美好寓意），有组织有计划地引导教师广泛阅读，从中体会读书对生活、对工作和研究的指导意义。

"蓝朵儿"，就像一朵儿"青云"，暗合了我们对学校的爱；就像一枝花朵儿，蕴含着我们对花朵般美好童心的爱与呵护。"蓝朵儿"读书会深信：读书的童年更美丽，读书的人生更精彩。读书会首先由爱读书、愿做儿童阅读推广人的老师们组成，他们在校园里、班级中开展各种读书活动，在学生中积极发展小会员，并不断吸收家长参加。

青云小学经常组织不同规模和范围的师生及家长读书会，使阅读"常读常新"。校长在教师、家长中做题为"读书育人乐无穷""读书，呵护孩子'精神之胃'"等专题交流。工会和党支部联合组织教师开展《阅读——美的浸润与回环》主题读书会。工会组或围绕"蓝朵儿"读书 QQ 群中分享的美文分享感悟，或以"遇见好书"为题围绕共读的整本书交流体悟，或就如何在推广儿童阅读方面进行对话。学校开发了"蓝朵儿"阅读课程，包括经典诵读和整本书阅读两部分。印发的古诗文选集《千年回响》收录 160 多篇经典诗词和古文，师生有计划地诵读、欣赏、积累，养成了诵读好习惯，丰厚了民族文化底蕴。阅读课上师生围绕共读书开展主题式阅读交流，交流对书目的理解和欣赏、阅读方法和习惯，讨论形成核心价值观。

**（二）第二维度"读书实践——精业固本"**

学校引导教师将读书所得应用于教育教学实践，做到知行合一，因为过硬的业务能力是教师的根本。我们围绕重点工作和教师个人研究方向选书读书，更通过课堂教学、课题研究和课程开发"三课研究场"开展研修活动，积极实践应用和转化创新。比如以"周教研日"方式把课堂研究还给教师，以足够量（每学期不少于 16 次）课例研究深入课堂转型，做实相关的课题研究。比如多开展"民主型研讨"，围绕议题主持人不过分总结和干预，努力使每个人表达自己的意见，还可以教师以小组形式围绕议题讨论交流和展示等。其间，"三课研究场"总是借助并同时促进着各种教师学习和研究共同体的形成和凝聚。基于读书与思考的实践才会使老师精业固本，成为称职的、能干的、自信的、从容的老师。这使教师实现自我价值，在内心深处获得的自我认同，是教师获得职业幸福的精神资本。我们看重的是使教师获得这种幸福。

学校重要教改工作总要围绕学生和教师更多更好地学习，努力使"学习"成为"大家的"，比如课堂转型工作。我们和老师们从阅读和调查入手，先后阅读了《学校的挑战》《合作学习策略》《学习走向对话》《学习型学校案例剖析》《"情·知"教学理论与实践》《第五项修炼》等专著，阅读讨论了《上海教育》课堂改革专刊，《中国教师报》郑州课堂改革连载报道等相关内容。我们还在区教育局的组织下到上海参加国家课程改革会议，实地考察上海的学校和课堂。博观约取并结合自身特点和实际情况，我们提炼了"四轮驱动以情优教、五环聚焦以学定教"模式，简称"四轮五环"模式。"运用之妙，存乎一心"。在模式运用中，我们能够用活思想提出"尊重不同年段学生认知规律，尊重教师个性需求和教学专长，尊重不同学科教和学的规律，尊重课堂实践检验和实际效果"的"四尊重"指导思想，开展多种样式的变式应用研究，活化了课堂。

丰厚的阅读开启了课堂转型研究，丰厚的课堂研究改变了学校学习文化。大家形成了共识："学习是学校生活的中心，研究学习是教师工作的中心""克服教室、学科间隔阂，集体合作实现每一个学生的学习权""课例研究是教学研究的核心工作"等。学校走廊里展示着师生共同的课堂价值观："不追求'上好课'，而追求实现每一个人的学习权、发展权""倡导基于柔和声音的交往，基于倾听关系的对话，构筑人与人合作学习关系""学重要的在于'说'，教重要的在于'听'""教给别人是最好的学习方式"等。比提炼、张贴思想和口号更重要的是实践和应用，引导教师最大程度地成长为"学习促进者"。

（三）第三维度"读书研究——专长立身"

为了促进教师专业成长，我们帮助老师科学制订个人发展五年规划和年度计划。五年规划中重要一项是明确自己的研究方向，培育自己的教育教学专长。"专长"指教育教学中专门的学问、技能和特长，这是教师安身立命之本，成为自己、成就自己的源泉。我们尊重每位教师的个性特点，发挥每位教师的兴趣专长，引导教师先依据自己的专长确定自己的研究方向，围绕研究方向做好长、短期规划，长期在实践中验证和丰富，在提炼和交流中成熟，在宣传和推广中产生积极的影响。学校规划组参与教师发展规划的设计论证，为教师搭建平台，提供私人定制的支持系统。依据教师发展的不同层次，可分为搭快车（找专家）、自助行（找伙伴）等，为他们搭建培训、展示的平台，找导师、找区域团队或找出版社，帮助每位教师在专长方面获得深度的发展。

教师的职业生涯应该是一条越走越宽厚的人生路，它要酝酿一个饱满醇美的生命作品。专长立身的教师，是精彩的故事会，是宝贵的智慧谷。我们根据教师的研究方向，帮助教师搜集购买相关书籍，深广地阅读，指导实践，孜孜以求形成自己的专长，进而成为某方面教育教学专家。

读书生活，变化气质，校长要引领教师塑造自己幸福的精神长相；读书实践，精业固本，校长要引领教师聚集自己幸福的精神资本；读书研究，专长立身，校长要引领教师积淀自己的幸福人生。在专业化发展的路上，校长可以通过读书、学习和实践凝聚一个爱学习、求进步的教师团队，共建一个爱学习的学校，影响几百个爱学习的家庭，带动一个爱学习的社区，共创一个爱学习的社会。

（2015年发表于《大连教育》）

## "棒棒堂"读书会章程（草案）

### 一、目标与性质

1.营造书香校园，开展儿童阅读研究与实践，引导学生阅读，推进学校课外阅读，并探索课外阅读与语文教学及学生综合素养培育之间的关系，研究儿童家庭阅读方式方法，发展儿童的母语教育，提高学生的人文素养。

2.读书会是在中心小学"做终身阅读者，终身学习者"理念下建立起来的民间组织，首先由爱读书、愿做儿童阅读推广人的教师们自愿组成，他们在校园里、班级里开展各种读书活动，在学生中积极发展小会员，并欢迎有意愿的家长参加。

3."棒棒堂"读书会会徽

经过全校海选读书会的名字，选中李湛宁老师设计的"棒棒糖"。工作组经过讨论调整为"棒棒堂"，设计了上面的会徽图案。

**二、理念共识**

1. 我们相信，阅读引领文明，阅读改变命运。

2. 我们相信，始有爱读书的老师（家长），才有爱读书的学生（孩子）。读书并引导我们的学生（孩子）阅读是我们共同的责任。

3. 我们相信，阅读是教师应有的生活方式。教学能力的高下取决于教师文化素养的高下，而教师文化素养取决于阅读能力的高下。

4. 本读书会被命名为"棒棒堂"读书会，"棒棒堂"谐音"棒棒糖"，寓意书是甜的，读书是天下第一等好事，又契合中心小学追求卓越的学校精神和传统，我们喜欢自己和伙伴都是棒棒的，读书会使中心小学的师生棒棒的，棒棒的读书人欢聚一堂。

5. 希望加入读书会的老师、家长能认同我们关于儿童阅读的理念，自己愿意阅读并热心于关注指导儿童阅读。在交流会和网站上积极表达，有话则长，无话则短——但一定要有话。因为读书的最大乐趣是交流和分享。

6. 学校结合学生年龄特点，配合语文教材设立了必读文学经典系列，读书会将通过阅读课、设计一些阅读活动引导学生精读经典、活用经典。此外我们将推荐其他儿童文学作品，这些作品是成人和孩子都适合阅读的。真正优秀的儿童文学作品带动的是儿童观念的革新，带动的是教育观念的革新。适当的时候，我们也会推荐一些教育类、历史、科技、心理、文化等类别的书。

### 三、会员守则

1.读书会教师成员应当是热爱读书，积极实践，愿意承担学校读书活动或设计班级读书活动，以自己的执着、热情与实际的努力获得师生的共同成长，促进教育教学的发展。

2.教师会员原则上每月举行一次读书交流会，交流自己的读书所得，或发表自己指导学生阅读情况，讨论阅读过程中遇到的问题。

3.中心小学网站将专门开辟"棒棒堂读书会"专栏，定期推介读书成果，发表会员有关儿童阅读方面的文章或帖子。

4.学生会员首先选班级读书热情高的学生参加，并能成为班级读书活动的主要组织者，成为同学阅读路上的帮助者。

5.家长会员先由班级有喜欢阅读、有家庭阅读指导经历和能力或热情的家长参加，乐于和学校、家长们交流阅读心得，探讨有关问题。

6.读书会每学期评选一次读书明星和书香班级，并给予适当奖励。

### 四、组织管理

1.本会暂由付欣、于积军、王雪艳、于学军、靳波、杜鑫、迟薇组成理事会，负责读书会运转工作，负责推进读书会日常工作，设计组织重大活动。

2.本章程的解释权属中心小学"棒棒堂"读书会，经全体会员同意可以进行修改、完善。

（2017 年写于中心小学"棒棒堂"读书节）

# 儿童诗：伙伴你好！

## （一）

伙伴，是风雨中的伞。

你是我的伞，我是你的伞。

有伞，怕什么风雨！

伙伴，是手中的热茶。

你在我的掌心，我在你的掌心，

有它，心就总是暖的！

伙伴，是成长中的驿站。

闷了，累了，烦了？

一起玩玩，相互聊聊，总有鼓励！

伙伴多好啊，教室里一起读读写写，

讨论这难题到底有几个解！

操场上一起撒欢儿，草地上一块打滚儿！

## （二）

学习是需要伙伴的！

有分工有讨论，有演练有展示，

伙伴式课堂就像一场场学习游戏！

读书是需要伙伴的！
读同一本书，我太想找伙伴分享啦！
读不同的书，我好想听你的那本讲什么啊！

欣赏美是需要伙伴的！
美食美景，好音乐好电影……
我想告诉你，一切让我心动的美！

运动是需要伙伴的！
羽毛球，足球哪能自己玩啊？
抖空竹，跑跑儿，也要有人看才更带劲儿！

创造是需要伙伴的！
我的"金点子"在团队合作下变成了作品！
"科技嘉年华"大家一起玩半天才是最嗨！

（三）

我是一年级的小豆包儿，
拉起大哥哥大姐姐的手，
我们感到好温暖，好幸福！

开心生活吧我的学弟学妹，
这里没有冷漠，没有歧视，
这里没有嘲笑，没有欺凌。

六年前的我们，
也曾经呆萌，曾经弱小，
今天我们更想保护你、帮助你，更想看着你笑！

老师是你们的大伙伴儿！

既享受着你们的纯真美好，

又想帮你们成为自己，成为独立自主、热心助人的好少年。


老师们之间是好伙伴啊，

一起工作，一起生活，

让彼此成为那个更温暖的存在，更完美的存在！


作为家长，我们多么愿意结成伙伴儿！

陪伴孩子们快乐长大，

我们也一起做成了好爸爸和好妈妈！


作为爸妈，我最愿做孩子的伙伴儿！

陪你玩，陪你笑，陪你养成好习惯，

陪你长成真正的男子汉，把你养成你想成为的女孩子！

（四）

在伙伴们中间，我在成长！

你在成长！他也在成长！

还有老师，爸妈，连同我的家，我的学校，都在成长！


站在你面前，我愿意做你的伙伴，

你我之间，班级之间，学校之间，城市之间……

结成伙伴——共赢，分享，学习，成长！


成长没有大小，成长不分早晚，

我们相信成长的力量，

我们相信伙伴的力量！

伙伴你好！

伙伴你好！

伙伴——你好！

（2017年写于中山区中心小学"伙伴你好"主题开学典礼）

## 棒棒的读书人欢聚一堂

尊敬的市文明办黄忠义主任，《半岛晨报》王晓岩总编和常玲主任，亲爱的老师们、同学们：

大家好！我们知道大连市文明办与《半岛晨报》、新东方学校等单位连年在全市开展"全民阅读"推广活动。很荣幸，今年的"全民阅读"启动大会在我们中山区中心小学举办，在今天的大会上，我们每位老师和同学不仅是个幸福的阅读者，也成为光荣的"全民阅读"的推进者！祝贺大家！感谢市文明办、《半岛晨报》和新东方学校等单位！

全民阅读就是大家都来读书。中心的老师们校本研修的模式就叫"读书育人"研修模式，读书生活——变化气质；读书实践——精业固本；读书发展——专长立身。中心小学的家长们也都爱阅读，因为他们认同"理想的社会就是每个人除了他们各行各业的职业身份外，同时又都是个真正的读书人"，一个商人可能唯利是图，一个真正的读书人不会；一个演员可能放纵自我，一个真正的读书人不会；一个公务员可能得过且过，一个真正的读书人不会……

在这样的老师、这样的爸妈影响下，中心小学的同学们更是早早地爱上了阅读。一、二年级的同学们这学期的必读书目是《山海经》和《中国神话故事》。必读书目是老师、家长和孩子们共同阅读的，今天爸爸妈妈们都来到了这里，待会儿还要和自己的孩子找片地儿坐下来，翻阅一下，复习一下，然后去抽些题目答一答，答对了可以获得大会提供的奖品。奖品不大意义大，奖励的是一个个醉心阅读的书香家庭。

这学期三到六年级的老师们还会指导同学们把自己读过的书画成一张张思维导图，看谁读得多、画得好。你到底认真阅读了多少本书，由多少张合格的思维导图说了算！端午节前夕老师们还会组织诗词大赛，看谁赛到最后赛得最好！6月份四到六年级的同学还有"金点子"创新大赛，看谁借助科技阅读把自己的参赛作品做得更前卫、更尖端、更能改善我们的生活！

感谢家长朋友们支持、陪伴孩子们借助校园活动做到且读且应用，读出获得感，读出好未来！中心小学有我们自己的读书会，那就是"棒棒堂"读书会。它谐音"棒棒糖"，寓意着读书的感觉甜蜜无比，不是棒棒糖，胜似棒棒糖！它又表达此"堂"非彼"糖"，告诉我们在中心的校园读书的孩子是最棒的，读书的老师是最棒的，棒棒的读书人欢聚一堂！今天这个以推进全民阅读为宗旨的活动又让我们推而广之，书香中山棒棒哒！书香大连棒棒哒！大连，将在常年的全民阅读中人人进步、久久为功，成为一个更文明的城市，一个更美好的半岛，一个更具魅力的北方明珠！

再次感谢市文明办，感谢《半岛晨报》，感谢新东方学校！感谢老师们的辛苦付出、家长们的大力支持，谢谢大家！

（2019 年写于中山区中心小学第四届"棒棒堂"读书节）

## 我读过的最美的书！

当肖老师把厚厚的校印稿放到我手上，我就打开了这本即将诞生的新书。看了五页，不错！看了十页，好看！我一口气儿读完了这本书！

这书太好看啦。

未来书包、书柜、水杯、做饭器！未来汽车、房子、学校、城市、飞行蛋！还有未来的"我"！

小猫小狗、蝌蚪乌龟，海鸥鸽子、鹦鹉蝈蝈，孔雀鱼，小刺猬，还有六角龙！

打字大赛，信息课，跆拳道，书法课，国画课，钢琴课，奥数课，滑冰课，口才课，课课都精彩啊！

玩乐高，坐摩天轮，放风筝，钓鱼，骑车，画画，采摘，游泳，种植，爬山，踢球，赶海，晃吊桥，闯华容道……玩得好丰富！

制作小羊肖恩、精美吊饰、黏土作品，炒蛋煲汤，整理家务，心灵手巧啊！

家乡美景，风雨雷电，公园夜景，花草肉植，生活这么值得咱爱！

爸爸妈妈，姥姥姥爷，老师同学，邻居糖豆儿，身边人这么让咱爱！

土豆，草莓，椰枣，最爱饮料，奖品巧克力，物有物语，人有真心！

北京记忆，新疆印象，走南游北，行路也行笔实在值得嘉奖！

获奖多开心，疗伤也坚强，从小定目标，教训最宝贵！

有喜有忧，有笑有泪，有愿望来表达，有梦想咱抒发！

糖块儿减肥健康生活，卖房也要成人之美！

拖布桶里有科学，自创游戏泡泡乐儿！

掉牙也快乐，橡皮丢不了，和你在一起，生活总有乐儿！

给爸洗脚，义卖募捐，参加红十字，义工有行动！

恐龙时代是你喜爱的时代吧，我说童年就是你们的黄金时代！

这是我读过的最美的书！谢谢你们这些了不起的作者！谢谢肖老师的倾心指导！谢谢家长们的倾力合作！

我也不知道怎么写出这么一篇序，像一场梦幻的蒙太奇！接着往前走吧，孩子们，看看生活前面还有什么精彩，一起期待！

（2016 年为中山区中心小学二年三班作文集写的序）

# 在融合之美中快乐"游"走

## ——《西游记》主题传统文化与美育融合项目

如果用一部名著来表达我校的教育理念，非《西游记》莫属。我校《西游记》主题传统文化与美育融合项目凸显了美育的宗旨和跨学科优势，成为学校新课程改革的生长点和创新点。

### 一、以《西游记》隐喻学校育人目标和办学特色

《西游记》是小学生最喜爱的古典名著，其中七十二变和八十一难的故事令人津津乐道。"喜欢"会让我们的教育从兴趣出发，从童心出发，"学生喜欢"是我校尊崇的教育哲学。《西游记》最大的文学特色是其寓言性，师徒取经故事透视着人间百态和是非善恶，承载着中国人的思维方式与中华智慧，隐喻着理想和信念的伟大力量、自由和自律的辩证关系、磨难与成长的前因后果。而师徒四人的漫漫取经路就在今天的"一带一路"上，它把中国人的伟大和美好带给沿途各国，美猴王作为一个独特的中华符号传遍世界。《西游记》既是民族的也是世界的，既是传统的也是现代的，正如学校的育人目标——"培养具有优良传统和创造精神的新时代好少年"，简言之就是"非常传统、特别现代"。它又与我校三十多年的科创教育特色有着"以千变万化的形式促进科技创新和人类幸福"的共通之处。师徒相处的故事还参与涵养了我校"宽严有爱、思方行圆"的师风和"好学专注、玩学有得"的学风。有了这种"一本书与一所学校"的共同价值指向和内在逻辑关联，我们就拥有了更儿童、更科学、既传统又现代的教育哲学，我们的课程融合和统整就有了更好的顶层架构和价值内涵。

### 二、基于《西游记》多版本阅读的美育融合

阅读是传统文化与美育融合的基础，学生需要通过阅读了解艺术创作的内

容载体，理解艺术创作的文化内涵，储备艺术创作的情感和灵感。作为中小学生必读书目，学校引导不同年段学生阅读不同版本《西游记》。低年级学生阅读绘本、连环画和少儿版白话故事。高年级语文课本中选编了《猴王出世》等原著版精彩片段，所以我们从四年级下学期开始原著版的慢读计划，用足够的时间沉潜在这本著作中，从文字中发现更多意义和乐趣。这种慢读每周读一个章回，要找出 3 至 5 个不认识的字注音并弄明白意思。还可以和电视剧、动画片相融合，寻找契合点，从原著中找出 300 字左右的精彩片段，做简短的批注。每周五读书交流课交流最精彩的部分，可以用白话文讲，也可以用文言文讲，评选出一周的故事大王。几年的阅读，首先让学生在文学艺术中含英咀华，品味鉴赏文学之美。

每年读书节时学校的"棒棒堂"读书会都会开展大型阅读展示活动，《西游记》作为文学和美学宝藏，成为我们读书节课程的重要组成。2019 年读书节我们印发《西游记》精彩片段的彩页，学生们人手一份共同朗读品味。2021 年读书节我们更是以"宝藏《西游》世界共读"为主题，学校"白龙马"剧团表演了京剧《大闹天宫》，五年级学生们作为导赏者介绍《大闹天宫》在全书中的位置和作用，介绍各个人物性格特点以及在书中出现的章节和情景。剧团成员带领着 81 个手拿章节名称指示牌的同学循着会场流转，形成一个行走的全书思维导图，引起全场学生兴奋的互动。

### 三、围绕《西游记》开展戏曲、绘画、动漫等融合性美学实践

美术组老师带领学生们以经典名著《西游记》为创作题材，在美术课和艺术社团活动中通过线描、彩绘、彩塑、剪纸、国画、皮影等各种不同美术表现形式创作《西游记》人物造型、故事情节等。依托学校"漫画与动漫制作"的特色美术项目，创作《西游记》连环漫画和动画微视频。

老师们引导学生搜集《西游记》人物造型、场景画面素材，做创作准备。他们整合低、中、高美术教材中相关内容，引导三、四年级学生用 Q 版漫画、剪纸、版画、黏土造型等形式创作，五年级学生通过《精细的描写》以手绘线描为主创作，六年级学生通过《画故事》单元学习，以国画、淡彩为主创作作品。学校美术社团的孩子们以《西游记》中人物的整体、局部、不同动态造型

为主要创作题材，创作"漫画西游系列"和"西游动漫"短视频。

老师们还搜集整理优秀学生作品分系列地进行展评，激发学生创作热情，丰富学校的环境建设。在 2021 年"宝藏《西游》世界共读"读书分享会上，全体同学都带来了自己制作的《西游记》题材的彩绘、剪纸、漫画、彩塑等美术作品和同学们分享。这项以《西游记》为主题的跨学科学习项目，给学生们带来全新的阅读方法和学习方式，将美好的学习体验和阅读与艺术之美深深融入了学生们的精神世界。

"白龙马"剧团是这项美育融合项目中的又一大亮点。京剧是中华优秀传统文化的精粹，作为综合了音乐、戏曲、服装、道具、剧本等多种形式的舞台艺术，它本身就是多种艺术手段大融合的典范。学校正是看到了舞台上"剧教育"能对学生产生全面而整体的育人效果，两年前就创立了"白龙马"剧团，聘请大连京剧院的老师专门为孩子们排练经典剧目《大闹天宫》。剧团不断选拔新演员接替毕业的成员，作为校园经典剧目在每届学生中接力流传。2019 年中山区艺术节闭幕式上"白龙马"剧团的《大闹天宫》做了很好的展示与分享。通过排演和观赏这台京剧，学生们更加热爱祖国的传统文化，感受到它与校园文化和现代生活的美好互联，获得生动与全面的精神成长。

**四、《西游记》主题美育融合项目丰富了校园文化建设**

学校以《西游记》这部古典小说来表达育人目标和办学特色，增加了童真童趣，是一种孩子视角的表达。当这些内容展示在楼廊里，学生们更加喜闻乐见，更有情感认同，也更乐于践行。

学生围绕《西游记》这一主题开展的文学、戏曲、美术融合学习中，产生了大量优秀的艺术作品，我们通过浮雕、扎板、挂饰、镜框、电子班牌等多种载体呈现和展览这些精彩的作品，整个校园充满童心之美、艺术之美，学生得到激励和交流分享，教师在学生的成长中获得欣慰和价值。

我们还把学生学业成绩综合评价、好习惯养成评价、"金点子"创新大赛评选评价与《西游记》主题美育融合教育结合起来，设计使用学生们喜爱的"大圣卡"参与评价计分和奖励。《西游记》主题美育融合教育带来的远不止丰富的物质文化和环境文化，它还给师生带来难忘的场景、故事和记忆，带来精神与心灵的润泽。学生多了真气和灵气，教师获得跨学科课程研发的突破和专业化成长，学校则找到了现代化学校创建和新课程改革的切入点和创新点。

结束语：学校基于《西游记》多版本阅读开展文学鉴赏、戏曲排演、线描彩塑、漫画和动漫视频制作等融合性美育活动，并以此创新校园精神文化和环境文化建设，使学生充满真气和灵气，传承和创新中华优秀传统文化，教师打破学科界限开展教学研究和教学实践，获得跨学科课程研究的突破和课程设计师式的专业成长。该项目也推动学校市课题"小学生优秀传统文化教育的途径和策略创新研究"的顺利结题，使学校找到了现代学校创建和新课程改革最适合的切入点和创新点。今后的工作中，我们将不断完善和精进此项目，提炼跨学科统整的方法策略，贡献跨学科融合的项目和案例。

（2021年写于省课题《以综合性学习对接核心素养培育的研究》过程中）

## 反思数学三人行

最近参加了六年级数学组教研活动。三位老师围绕着"数学学习中的反思性成长"研究主题，梳理了六年来的研究之路，交流了培养反思能力提高数学素养的方法与策略，选取了三个教学视频切片讨论着课堂教学实施与改进。看着三位女主角在台上侃侃而谈，心中感慨着她们的辛苦与幸福，做了下面的记录和整理。

**反思数学——"回头看"梳理来时路**

宋英老师首先介绍了一组教研"数学学习中的反思性成长"研究主题是如何结合了中山区教育局的要求"小步骤回头看重改进"，把握了课上多练、分层提高的原则。她们又是怎样结合自己的实际运用学校六步微教研的方法策略，研究预设与课堂实践相互补充螺旋上升，三人基于实践不断形成完善培养学生反思性数学思维、反思能力和习惯的方法模式及变式应用。六年来，她们相继研究了如何培养学生学前、学中、学后反思能力，培养学生整理错题本促进反思，整理知识点和知识网络整理反思，写数学日记感悟反思，通过设题编题应用反思等。这种很有体系和成效的研究，正应了那句话"写五年教案成不了名师，写三年教学反思却可以"。

**反思数学——"多比对"促发现发展**

张莉老师发布了教研组的共识：数学素养培养要注重数学思想和数学方法的理解运用，数学学习是学生数学认知结构发展变化的过程。然后她从多运用比对来把握学生数学学习的现实起点，结合自己教学的三班和五班举例介绍她们是如何把握学生的知识基础、技能基础和素养基础三个层面的学习起点。几年来，指导学生使用错题本从初步的抄错改错到讲错题清思路，再到学会错题归类，学会分析错题尝试编题设题，学生基于反思的数学自学能力与日俱增。她们组从中梳理了这个过程，学生从学会到会学的方法途径，这个过程学生发现了新知识，数学思维的全面性和准确性得以提升。

**反思数学——"选切片"做验证改进**

李黎洁老师阐发了学生独立思考的重要，提出数学独立思考能力强就是善于结合具体情况提取方法策略的速度快、质量高。接着介绍她们仨是如何引导学生理解反思题目特征，明理促思，变式推广应用。在选择播放张莉老师前一天的教学视频切片的过程中，她们一起从观察讨论切片中的学生表现，验证了三处教学预设的成效，看到了学生学前反思能力、出题编题水平、类似错题交流分享效果的提升。张莉老师也从切片中看到了问题，反思了还可以做得更好的方法。最后李黎洁老师结合切片和前期研究，发布了教研组整理的反思数学的思想方法，研究在实践与反思梳理中螺旋推进。

她们仨，在一起合作了六年、反思了六年。这六年在她们几十年的职业生涯中并不长，但着实是极其重要和宝贵的六年。财经作家吴晓波有句话：人生的一切都在为你的中年做准备。是这样啊，我们前期上过的那些研究课，有过的那些成功不成功的教学经历；我们十几年、二十几年来曾结缘的各位师傅、同事，带过的那些小年轻儿；我们这些年经历过的那些培训，看过的书，经历的事；我们在家庭做过的子女、夫妻、父母等各种各样的角色……它们，都在为今天的你做准备，为稳健深厚、成就最高的中年做准备。那是我们人生从业的高度，是我们社会实际影响力的高度，也是我们在家庭顶梁的高度，是我们精神的高度。

三人同道，互学互助，共享共进，何其幸！何其美！在中心，有多少这样美丽迷人的同行身影，需要我们发现和欣赏！

（2017年参加中山区中心小学六年级数学组教研随笔）

## 听雅乐，寻山水

曾经的学生李瑞，英俊小生俊得不行。美国留学后归国在上海工作，创办了文化品牌"山水雅乐"，工作之余策划四五个"八五后"民乐手组成的乐社在各地演出。

1月份，我曾经带儿子第一次参加了他的演奏会，形式亲切活泼，使我难忘。演奏会在一个琴行演奏厅举行，百十来人。李瑞和同伴着一种"生姜"品牌民族服装，经典的黑白，东方的赭石，对襟盘扣，宽松飘逸，配那几张年轻俊雅的面庞，美！这是一种亲切的互动式演出，每曲演奏前的介绍或设问，演奏中的凝神投入，演奏后的问答和感受交流，让台上台下没有距离，让心灵和情感在古乐中融和。好小子，抓住了国乐的演奏特点，面对面，心印心，小场地，有知音。我欣赏了经典的国乐曲目《高山流水》《梅花三弄》《平沙落雁》《春节序曲》等，现场聆听，专业音响，加之几个年轻演奏者十余年的习奏经历，效果之好已是让我大喜过望。更令我醉心的是，首次听到《鬲溪梅令》，古韵萦绕让我像是走进了温和晕黄的写意文人画。还第一次听到传说中嵇康临刑前弹奏的"纷披灿烂，戈矛纵横"的《广陵散》，了解到聂政刺韩王的音乐主题。那是个美好的夜晚，国乐声声，我的灵魂到了未曾到过的地方。演奏会后，学生请我喝了杯咖啡，了解了各自的分别 15 年。老师原地教书，学生天涯海角，我心里挤满无可拒绝的沧桑和荣耀。

今天，山水雅乐的小伙伴们又回到大连，我听了学生李瑞在图书馆做的公益报告。报告厅里数百人，还是那么儒雅温和的小伙，更成熟了；还是那么浓厚深沉的情怀，更文学了；还是那么亲切互动的现场，更广大了。了解到他已经辞了工作，专心做他的"山水雅乐"了。我惊讶，十几年国内外的求学，母亲倾心陪他，到头来辞掉不容易找的好工作他说得轻松淡然。我又由衷地为他高兴，一面读书，深入学习国乐，一面做市场和演出策划，这是他的兴趣所在啊，一个人如若兴趣即工作是最幸福的了！我真心祝福他，他有能力获得这份自由，有条件享受这份幸福！

当年，10 岁的小李瑞从黑龙江来到大连读小学五年级，我是班主任。在这个民乐班里他学了最容易上手的民乐乐器笛子，我记得当年到北京演出时他的水平还无法在乐队里正式演出，跟着去看热闹呢。可是这 15 年，读初中、高中、大学他都没放弃笛子的演奏学习，直至由此深深爱上国乐，爱上了民族文化，终于以之为业为志为乐。

有个观点说幼儿和小学教育就是给学生留无限可能，我很赞同。音乐，绘画、歌唱、舞蹈、演讲，文艺的、体育的，各种项目让小孩子尝试涉猎，他会在成长路上比对、选择，不断明确他喜欢什么，该学什么、研究什么、能做什么。不仅是对项目和职业的确认，更重要的是对自己的体认，对社会和文化的体认。

"虽身列廊庙，必意在林泉"，这是李瑞以引用古诗词为特色主题报告的结束语。他已经悟到了国乐里的山水，找到了自己人生的山水，我呢，也算在学生的反哺中寻得了一角教育的山水吧。

（2015 年参加学生李瑞的"山水雅乐"乐团演出随笔）

## 六载同窗　一生守望

亲爱的同学们，尊敬的老师们、家长朋友们：

大家好！兴奋忙碌了一个多月的毕业季终于迎来了最后的华章——中心小学 2019 年"同窗六载　一生守望"主题毕业典礼。这个庆典是专门送给我们 2019 届 275 名毕业生的，祝贺你们小学圆满毕业，感谢你们给中心校园带来的童年味道和青春活力！

爱因斯坦说教育就是当一个人把在学校所学全部忘光之后剩下的东西。现在我们就来问一下六年级的同学，一起回顾一下那些"该剩下的东西"。

你的错题本整理得很不错的同学请举手，课外阅读能一本接一本地读下去的请举手，会画思维导图来整理学习和阅读的请举手，对今后的英语学习充满信心的请举手。

你把至少一门才艺坚持学下来或你的才艺在学校、市区展演过的请举手，参加过学校健康训练营，足篮球、羽毛球、田径队的运动小达人请举手。

有过值周生经历的举手，有班级小岗位的举手，有家务小岗位的请举手。

参加过中秋节校园露营的请举手，重阳节去大连福利院送粮食和蔬果的请举手，端午节在学校包过粽子的请举手，清明节画过家族树，写过家风家训、软硬笔书法作品、寄往天堂的信的请举手，制作过传统节日微视频的请举手。

年年认真在假期手册里提交创意"金点子"的举手，参加过学校、省、市、国家的机器人和创新大赛的请举手。

给学校开学典礼、校园活动提过建议的举手；看门口海报走班参加读书沙龙、电影展播、科技项目的举手；做过主持人、策划人、主演的举手，做过观众、助手、配角的请举手，当选过大队委、中队委、三好学生、优秀少先队员、各类好习惯少年的请举手，用选票选过大队委、三好生、最喜欢的校园活动等的请举手；喜欢选修课通过手机抢课选课的请举手；参与设计家庭旅行计划的请举手……

人，是他经历的总和。这些问题是在问你们也是学校的自问，在校六年我们是不是培养了你们每个人友善、整洁、好学、分享等品格？是否使你们有足够的自我管理、思辨创造、沟通合作、公共事务参与的经历和能力？通过举手互动，我感到学校的育人目标是落了地的，老师们的努力是有回应的，我们已经看到了许多宝贵的"该剩下的东西"。

2019届毕业班给全校做出了榜样。老师专业、敬业，既有独立思想又善于协作，宽严有爱，思方行圆，是中心小学的优秀代表。高文娟、刘杰、闫晓辉三位老师把你们从一年级带上来，你们是她们用尽心力"六年磨一剑"的杰作；马莹、张莉两位老师接手虽三年，但把两个班级都带到了远远超出我们预期的难以超越的高度；靳波主任、小瑜老师、水晶老师、曲艳芳老师，还有朱琳、王文波、王爽老师，以及十多位科任老师，都倾尽心力促成你们的成长。所以学校老师们对这一届毕业生的评价是非常高的，品行端、习惯好，好学专

注，玩学有得，既富有创造力又充满人文情怀。这一届的家长是中心小学最热情支持学校工作的家长，是最热情为孩子们营造最优教育环境和条件的家长，是最善于做孩子的第一任老师和终身的朋友的家长！同学们从家长们一次次的身教中学习到如何以公益、共享之心做集体的事做、大家的事。我完全看得到同学们的未来，你们会多么热情地为同伴着想，为集体做事，为社会服务，在达人中达己，你们的生命将在这样的过程中变得火热、变得光彩照人。我提议所有的毕业生跟身边的爸爸妈妈或其他家长代表握个手，说声"老张或老李，你做得挺棒的"，或者深深鞠上一躬，或者送上一个拥抱，用你们家习惯的方式、适合的方式表达一下你的心意。家长们很不容易，他们累坏啦，也需要鼓励和回应，他们也高兴坏啦，和他们分享一下今天这个成长中的阶段成果！

人的教养在细节、在常态。今天即将离校，学校希望你们继续把盛到盘子里的饭菜吃完，希望你们在公共场合把自己产生的垃圾带走，希望你们在公共场合能习惯安静或小声交谈，希望你们不给别人添麻烦，多给自己赢尊重。老师希望你们的包里、床头上总是放着你正读着的书，一辈子手不释卷，你读过的书、做过的事、交到的朋友才是你的世界。

人是在选择中走向独立的，今天我们都在中心小学和九中读书，但读过初中你们就要做人生第一个凭实力和志趣的选择，老师希望三年后无论去哪都是你自己的主动选择，不是被迫，没有悔意。自己的汗水把你带到的地方都是幸福所在，你的志趣把你带到的方向都是幸福的方向。同学们，离开中心，你们要怎样起步？日后你能给自己多少个选择？祝人生美好！请继续加油！

知道我们学校的校友日吗，那就是九月十日教师节那天，那是属于校园的感恩节，你们一定要常回来看看你们的老师们，也看看我！六载同窗是结束也是开始，师恩和友情值得我们一生守望。相信每一次的重返母校都会给你新感受和新收获，让我们在这块成长的福地相聚再相聚！

谢谢大家！

（2019 年中山区中心小学毕业典礼上的讲话）

# 第二节　育人知与行

## 文明相伴　优雅童年

　　文明礼仪教育是大连市中山区白云小学一个特色项目。二十几年来几代白云人薪火相传，将这一项目越做越科学，越做越深入，越做越有效。白云小学的礼仪教育历经五任校长的引领和落实，现今白云小学的礼仪教育实现了养成良好礼仪习惯、探究礼仪文化和开展仪式教育三维推进的新发展。

### 好传统积淀好资源

　　中山区白云小学从 1992 年开始开展文明礼仪教育，1992—1995 年早期文明礼仪教育特点是普及文明用语，开展文明小组宣传活动，1995—2001 年编写使用文明礼仪教育手册和承接迎宾活动，2002 年之后开设文明礼仪校本课，开展文明礼仪特色活动，曾获全国文明礼仪青少年教育示范基地称号。一项特色从无到有、从有到优是全体老师坚持不懈努力的结果，是学校的温暖记忆和个性基因，是学校优势教育资源。我们传承特色，生发表现时代精神和学校精神的新的办学思想。"礼之用，和为贵"，"和文化"又是中华民族优秀的主流文化，到现今以至未来，我们应该如何灵活运用祖先"和文化"的智慧，让自己得到最好的发展，让社会得到最好的发展。我们白云小学提出开展"和乐教育"，在我们的校园研究这些问题，做一些探索与实践。"知书达礼、尚礼致和、和而不同、其乐融融"是我们的校风，也是"和乐教育"的内涵，我们以此凝集和雅教师，培养和乐学生。礼仪教育的好传统转化为学校新的生长点，成为我们的好资源。我们的研究也像滚雪球一样，将使学校礼仪教育这方面积淀更深厚的优势资源。

### 好理论支撑好教育

国家《教育规划纲要》明确提出，坚持德育为先的战略主题，立德树人，把社会主义核心价值体系融入国民教育全过程。加强公民意识教育，树立社会主义民主法治、自由平等、公平正义理念，加强中华民族优秀文化传统教育，把德育渗透于教育教学各环节等。这些纲领指导着我校基于这样的目标和高度，设计自己的礼育工作。"不学礼，无以立""博学于文约之以礼""礼之用和为贵"，我们的礼育如何融汇传统文化，使这些传统文化深入浅出地指导学生的现代生活，都是我们贯彻国家《教育规划纲要》，设计礼育工作要认真考虑的。学生到学校就是学习如何在集体中生活和进步，人人为我，我为人人，在我与伙伴、我与集体的共同发展中获得个人幸福和人生的意义，成长为讲民主法治、自由平等、公平正义的社会公民。

冷冉先生的"情知教育理论"是我校开展和乐教育的理论支撑。它的核心就是培养情知和谐发展的人。其中"德育阶段说"和"德育知情意行的统一"等思想对于我们如何做德育工作给予了很好的指导。我校通过"传承礼育文明风（礼仪特色传承），书香浸润美心灵（阶梯阅读），小班教学融情知（课堂转型），多元智能展个性（德育创新）"四大途径开展和乐教育，培养知书达礼、情知和谐发展的人。我们的校风是："知书达礼和为贵，和而不同乐融融"。期望师生通过情知的和谐发展，保护和实现每个孩子的学习权，尊重和实现每位老师的专业发展权。期望学校能成为师生、家长、社区共建也共享的学习共同体，成为百姓家门口的好学校。

### 好文化引领好实践

学校"和乐教育"办学目标的提出就是源于礼仪教育的特色传承，"礼之用和为贵"。从"知书达礼、尚礼贵和、和而不同、其乐融融"的校风，从提炼到共识，再到涵养至蔚然成风，好校园文化的浸润、引领使教育实践"形神兼备"。我们不仅通过礼仪教育，培养师生做彬彬有礼的谦谦君子，更通过成立棉花糖读书会践行"阅读走宽文明路"；倡导不追求"上好课"，而追求实现每一个人的学习权的课堂文化；形成倾听每个人的声音，尊重多样性，开展合作式研究的教研文化。好文化时时处处在，人人事事有，引领着我们的教育生活。

我们还利用校园环境建设外显学校文化，服务于学生礼仪习惯的养成，展示礼仪文化探究等学习成果。学校从"礼文化"主题墙的设计展示，到"和乐""和善""和谐""和雅"提炼在各楼层的分主题；从白云六礼分散到每楼层每年级的行为引领、活动照片更换，到每个月礼仪少年、阅读之星的评选和走廊照片更换，再到征集学生设计的校园礼仪提示语的安装使用等，都为学生的和乐成长营造了良好的氛围，提供了行为引领和展示平台。

**好设计架构好课程**

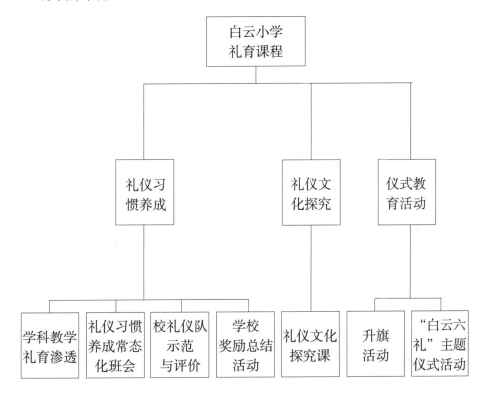

我们构建了养成良好礼仪习惯、探究礼仪文化和开展仪式教育三维推进的礼育课程体系，每部分有各自的序列和内容。礼育课程建设使礼育特色得以创新和发展，加快了学校德育工作"课程化、校本化、特色化"进程。其中礼仪习惯培养的研究和实施也很好地落实了教育局以养成学生良好习惯为重点的指示。

　　除了培养良好的礼仪习惯，礼仪文化探究和仪式教育是我校礼仪教育的另外两个重点。礼仪是各国各民族人民经过长期生活实践形成的优秀文化，所以我们开展综合实践课，探究古今中外礼仪文化。而仪式教育是促进人心灵成长的有效形式，也成为我校礼仪教育一项重要内容。我们分年级开发相应的主题仪式教育活动：一年级"入学礼"，二年级"入队礼"，三年级"班级岗位礼"，四年级"合作礼"，五年级"校园岗位礼"，六年级"毕业礼"。

**好教育就是好习惯**

　　我们认为礼仪教育重要的是要"做出来"。白云小学的礼仪教育，首先是"纳礼入律"——培养学生良好的礼仪习惯。著名教育家叶圣陶指出："心知道该怎样，未必就能养成好习惯；必须知道怎样去做，才可以养成好习惯。"礼仪教育是必须做到师生落实到一言一行从而养成习惯这样程度的。礼仪习惯培养是最日常的。我们从七个方面设计：个人仪表、问候礼仪、课堂礼仪、课间礼仪、集会礼仪、进餐礼仪和家庭礼仪。因为学生在小学期间主要该养成的就是课堂课间、个人仪表、集会就餐等，孩子就是在学校里做这些事，学校首先要把这些礼仪习惯养成。当然家庭礼仪是和家长协同培养。这是礼仪教育的基础，做好了这些才谈得上培养其他的，做好了这些学生一路求学、到社会上、到工作岗位礼仪素养都不会太低。学校印有小册子，告诉学生每一项需要怎么做，为什么这么做，分解细化各年级礼仪行为目标、具体内容与校园活动。

　　抓习惯就离不开必要的反复，离不开循环上升。"个人仪表"等七方面就是我校礼仪习惯培养的一级目标了。二级目标的设计我们有两个原则，一是体现螺旋上升阶段性，二是尽量行为化、简单化。例如课堂礼仪就6条：一是课前师生互致问候，二是正确读写有益身心，三是认真倾听积极发言，四是同伴合作互学互助，五是书桌书柜整洁有序，六是离开座位插好椅子。高年级结合合作学习的加强有微调：组长轮换尽职尽责，分工合作有法有序，小组评比共同进步。一至六年级的习惯培养内容基本一以贯之。因为在习惯培养工程中反复很重要。反复是简单的也是不简单的，稍有变化的反复是文学的、艺术的，也是教育的。这些螺旋状行为化的操作点形成小学六年一整套做法，很行为化，很简单可做。我们印成册子学生、教师人手一份。

**好评价调控好过程**

没有良好评价激励机制的教育活动是没有良性循环的，礼仪习惯培养需要有好评价调控好过程。学校本着"学生团队管理学生集体"的理念，设立校礼仪队做礼仪习惯的示范与检查，德育室利用早晨集合时间进行学校的常态化总结，提出要求，并作出前一天学校状况小结。班主任则用好常态化班会及时总结和评价，有计划，反复抓，促进好习惯养成。相应的评价机制能很好地促进同学们养成好习惯。班主任老师利用身边的资源，数学学具，美术学具、孩子们通过努力一点点赢回去要比直接得到更有成功的感觉。

除了示范、检查与激励，我校的礼仪习惯培养还实现了班级与学校评优评先体系的连接与贯通。班级积分满10分的孩子升旗仪式上都会得到全校表扬，使每个孩子通过和自己的昨天相比，每个人每一次的努力公平地得到认可和肯定。每年儿童节表彰的众多奖项都在本学年初通告于班级和同学，师生一起设计班级的评比激励办法，使孩子们目标明确，养成好的礼仪习惯，既有长远的意义更有眼前的目标激励，开始一天天、一步步、日积月累地努力。这样也使学校学生评优评先工作更加公平合理，考察激励的是一个成长过程，而不是采用临时简单地组织学生投票这样看似公平民主的做法，防止在孩子中间产生拉选票等不当做法。

（2013年发表于《大连教育》）

# 职业启蒙教育为成长导航
## ——中山区白云小学职业启蒙教育的实践探索

"生活在我们伟大祖国和伟大时代的中国人民，共同享有人生出彩的机会，共同享有梦想成真的机会，共同享有同祖国和时代一起成长与进步的机会。"对实现"中国梦"的呼吁和憧憬坚定了人们奋斗的信心和方向。"孩子，我们为何读书？"中山区白云小学一直思考着如何让学生拥有自己的梦想并为之努力，在中山区教育局、中山区教师进修学校的悉心指导下，学校尝试开展了"小学生职业启蒙教育"，根据不同年段的孩子特点开展不同的职业认知体验活动，让孩子充分了解社会职业的多样性，树立学生平等尊重不同行业的良好品质，结合兴趣爱好逐渐完善自己的学业成长规划，明确自己今后努力学习的目标和方向。

### 多元智能与职业梦想——
### 学生：我是怎样的，我要做什么？

多元智能是美国著名心理学家霍华德·加德纳博士提出的理论，指出人类智能是多元化而非单一的，主要由语言智能、数学逻辑智能、空间智能、身体运动智能、音乐智能、人际智能、自我认知智能、自然认知智能等八项组成，而每个人都拥有不同的智能优势组合。白云小学以多元智能理论为基础，教师们仔细观察学生在学习活动中的具体表现，运用哈佛大学"孩子的优势"调查问卷，科学掌握学生的智能特长。通过调查反馈和讲座交流的方式，让学生了解自己的智能类型及适合的职业，如空间视觉智能型更适合做航海、飞行、雕塑、绘画、建筑师等工作；肢体运动智能型更适合做运动员、舞蹈演员、外科医生、手工制作等工作，孩子们在职业启蒙教育中思考着"我是怎样的，我要做什么"的问题，多元智能理论的运用使他们有了比较科学、个性的职业梦想。

学校还以多元智能理论为指导架构起更加完善的校本课程体系，更好地发展学生的智能优势组合。在开发校本课程时，学校更多指向了音乐乐律智能、肢体运动智能等方面，忽略了孩子"人际沟通""自我认识"和"自然观察"等三项智能的开发，于是，增设了校园种植校本课程发展学生的自然观察智能，开发"我爱读图"课程发展学生的空间视觉智能，课堂转型培养小组合作学习增强了孩子的人际沟通智能，建设成长规划指导课程，发展孩子们的自我认识智能等。

### 有趣的职业认识与体验——
#### 学生：三百六十行，我们来啦！

学校购置《儿童职业启蒙120》丛书，通过流动阅读让学生在漫画与体验日记中了解当今社会各种各样的职业类型。班级设置阅读区，引导学生为自己的职业梦想有目的地阅读。在大连市少工委的帮助下，学校邀请新华书店副总经理到校介绍图书营销工作的流程、工作场景及从业人员的品质素养等；学校聘请《科学导报》主任与孩子们交流记者的职业要求与素养。

学校还积极利用家长资源，采用"家长进课堂"方式，让家长把从事职业的专业知识介绍给学生们，学生或以班级为单位，或以年级为单位，每学期寻求一位家长与学生面对面交流。为增强学生积极的职业体验，学校还开展"和父母同上一天班"的活动，组织学生参加"爱上首尔"广场举办的有趣的模拟职业体验活动，利用能够提供给学生职业参观和实践的家长资源，包括工厂、商场、报社、书店、审计、物流、办公室、手工作坊等，让学生走进工作单位，真实感受每份工作的性质特点，让学生懂得每个职业都有发展的一片天地，需要兴趣和创新，更需要高贵的品质和责任。

### 职业启蒙为成长导航——
#### 学生：我的今天为明天，向幸福出发！

系列职业启蒙教育活动，使教师对学生的教育引导更具针对性和个性化。班主任老师开展班级活动的时候，不仅考虑到如何才能把活动开展好，更要考虑到是否能够给学生提供锻炼的机会。在策划活动的过程中，哪个学生适合做哪项工作，就将这项工作交给他，充分发挥孩子的个性特长，充分锻炼孩子的能力。每项活动不仅追求效果，更追求学生的成长变量，活动真正成为实现学生成长这一教育价值的载体。在活动中，教师们不断发现和发展学生的优势和潜能，帮助学生不断认识自我和完善个人成长规划，促使学生成为具有自我设计和发展意识的、适应新时代的"新学生"。"我的今天为明天，向幸福出发！"——职业启蒙教育为学生成长导航，更为学生的明天和生命导航。

白云小学实践探索的职业启蒙教育，"播种"着孩子们的未来职业梦想。老师、家长们的尝试和努力使孩子们懂得了"三百六十行，行行出状元"，懂得了"适合的才是最好的"，及时发现自己的智能优势，合理规划自己的发展方向，锻炼能力、修养品格，努力塑造健康、幸福、有价值的最好的自己。

（2013年发表于《大连日报》）

## 学习的革命
### ——中山区白云小学"课堂转型"之探

课堂转型是"新学校"创建工程的基本目标之一。我们的课堂转型如何借鉴国内已有研究成果？如何通过课堂教学这一主渠道凸显"小班化"教育优势？课堂教学改进已经取得的经验如何整合创新到课堂转型中去？小学三个学段的课堂转型如何衔接……带着这些思考，白云小学领导班子带领老师们进入积极的研究和大胆的实践。

### 形成共识——课堂向"学为中心"转型

学校带领老师们学习了《中山区课堂教学转型指导意见》，领会了其"学为中心"的指导思想，交流了国内课堂转型经验，反思学校近年来课堂教学改革的优势和不足，形成了"借鉴整合创新　大步迈向生本"的思想共识，确立了课堂教学走小班化"生本课堂"转型之路。转型目标指向学生自主自能学习，指向小组学习共同体的形成，指向每个人的充分发展，不仅是认知的发展，更关注兴趣方法、学科情意、习惯、价值观以及心理、个性等和谐生态的发展。

### 座位改变——打破固有学习形式

学校引导教师思考小组围坐式课堂如何组织小组合作学习，给学生提供更多合作互助的机会，充分调动不同层次学生的学习积极性。学生评价也由单一评价向小组捆绑评价转变，形成学习"共同体"。小组围坐式对教师来说更是一种挑战，无论是备课方式，还是授课方式都要有所改变。主要以学生学习实践为主，让学生充分自学思考、提问交流、互帮互助、表达整理，通过指导和评价提高学生合作学习的技巧与效能。

### 目标转变——指向学习计划的制订和使用

为培养学生自主学习，教师引导学生自己制订学习目标。学生们用树形、双手形、圆圈形等形式设计学期学习目标，了解学习目标间的关联。一个阶段学习后，教师指导学生使用目标图复习和做试卷小结，提高了学生自主学习的质量。这种学习方式既见树木又见森林，学生能掌握课程概念与学习目标的全貌，更能明确学习的意义。这种方式能很好地建构起学生日后深入学习、终生学习的意识。

### 模式提炼——通过校本研修交流推广

学校充分发挥名师骨干、教学能手的带头作用，群策群力提炼"学为中心"的课堂模式，经过跟踪观课和效果论证后在适宜的学科年段推广应用，以推动全校"以学定教""学为中心"课堂教学的不断普及和深入。学校整合上学期"抓预习指导，促自主学习"的课堂教学改进既得经验，探索各学科基于预学习的生本课堂模式构建。树立大学习观，预习不仅仅是个学习环节，由预习入手目的是培养自主自能学习，进而培养终身学习的意识和能力。

### 课堂评价——关注每个人充分和谐发展

"生本课堂"课堂教学评价重视学生个性化辅导计划的落实。教师们将尚未达标的学生情况统计在个别辅导计划中，制订出针对性辅导达标方法。细致的个性化辅导计划使教师把课堂教学目标定位在每个孩子的进步上。在考查纸笔测试成绩指标的同时，考查了各班级学生的生态指标，即学科情感、学习兴趣、学习自主性、学习态度和学习习惯的情性指标与学习方法、学习思路、学习策略和学习思维的学习力培养指标，充分关注学生的和谐发展、可持续发展。

（2011 年发表于《大连日报》）

## 爱学习的课堂　会学习的学校

　　传承 20 余年的礼仪教育传统，结合时代和教育的发展需求，中山区白云小学生发出"化礼育特色，创和乐校园"的办学方向，确定以"情·知教育"和"多元智能"为理论支撑的"和乐教育"办学特色，涵养"知书达礼和为贵、和而不同乐融融"的校风，把创建儿童与教师、家长和社区居民同学习、共发展的"学习共同体"作为学校的价值追求。

　　课堂教学是师生学习发展的主要途径。3 年来，白云小学群策群力研究"和乐课堂"的构建，努力通过课堂实现每个学生的学习权，给学生提供挑战高水准学习的机会；通过课堂发现和发展每位教师的教育专长，为其专长化发展甚而成长为专家提供支持。

### 和乐课堂"有模有样"

　　基本"模"式引领。我校构建以"四轮驱动以情优教、五环聚焦以学定教"为主要特点的教学模式，简称"四轮五环"模式。"四轮"即"良好师生关系、适宜情境创设、挖掘情性因素、提供成功表现机会"，是学生学习动力机制，也是情感、态度、价值观等三维学习目标，还是学科德育渗透的主要途径。"五环"即"读、议、展、点、练"有组织的板块式教学。这样的课堂以学生的学习过程为逻辑架构，形成"学为中心、以学定教"的格局：问题让学生提，思路让学生找，实验让学生做，舞台让学生展，错误让学生析，是非让学生辨，异同让学生比，好坏让学生评，最大限度给学生学会学习、生态发展的机会。让学生在"情境"中学习，在"主动"中发展，在"合作"中增智，在"探索"中创新，在"实践"中习得。

多种"样"式实践。在基本思想、基本模式的指导下，教师按照不同学科、不同课型、不同师生实际提炼和应用不同的教学样式。在这一过程中，我们坚持"情"与"知"和谐共进的教学价值观不变，坚持通过合作与展示形成学习共同体的宗旨不变，坚持运用已有研究成果和传统好方法的原则不变。同时给教师的研究足够的空间，不强调五环的完整取用，不一定按照五环固定顺序，不规定五环各自的时长。目前，老师们已提炼出 13 种比较成熟的教学样式，如中高年级语文的"一读三议展点练"阅读教学样式，高年级数学的"一读二议二练"复习课模式，品生品社的"大资料背景下提前'读问'当堂'议展测'"教学样式等。多种教学样式摆脱了"一种方法包打天下"的尴尬局面，白云的老师们在和乐课堂中走向更高的专业化。

**学习文化"有形有神"**

学生文化——学生是课堂主角。五环中合作"议""展"两个环节是和乐课堂的关键和特色，促成课堂的立体结构，促进学生的合作学习关系的建立。合作必须在分工明确的基础上进行，分工可以由组长决定，也可由组员商定，总之，人人有事做，不同层次、不同爱好、不同需要的学生可以选择不同的学习任务，互帮互学、互相促进、共同提高。"展"是以小组为单位展示本组的学习成果和组间互动相结合展示交流。这样的合作学习，确保每个学生参与展示、表达和交流。教育家和心理学家共同揭示：人是在表演和观看中学习和成长的。冷冉先生也一再强调：十次说教不如一次展示，十次展示不如一次成功展示。

教师文化——教师是研究主力。创建学习共同体，主要通过教师团队和学生集体两个决定性力量来实现。学校把教研还给教师，促成教师基于同伴的相互合作。我校开展基于课例的民主型研讨，会上主持者不过分干预，提炼话题、归纳意见，研讨目的是基于每个学生学习的具体事实，研讨合作学习关系的创造和优质学习的实现。和学生的成长一样，教师的成长也离不开尊重、观察、实践和表达等因素，我们在教师间营造尊重与民主、信任与鼓舞，教师就会把这种关系更好地传递到学生那里，从而促进每位学生和教师的成长与发展。

学习文化——一切为了学习。学校的教研文化是不追求所谓的"上好课"，而追求实现每个人的学习权、发展权。和乐课堂倡导基于柔和声音的交往，基于倾听关系的对话性沟通。倡导构筑合作学习关系，一、二年级学习同桌合作，三年级向小组学习过渡，四年级以上经常开展四人左右小组合作学习。我们的班级展示着小组合作学习的评价，走廊展示着"四轮五环"基本模式图解和老师们梳理的各年级课堂转型操作点，我们的多功能室张贴着"教重要的在于听、学重要的在于说""教师少讲多听、学生勤议善问"等学习文化宣传语。

和，是学校的主流文化，我们追求情与知的和谐、身与心的和谐、人与人的和谐、人与周遭世界的和谐；乐，是我们心向往之的境界，乐于进步，乐于自修，乐于分享，乐于不断提升文化自觉。和乐课堂最终的目的是使学习成为大家的，成为终身的；共同建设一个爱学习的学校，影响几百个爱学习的家庭，带动一个爱学习的社区，共创一个爱学习的社会。

（2013年发表于《大连教育》）

## 用课题研究改变课堂和学校文化
### ——以大连市中山区白云小学为例

大连市中山区白云小学有二十多年礼仪教育传统，学校在传承传统的同时，融合新的发展需求，生发出"化礼育特色，创和乐校园"的办学方向，以"情·知教学"和"多元智能"为理论支撑，打造"和乐教育"办学特色，涵养"知书达礼和为贵，和而不同乐融融"的校风，把创建儿童、教师、家长和社区"学习共同体"作为学校的价值追求。学校群策群力研究"和乐课堂"的构建，努力实现每个学生的学习权，给学生提供挑战高水准学习的机会；发现和发展每位教师的教育专长，为其专长化发展甚至成长为专家提供支持。

**一、课题研究改变课堂**

**（一）基本"模"式引领和乐课堂**

1. 提炼"四轮五环"基本模式

学校以科研课题"'情·知教学'理念下和乐课堂模式建构研究"引领教学改革，提炼出以"四轮驱动以情优教，五环聚焦以学定教"为主要特点的和乐课堂基本教学模式，简称"四轮五环"模式。

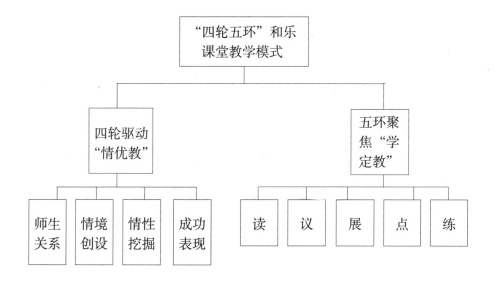

"四轮驱动情优教"指抓住建立良好师生关系、创设适宜情境、挖掘情性因素和提供成功表现机会四个情性着眼点，"四轮驱动"提高学生的学习动力，落实情感、态度、价值观的学习目标，渗透学科德育，其中"师生关系的改善"是核心。"五环聚焦学定教"指"读—议—展—点—练"五个学生学习最必要的环节，以"学生的学"为逻辑结构来架构，以有组织板块式教学方式来推进，其中合作"议""展"是特色。

2. 基本模式的形成依据

（1）"情·知教学"思想的应用

"情·知教学"把认知因素和情性因素辨证统一起来。为了帮助教师践行

"情·知教学"思想，学校基本模式结合"情·知教学"中"创设情境、挖掘教材思想性情绪性因素、建立良好师生关系"等观点设计了"四轮"来以情优教，落实情性因素的培养；结合"情·知教学"中"架构立体结构、教会学习方法、学与习的统一"的理念设计了"五环"来引导"学为中心"的课堂操作，落实"学会学习"的核心。

（2）以校为本实践区模

学校认真研读《中山区课堂转型工作方案》，领悟中山区课堂转型课题组推荐的"'读—议—展—点—练'有组织的板块式教学模式"以学生最必要的学习环节为要素，以"学生的学"为逻辑结构来架构，以有组织板块式教学方式来推进，既科学又很有操作性，于是活用到学校教学模式的架构中。

（二）多种样式活化和乐课堂

1. 用活思想

在基本模式思想指导下，学校引导教师结合不同学科、年段、课型和师生实际去运用它，称为基本模式的变式研究，主要是从基模运用的实践中提炼具体的、不同的教学样式。各学科课程性质和规律不同，各课型的结构、学法不同，各年段教学侧重点和呈现方式不同，落实到变式中"把学习时间、方式、过程还给学生"的方法就不同，"读—议—展—点—练"五环的取用、顺序、时长、组合都有所不同，以实际需要和效能为主。教师针对不同学科、课型，不同师生实际提炼了第一批十五种教学样式。

2. 用对策略

引导教师变式应用最重要的是用对策略。学校提出并运用了"三不变""三不定"策略和"四尊重"原则。

"三不变"策略：

"情"与"知"和谐共进的教学价值观不变；通过合作与展示形成学习共同体的宗旨不变；运用已有研究成果和传统好方法的原则不变。

"三不定"策略：

不强调五环的完整取用；不一定按照五环固定顺序；不规定五环各自的时长。

"四尊重"原则：

尊重不同年段学生认知规律；尊重教师个性需求和教学专长；尊重不同学科教和学的规律；尊重课堂实践检验和实际效果。

3. 用好方法

（1）"周教研日"课例研究支持课题研究

"周教研日"活动简单说就是上好"每周一课"和"每人一课"。学期初确定年组基本模式运用计划，结合课表选定同伴互看的"每周一课"固定课节，这是其一；其二确定每学期全校展示的"每人一课"，计划好"谁，什么时间、地点，开放哪一课"等。这样各教研组教师按照自己的研究需要轮流上课，校长和主任的看课、引领和跟进也更有计划性和针对性。

（2）组织基于学习事实的民主型研讨

学校开展的民主型研讨是基于学生学习的具体事实，研讨学习关系的创建和优质学习的实现。观摩者更多的是阐述自己"观察到学生学习的哪些具体事实，对于学习关系的创建和优质学习的实现学到了什么"。主持人不过分干预，不过分提炼归纳。人人发言是民主型研讨铁的规则，对执教者哪怕表达一句话也是起码的礼仪。这不仅因为教师的成长也离不开尊重、观察、展示和表达，而且只有在教师中营造尊重与民主，才更能把这种关系传递到学生那里。

（3）抓突破构筑合作学习关系

"五环"中合作"议""展"是构筑学生间合作学习关系的重点。合作"议"必须在适宜的问题或任务中开展，有可操作的方法步骤，有充分的交流和碰撞，有小组长的组织和安排。合作"展"指在有明确分工且适度演练基础上展示小组学习成果，确保每个学生参与展示，小组间互相倾听、提问、补充和评价。合作"议""展"是本模式构筑合作学习关系的关键和特色所在，因为教育家和心理学家共同揭示了这样一个常识：人是在表演和观看中学习和成长的，冷冉先生也一再强调：十次说教不如一次展示，十次展示不如一次成功展示。

**二、"课堂研究改变学习文化"**

学习文化形成的关键是创建学习共同体，主要通过教师团队和学生集体两个决定性力量来实现。学校以学习文化建设引领教学实践，又从教学实践中提炼思想不断丰富学习文化，使学习文化有"形"有"神"。

　　学习文化有"形"指学校将所提炼的思想、方向、追求展示在教室里、走廊上，营造氛围更引领行动。比如在观课表和学校教研计划下备注上学校的教研文化："学习是学校生活的中心，研究学习是教师工作的中心""克服教室、学科间隔阂，集体合作实现每一个学生的学习权""课例研究是教学研究的核心工作"等。学校走廊里展示着"和乐课堂"师生共同的价值观："不追求'上好课'，而追求实现每一个人的学习权、发展权""倡导基于柔和声音的交往，基于倾听关系的对话，构筑人与人合作学习关系""学重要的在于'说'，教重要的在于'听'""教给别人是最好的学习方式"等。

　　学习文化有"神"指比提炼、张贴思想和口号更重要的是实践和应用，引导教师在教学模式的"立"—"变"—"破"的循环中更大程度地"把课堂还给学生"，更大程度地成长为"学习促进者"。学校的计划和重点项目要落到课堂，年组的教研重心要放到课堂，教师研究精力要投入到引导学生学习中。课堂拍照以学生学习为主角，拍学生群体或个体学习过程，拍小组交流和展示，拍学生作业和作品，教师的出现是要和学生在一起的。

　　白云小学以"和"为主流文化开展"和乐教育"，追求情与知的和谐、身与心的和谐、人与人的和谐、人与周遭世界的和谐；学校以"乐"为心向往之的境界，乐于进步，乐于自修，乐于分享，乐于不断提升文化自觉。课题研究改变课堂，改变学校文化。"和乐课堂"研究的最终目的是使学习成为每个学生的终身习惯，共建一个爱学习的学校，影响几百个爱学习的家庭，带动一个爱学习的社区，共创一个爱学习的社会。

（2014 年发表于《教师博览》）

## 好书为媒学大家

读到一本好书让人内心喜悦，而读到对自己的思想产生深远影响、对当前的教育工作大有启发的好书，就不仅仅是喜悦更是件值得庆幸和感念的事情了。《学校的挑战——创建学校共同体》就是这样一本好书。之所以如此庆幸和感念，得从我刚做校长的那段时间说起。

大连市中山区白云小学是我做校长的第一所学校。我在那里倾注了初任校长的热情和理想，同时白云小学更给予了我剑锋初试的支持和宽容。这所以外来人口为主的小学仅有三四百人，虽不像有些小学一二百人随时可能被撤并，但也是人数偏少，生源多来自经济收入较少，生活水平较低的家庭，是一个相对薄弱的学校。参加工作以来我都是待在热点校，初次来到薄弱学校我看到了陈旧的校舍，一些学生不成样子的衣着，成绩单上让人吃惊的数据……看着校园里的薄弱种种，心想着她的未来在哪里，她的明天就是这样衰弱下去等着撤并吗？这些薄弱刺激了我与生俱来的要强劲儿，我在盘算着如何"突围"，如何把这所学校早日办成区域里的优质学校。奔着心目中的"优质学校"，我像一块铁全身心将自己投入这部炼炉，凡事尽最大努力，给自己和老师最高的要求和标准。老师们跟着我"突围"，身心俱疲。

在这样的情况下，我幸运地读到了《学校的挑战——创建学校共同体》一书，走进了日本东京大学佐藤学教授的教育哲学。那是 2011 年底，书拿到手时刚放寒假，一个假期里我反复读，反复思考，反思我的"突围"，重建学校的意义和价值。

书中序言说到日本乃至东亚教育改革的弊端，"在学校现场，能力主义和竞争主义、基于数值目标的评价与管理、教育机会不均等、学力层级落差扩大等事态不断蔓延；在政策层面，则进一步强化了应试教育、竞争主义学习环境、管理主义学校经营，从而招致了教师的疲惫和儿童的厌学，家长和公众也丧失了对于学校的信赖"。后记中总结道，"把创建学习共同体作为学校改革的哲学，学校改革的目的是保障每一个儿童的学习权，保障每一位教师作为教育家的成长。"不仅如此，书中详尽叙述了 16 所学校改革的真实案例，让我从认识到实践再到认识，对学校教育目的和办学思想有了颠覆性的反思。我曾经像救世主一样想把白云小学打造成所谓的优质学校，但学校是为了所谓优质学校的名牌而存在吗？优质学校是同一标准吗？什么是真正的薄弱？薄弱一定在于校舍陈旧，学生生活条件相对落后吗？撤并一定是个不好的名词吗？如果能实现区域教育结构调整中资源的最佳利用，不就是促进社会、区域和社区发展的好事吗？这些也不是学校主要考虑的事，学校真正应该思虑的是能不能像佐藤学先生所说的，无论多大规模都能努力实现以儿童"学习"为中心的课堂改革，实现教师作为教育专家能够共同成长和发展，实现家长从"参观学习"到"参与学习"的转型。至此，我的热血和激情回复到理智状态，我的着眼点也回落到学生的学习权和教师的发展权的保障和实现上去。我感到自己像回到盖亚大地母亲身边的希腊英雄一样，沉稳而充满力量。

本质地说，一所学校存在的真正价值和教育改革的哲学意义不是追求所谓的优质学校，而是能够围绕学生实现更多更好的学习。这是此书对我办学思想的匡正和明确。作者佐藤学的观点也深刻影响了我的学习观。佐藤学先生认为，学校未能实现每一个学生的学习权的原因是谁也没有承担起这种责任，而实现每一个学生的学习权的责任中心是校长。这句话提得这样直接、这样鲜明、这样毫不含糊，我作为校长心头为之一振。是的，除了校长，谁能从组织结构上、制度上实现学校以学生的学习为中心？谁能打破教室间的阻隔促进教师学科间、年级间的合作？谁能实现教师作为教育家的专业成长？只有校长来认同和导向，努力通过教师团队和学生集体来实现。

学习在人的一生是最重要的事，归根结底是学习使我们成长，使我们幸福。学习求知，学习合作，学习理解，学习负责，学习技艺，学习欣赏，学习生活，学习做好人生的每一个角色……学习，对于儿童来说是学会自立的一种核心责任，同时也是作为一个人的生存权利的核心、生存希望的核心。可以说学习权着实是人权中最重要的权利。由于家庭、生活条件、受教育情况不同，人与人之间学习的结果差别很大。而学校的意义就是尽力地促进学生实现学习权，学生学习权的实现最大的敌人就是厌学。

围绕着人的学习权的实现我重新思量了学校里学生、教师、校长不同角色的人应该做什么。学生的学习是学校的工作中心，学生应当能成长为一位成功学习者，教师应该做一名学生学习的促进者和学习专家，校长是实现每个学生的学习权和每位教师专业发展权的责任中心。

一本书，能在教育思想和办学理念上给人以启迪已属不易，这本书还在实践层面给我太多借鉴，比如教师研讨会的召开、教研活动创新和教学模式改革。

作为一名校长，引领和推动教师团队的发展是重中之重的工作。佐藤学先生在教师团队建设方面引领我走向民主，学会培育公共精神和尊重教师的专业创造。书中相关的几句话相当精辟，令我难忘："教师作为学习专家构筑起同僚性是学校改革的原动力""沉静的教师的坦率见解是无比珍贵的""对执教者哪怕用一句话来陈述自己的感想乃是起码的礼仪"，以"不凝练""不归纳"作为铁的原则来主持研讨会是最理想的……我想如果自己作为学校管理者不善于在教师间营造尊重与民主、信任与鼓舞，教师便很难把这种关系传递到学生那里；我们总怕"不凝练""不归纳"的会议大家没有收获，但长此以往老师们会表达吗？有长久的积极性吗？有专业自信吗？我开始反思学校里的各种会议，应该围绕不同目的设计会议形式，研讨会作为教师教研的主要会议形式必须转向民主型。我首先做尝试，主持民主型研讨会，因为和学生的成长一样，教师的成长也离不开尊重、观察、实践和表达等因素。大家感受到这种民主型研讨是对教师研究能力的信任，是为了实现教师的学习权、研究权和成长权的。之后，学校的研讨会风格大变，研讨的目的不是"露一手"而在于基于每一个儿童的学习的具体事实研讨学习关系的创造和优质学习的实现；研讨的对象不是放在"应当如何教"，而是基于课堂事实的"儿童学习的成功之处何在，失败之处何在"；研讨中执教者和观摩者之间不是观摩—被观摩的关系，而是阐述自己在观摩了这节课后"学到了什么"的相互学习关系；主持者努力保障任何一个教师的发言，引出尽可能多教师的坦率发言。

书如其人，佐藤学先生就是这样一位观摩了一万个课堂，走遍日本和世界各地参与并促进上千所学校的改革的大学教授，是这样一位苏霍姆林斯基一样行走在课堂上、师生间，穿越了教育广阔原野的大教育家。读他的书，我的心里充满了感动和信任，充满要践行和活用的愿望与期待！我深深认同书中"校本研修应该成为教师专业能力最近的加油站，只有足够量的课例研究才能帮助老师改善教学行为"的观点。围绕"足够量"三个字我反思学校传统的课堂研究，每周固定一个时间段来教研，常常是各年级组脱离课堂随意交流，或者按学校要求先学习一段理论再讨论专题也是缺乏内在联系的形式化。即使教导处组织全校性的教研，大家学科不同，研究关注点不同，会议难以深入且脱离课堂。好的校本研究每学期也都会有几次，但像佐藤学先生那样理智地想想吧，这么偶尔几次的研究可能改变教师的教学行为吗，不可能，教师的教学方式仍是在惯性的轨道上运行。那么实现"足够量课例研讨"，就必须把课堂教学研究还给教师，学校在教师们的研究中多做支持和帮助。由此我创造出"周教研日"这一校本研修方法。"周教研日"活动简单说就是落实"每周一课"和"每人一课"。学期初确定年组教研专题，结合课表选定同伴互看的"每周一课"固定课时，这是其一。其二确定每学期全校展示的"每人一课"，谁，什么时间、地点，开放哪一课。这样各教研组成员按照自己的研究需要轮流上课，一学期下来校内各学科课例研究可达到六十次以上，是传统教研的几倍。教师研讨内容是与教学进度、研究计划同步的，校长、教导主任参加年组教研中的看课、交流、引领和跟进是紧贴教研组研究需要的，既有计划性又有针对性。用"周教研日"的研究方式，三年来我们研究了"四轮五环"有组织的板块式教学模式在不同学科、不同年段和师生实际下的应用，提炼出十几种在校内外具有推广价值的教学样式。

即使在如何开展合作式学习这样操作化层面，《学校的挑战》这本书仍有细致的观察和精当的总结，对于我在学校研究"学为中心"的课堂模式是及时雨式的帮助。我们的"四轮五环"有组织板块式教学模式中"议"和"展"两个环节就是以小组合作的方式进行的。其中"议"是关键，"展"是特色。

"议"这一环节的前半段，学生们结合预习提示或者大家提出的问题商议讨论，形成共识，梳理问题。"议"的后半段是帮组员内化和商定展示的内容方法、分工步骤等，然后抓紧演练。"展"是以小组为单位展示自己组的学习成果，和组间互动相结合展示交流。这样的合作学习，确保每一个孩子参与展示、表达。五环中的"展"正是这样一个旨在帮助学生成功展示与互动的平台。

后来我又读了佐藤学先生的《教师的挑战》《学习的快乐——走向对话》《静悄悄的革命》和《教育方法学》。佐藤学先生的教育哲学深刻影响了我的教育理念，让我认识到 21 世纪的学校改革要努力走向公共性、民主性和卓越性。公共性强调共有和公开，民主性强调协同与人本，卓越性即指学校不断自我修正、完善与超越。在这样的学校改革哲学中，我所领导的学校要把创建儿童、教师、家长和社区"学习共同体"作为学校的价值追求。努力实现每个学生的学习权，让学生持续具备挑战高水准学习的能力；努力发现和发展每位教师的教育专长，为其专长化发展进而成长为教育专家提供支持；努力形成家校之间、校与校之间、学校与社区之间的协同发展共同体。

佐藤学先生执着的教育信念也深深影响了我。作为基层学校校长的我更应该像佐藤学先生那样"观摩一万个课堂""参与过上千次研讨"，引领教师总结跟进，梳理于笔端，拥有厚实的研究经历，形成精当的教育见解和足够的教育智慧，在教师和学生的成长进步中实现自己的成长与进步。

好书为媒学大家。感谢华东师大的钟启泉教授，他在日本学习期间与佐藤学先生结下深厚的友谊，志同道合。所以十几年里，钟教授翻译了佐藤学先生好多力作，自己也出版了诸多著述。佐藤学先生的文字坦荡而真诚，是这样充满热度与责任、激情与智慧。我从字里行间深深感受到一位教育工作者，对自己国家的学校与教育事业的忠诚与热爱；感受到他对亚洲及全球教育，以及对全人类的现在与未来的深切关注。我渴望自己能在佐藤学这样有理论有实践的教育家感召和指引下，着眼于人的学习与成长，扎根学校，扎根实践，创建出一个个师生、家长、社区共建也共享的学习共同体。

（2015 年收录于《优秀教师的成长》一书）

# 入学教育从研究儿童开始

儿童从幼儿园来到小学生活确实不是件小事，对于有些孩子来讲还不是件轻松的事。我们大人换了工作单位和岗位还要适应挺长时间，何况六龄小童呢。学校的入学教育要对接幼儿生活，从研究儿童开始，以帮助儿童适应和建立新秩序为重点。

## 帮助儿童建立新的秩序

幼小衔接为什么这么值得关注和研究？因为我们需要帮助儿童建立新的秩序，包括新的生活秩序和心理秩序。儿童刚来到小学校园，面对新的生活环境，要适应新的作息时间，需要老师和家长帮他度过小学生活秩序形成期。小学分科教学，新入学儿童接触的老师多了，幼儿园里的好朋友都不在身边，需要结识新伙伴了。"我是谁""他是谁"，儿童处于新的心理秩序形成期，需要在新的人群里认识和定位自己的角色，需要熟悉和形成新的人际关系。而上了小学，他们开始有学习任务和标准要逐步达成了，这时他和老师的关系、和同学的关系都离不开系统性的学习了，可以说上了小学儿童社会化的进程就跨了一大步。当然这里的"学习"不仅仅是文化课，而是综合的。

## 创新小学入学教育的新载体

帮助儿童建立新的秩序需要我们创新开展小学生的入学教育，而设计印发和使用好《新生入学手册》是个入学教育的好载体。中心小学的《盛夏的约定——新生入学手册》从无到有，到不断改版完善，内容越来越科学，也越来越受一年级新同学和家长朋友的欢迎。手册里有儿童视角的学校介绍，有学校各区域路线图，有小学生安全黄页；有学校和家庭作息时间表，有大家讨论的班级公约，有班级群落组；有自我介绍，有画下每天结识的好朋友，有第一个月的心情晴雨表；有良好生活习惯表，有饮食宝塔图，有和爸爸妈妈一起制作卡通测量身高的墙饰等。

**建设有益于幼小衔接的课程**

小学生一入校，时间就是一节课一节课地度过，所以做好让儿童喜欢上学、快乐成长最常规的工作是建设好有益于幼小衔接的课程。这里要对儿童适时适量进行走行坐立、倾听表达的行为训练，这是对小学生最基础的素养的培育。同时所有学科的课堂学习都要契合儿童喜欢"动一动""用一用"的学习特点，符合儿童喜欢感受、触摸、沉浸、体验等心理，课中必须有律动环节，倡导多动眼动口缓动笔，倡导缓进数学和课程整合等。另外学习中用心设计让儿童多一些"选择"，题目可选择，方法可选择，对象可选择，材料可选择，等等，以"选择"褒扬个性、焕发自主，以"选择"促进儿童性格和能力上的成熟。行为习惯训练课上则开展取放文具、包书包比赛和换衣服、穿鞋子比赛等，让孩子们借助好习惯更好地开启成长之旅。

（2017 年写于中山区中心小学）

## 帮孩子迈好入校教育第一步

大家都知道幼小衔接非常重要，有人总结说："在一年级的时候，我们花在孩子身上一个月的时间，抵三年级后一学期的时间，抵六年级后一学年的时间，甚至更多……"在这个时段里，我们的孩子将从儿童到少年，从少年到青年，人生中最曼妙的年华都将在这段学习的生涯中度过，许多美好的事情也将在这些岁月中发生。

**一、幼小衔接三个要点**

对新身份的心理认同。包括新生家长的身份认同和孩子本人小学生身份的认同。家有学童升入一年级，不是孩子一个人的事，是家庭生活的一个标志性阶段的开始，是全家人进入一个新的生活阶段，迎来新的生活形态。爸爸妈妈发自内心地认同并且接纳：我将是一个小学生的家长了。我们都不是天生就会做父母的，孩子需要学习成长，我们也需要在孩子成长的路上，一次又一次地挑战自己。在日常的生活中，给孩子做出了什么样的榜样；我们在孩子需要帮助的时候，会用什么样的方式对他伸出援手……这一切一切，都在汇入塑造孩子的洪荒合力之中，而且是其中很重要的一种力量。

帮助孩子适应新身份走进小学生活，"仪式感"是一个好帮手。我们要告诉孩子，你即将成为一名小学生，你会拥有学籍卡、学生证，拥有第一个社会身份。提倡父母在入学前带着孩子到照相馆去照一张标准的入学照片。最好选择传统的老字号照相馆，自带一种庄严端正的氛围。或者校服发下来时，让孩子穿着校服拍一张正正经经的照片，留下自己作为小学生的第一个形象，也可以备用于各种证件照片。

让孩子参与准备学习生活用具的过程。在购买书包、文具，准备校服和在学校使用的水壶、餐具的过程中，让孩子全程参与，并充分听听孩子自己的意见，会让孩子直接产生"小学学习大不同""我的学习我负责"的直观感受。因为小学的用具和幼儿园很不一样。在交流中，引导孩子学会根据自己的需要选择物品，养成惜物的美德；鼓励孩子欣赏大气实用的产品形象，放弃浮夸粗糙的设计，逐步养成优雅从容的品位。通过这一系列细致的准备工作，孩子才会一点一滴地体会到成为一名小学生是一件多么庄重严肃的事情；而在选购过程中，让孩子充分参与各种用品的选购，也会让孩子对即将到来的学习生活产生主人翁意识；孩子们也就自然而然地从心里重视起来，准备起来。

我们还可以提前带着孩子上小学门口看看，操场开放时间来学校转转。尤其内向的孩子，更需要早一点来熟悉熟悉。上学初在同班的孩子里边瞄一瞄，看看有没有气质类型上有可能和自家孩子成为好朋友的同学，主动和他们的家长交换一下联系方式，先帮孩子一把，让他在新环境里有一两个好朋友，这样孩子对于新学校、新生活的陌生感就会减少很多。

接下来的就是适应新生活方式。小学的上学时间，是从上午的 8 点，到下午的 4 点。一年级小学生的父母，一定要提前对自己的工作和生活的时间节奏做出新的安排，力求"准时接送"。为什么要强调这两个"准时"非常重要呢？因为上学的时候迟到，在全班同学和老师的注目下进教室，孩子心里必然会不自在；有时候，还需要向老师解释自己晚到的原因——孩子并不知道自己对这个"迟到"到底该做什么样的解释、负多少的责任，往往就会讷讷不知所言，或心怀愧疚。这时候，正常的课堂学习往往已经开始，孩子不了解前面老师讲解了什么、布置安排了什么……等他坐下来，又要慢慢花时间来进入课堂的氛围、跟上大家的进度，结果，这一天孩子都会过得很被动，好像总在追赶大家的进度。

放学接孩子更不要迟到。"早接"和"晚接"对于一年级的孩子来说，心理感受的差别很大。小学是新生活、新环境，每天放学，一站到校门口就能够看见父母迎向自己的笑脸，对孩子来说是莫大的欢喜，孩子往往就会兴奋地和你分享他一天的校园生活中的所见所闻。试想，你自己是一个孩子，而你的爸爸妈妈在全班同学都快被接光、在你望穿秋水地盼望下姗姗来迟，你的心里会是什么感受，还能够兴高采烈地聊一聊今天的趣事吗？孩子会在等待的过程中怀疑父母对自己的重视程度，这些想法都让孩子垂头丧气。另外准时接送也是你不轻易给老师添麻烦，给老师尊重和信心。

请务必安排好孩子的课后生活。中山区小学放学后有政府买单的托管班，到 5 点 30 分。孩子的家庭作业量会很少，甚至没有书面的作业。但是，我们每天仍然需要留出最少 30 分钟的时间，来关注孩子当天的学习和校园生活，帮助他们在逐步融入校园生活的同时，在学习上温故知新、总结方法、循序渐进。

请务必让孩子按时睡觉。一年级的孩子刚刚进入一种新的生活形态，兴奋、紧张、好奇……多种情绪丛生；他们尤其需要按时作息，晚间的休息时间要在 9 点以前。8 点 30 分洗漱完毕，然后留出一小段自由阅读或者亲子阅读的时间，9 点熄灯入睡。这样才能够保证第二天上学的充沛精力和良好状态。如果引导得当，孩子不反感的话，把一些需要背诵的英语或者诗词在临睡前过一遍，会记得更牢。

孩子的学习管理是重头戏。爸爸和妈妈，谁来管孩子学习比较好？根据谁的工作时间更灵活一些，或谁更愿意管孩子，协商好，好好分工，要有人来主管孩子的学习。一年级的学习任务，父母撒手不管是不行的。一年级孩子的学习，是需要家长的参与的。万事开头难，在一、二年级的时候，如果家长能和老师合力帮助孩子获得学习的动力、养成学习的习惯、找到学习的方法，那么孩子以后会越学越轻松，爸爸妈妈更是会越管越轻松，很快就完全不用管。一年级伊始，我们就要警惕不要和孩子一起在学习上陷入被动。委托给祖父母或校内校外的辅导机构，也仍然建议：在孩子正式的学习生涯开始的最初一段时间，父母之中最少有一位，无论如何都要拿出时间来亲自管理总结，再拜托给别人就会好很多，这是为人父母的重要责任之一。在一年级的时候，我们全心全力花在孩子身上的一个月的时间，抵 3 年级以后一学期的时间，抵 6 年级以后 1 学年的时间，甚至更多。相比以后叹着气花更多的时间，何不欢欣鼓舞地早花时间，大人、孩子都早受益。

小学一年级孩子的课后学习时间以 30 分钟为佳，再特别的时候也不要超过 1 个小时。之后就让孩子自由娱乐了吗？是的，玩是孩子的天性和权利。

一年级核心的学习任务根本就不是课本上那些知识，那是什么呢？——是学习如何当一个学生；是了解并且全然接纳自己作为小学生的身份；是能够主动融入学习生活，最好还能够乐在其中；是开始培养终生学习的习惯。

不管是什么家庭，都要让孩子能够自然而然地看到：每个人都在专注做自己的事情，完成了自己的任务，才做娱乐自己的事情。每个人的任务不同，可以是学习工作，也可能是整理烹饪。没有哪个妈妈会一下班回家，先追两集美剧再开始安排一家的晚饭，我们的孩子也同样需要明确学习和娱乐的关系和排序。完成当天的学习再娱乐，这个标准无论对大人还是孩子都是一样的。

对于小孩子，很多学习是发生在生活中的。妈妈要到附近的公园慢跑，孩子要不要一起去？爸爸最近的课题里，有一些需要查证的资料，孩子要不要来帮忙？奶奶今天要做一道又简单又好吃的菜，孩子要不要一起做？爷爷最近书法练得很投入，孩子来研个墨、展个纸吧……在家人做的事情中，有可能就邀请孩子来参与，他的兴趣和特长往往就这样被找到，他的成就感也往往就这样自然而然建立起来。

说到终身学习就不能不谈阅读。第一是家里有符合孩子兴趣的书；第二是父母常读书，是孩子最初爱上阅读的最好理由；第三有阅读中方便找书取书的书架、书柜，一个能舒服坐下、吸引孩子的地方。在识字与阅读方面需要家长有心和坚持。识字和阅读宜早不宜晚，多多益善，全面影响孩子的各科学习。书写能力不要急，需要得到小肌肉群的锻炼，尤其男孩子。

**二、需要注意的两个问题**

1. 培养和巩固规则意识

合理制订和运行规则，和孩子一起制订、共同遵守。运行规则过程中既有及时的肯定表扬，又要能在必要时"说不"，要求孩子改进和承担后果，不吼不叫，音量适中，语气正常，但态度是异常坚决，不会因为孩子的哭闹就妥协。推荐《超级保姆》家庭教育指导师的节目，推荐《蓬头彼得》《小猪摇摆夫人》《校有校规》等童书。

2. 尽早建立信任和谐关系

培养孩子合群，在伙伴相处中会沟通，会争取也能妥协，太计较或不会维护和表达都不好。家长要尽早建立信任、和谐合作的家校关系。信任是教育的前提，与老师相处将心比心，人无完人，学长处是目的。

一旦发现孩子上学起初不适应，咱们不用焦虑，众多例子表明，跟着老师的指引来坚持做，跟足半年，每个孩子都能行。

（2017 年中山区幼小衔接、中小衔接社区交流会发言稿）

---

## 素养·教养·习惯

---

"好教育就是好习惯"，好习惯就像学生生命成长中的种子和根，学校和家庭要通力合作、连续一贯地培植好它。中山区中心小学好习惯养成工作有深度、有特点，特别之处在于养成目标体系架构上能着眼于学生发展核心素养，过程实施中能着手于学校和家庭的共同教养。着眼于学生发展核心素养才能使学生适应现代和未来生活，着手于学校和家庭的共同教养才能知行合一、习以

为常。

**基于核心素养，好习惯着眼好教养**

学校组织教师学习讨论《中国学生核心素养》，小学教育是基础教育的基础，其核心素养侧重点更在于培养持续一生的兴趣，健康人格的底子，优秀传统文化的血脉，独立自主和创造的种子。中心小学结合小学生年龄特点，结合地域特点和学校的文化传统，细化国家学生发展核心素养，上下联动共议出"友善""整洁""好学""分享"四个必备品格和"自我管理""沟通合作""思辨创造""参与公共事务"四个关键能力。

"友善"是个人层面社会主义核心价值观的基础，是植入儿童心灵的美好人性的种子；"积善成德"、"勿以善小而不为"，一个人最应有的心灵底色是应该从小打下的。"整洁"源自"健康生活"和"实践能力"中培养劳动意识的核心素养要求，它是种积极的生活态度，自我规划、自我管理的科学方法，也是独立和自省自强的精神。"好学"是中国学生发展核心素养其一"学会学习"的落实，是善于改变、不断进步的源泉，是"人之为人"最本质的特点和最宝贵的美德。"分享"还是国家学生发展核心素养中"责任担当"的萌芽，一个人从小乐于分享才能具备"社会参与责任担当"的核心素养，才能在服务他人与社会中完成最好的自己。

这样，中心小学的好习惯养成项目以培育社会主义核心价值观为统领，校本化践行《中国学生发展核心素养》为重点，整合《中小学生守则》《中心小学修性德育评价标准》为策略，提出共同的培养目标。如"友善"即考虑他人的难处和方便，做受人欢迎的人；"整洁"强调用完物品放回原处，善于整理物品、梳理知识和思想；"好学"得打好朗读、口算、书写等童子功，培养阅读习惯；"分享"是指多多合作学习，乐于为他人和大家服务。

**师生家校同修，好习惯源自言传身教**

面对共同的培养目标，老师、家长们必须和学生们同修共养，因为师生家校同修，好习惯培养才会是"身教之养"。可以说没有好习惯、好修养的教师和家长，难以基于自己的学生和孩子以好习惯和好教养。学校老师们共同涵养着"宽严有爱　思方行圆"的师风、"深入浅出　循序渐进"的教风，引导学生们营造着"好学专注　玩学有得"的学风。在师德方面做到"友善而不苛责，整洁而不拖拉，好学能多读书，分享才更有影响"。在师能方面自觉提高专业水平，做一个有课程产品的老师，在思辨能力里寻求精神独立和人生智慧，善于沟通合作、寻求同道，在工作中积极担当、参与和分享。这些与学生素养目标中"友善""整洁""好学""分享"四个必备品格和"自我管理""沟通合作""思辨创造""参与公共事务"四个关键能力是上下对称、一一对应的。

学生的好习惯、好教养不仅来自学校，更源自家庭。中心小学引导家长们并和他们一起做到，提醒自己的孩子做到在公交车等公共领域不大声说话；培养自己的孩子在家养成健康饮食、睡眠，规律排便的习惯；要求自己的孩子必须先吃完饭菜，才能吃零食；家长和老师会一起要求学生盛入自己盘中的食物一定要吃光；在寻求孩子帮忙时会真诚地说"请"和"谢谢"；严格控制零用钱数量，让孩子做些简单的家务以获得零用钱，避免不劳而获；在由于孩子单方面的原因引起麻烦时必须自己承担后果；以身作则并经常告诉孩子遵守约定，答应的事要在规定的时间内做到，有变更的话要提前沟通……

基于核心素养的好习惯是学生一生的好教养，是小学教育的种子和根。培育好它，就是提供好种子和根孕育成长的土壤、阳光和水分，学生的生命自然精彩绽放，根深叶茂。中山区中心小学将着眼于学生发展核心素养去思考和架构和修订好习惯养成内容和标准，着手于学校和家庭的共同教养去言传身教、日积月累，通过良好的习惯培养，让学生们具备应有的教养，具备指向现代社会和未来生活的核心素养。

（2018 年发表于《大连日报》）

# 好孩子是这样"养"出来的

中山区中心小学的好习惯养成项目从顶层设计到具体实施都不忘处理好素养、教养、习惯三方面的关系，学生习惯培养着眼于核心素养的形成，着手于家校共同的日常教养，最终好习惯从孩子们身上做出来像喝水吃饭一样自然，每一堂课、每一个教育环节都像年年岁岁里的一餐一饭一样滋养着学生的心灵和性情。一句话，好孩子是这样"养"出来的。在学校里，最能养出好孩子的当然要靠好课程。只有融入每一个课堂的习惯才会成为教养和素养，才是"自然之养"和"立人之养"。

**习惯渗透全科课堂，才是"自然之养"**

学校的好习惯养成教育不是一个人、一部分教师的任务，而是全员的参与、全程的管理。鉴于此，学校在习惯养成工作中提出全学科渗透、全学科覆盖，利用校务会议、班主任工作会议、专科教师会议、德育工作沙龙等多种方式对全校教师进行培训，使全体老师深入了解学校德育教育体系，并针对学校德育教育工作结合自己的课堂有意识培养学生良好的行为习惯。学校提出好习惯的养成"谁的课堂谁负责"，设计了《学科习惯养成要点梳理表》，各学科教师根据自己学科学段的要点、学生特点、教学内容来设计本学期学生习惯养成的目标、达成策略、测量方法。所有任课教师在备课时应针对本节课的内容制定习惯养成训练目标以及达成手段和方法，并将习惯养成贯穿于平日教师的教育教学之中，围绕每节课的教育点进行相应的训练和培养，将学生习惯养成做实、做细，学期中和学期末进行总结、比对和验收。更重要的是学生听讲、提问、合学状况、作业、课外阅读等学科习惯养成情况将折算到本学科学业成绩中，作为学生绿色学业指标的重要组成。

这样，全员全学科在课堂内外渗透好习惯培养，学校的育人环境就会是整体的，是融合的，是协调一致的。好习惯不会时抓时散，也不会在哪个时段搞突击，低中高各学段之间、语数英等全学科之间齐抓共养，学生在持续的引导和践行中自然而然地拥有了好习惯、好教养。

**引导学生自省自觉，才是"立人之养"**

常态化班会是中山区中心小学好习惯养成的主要班级管理课程。常态化班会每天都有，时间根据班级需要而定，长则二三十分钟，短则十分钟八分钟，教师在其间有针对性地对学生习惯养成加以具体的引领、指导和提醒督促。中心小学的常态化班会主要分为主题教育课、计划制订课、自省修正课、习惯评价课几种。

其中的自省修正课是最有养成意义和教育效果的。自省修正是一种重要的学习能力，更是一种帮助人走向独立和自强的良好习惯。中心小学三到六年级每周至少有2课时的自省修正班会，让学生根据自己制订的习惯养成计划反观总结自己的行为达成，接下来的日子要做怎样的修正，差距较大时就要找到自己的计划不适合之处进行修改，再通过实践去达成。这样通过抓反思和达标推动学生的习惯养成不断走向自觉。每月最后一周班级要上好习惯评价课。学生根据班级、个人的月初目标制定、计划制订进行总结，采取多元化评价，以个人评价、同伴评价、教师评价、家长评价相结合的方式，促进习惯的养成。将之前计划制订课中所制订的目标达成度进行对照评价，分析达成和未达成的原因以及改进的措施。

每学期期中和期末班级要统计两次习惯达标率，奖励优秀，同时对突出不自律的行为实行重点约束。奖励和约束方案经学生和家长讨论通过，试行后可调整。开学初各班级制定了班规、个人习惯达成目标，在评选市、区、校、班三好学生时，将平日的习惯考核纳入其中，促进学生习惯养成。学校德育室利用每个周一的升旗仪式做全校习惯养成整体总结，及时发现学生习惯养成中的突出问题和普遍问题，及时进行反馈和引导，使用公共区行为积分等科学方法引导高年级学生对自己的行为负责，促进学生养成并保持良好的行为习惯。

（2018年发表于《大连日报》）

## 能寓教才乐养成

　　中山区中心小学在处理好素养、教养、习惯三方面的关系开展好习惯养成教育的过程中，还十分注重师生积极的情感体验，注重不失浪漫的童趣，形成了"能寓教才乐养成"的共识。

### 基于积极心理学的读与做

　　好习惯养成也要寓教于乐，其实就是强调学生的积极体验。积极心理学家马丁·塞利格曼认为儿童直接的行为探索有利于形成他的控制感，这种控制感本身会给儿童带来积极情绪和好的习惯。少年儿童行为习惯养成的过程是一个主动建构的过程，需要参与到实践活动中去，或参与到创设的模拟性情境中去，在主体参与下主动实现。

　　我们还向师生推荐阅读好习惯养成方面的故事书，比如德国的一本有关儿童教育的十分流行的书叫《蓬头彼得》，以很多荒诞诙谐的故事，来告诉孩子们什么是对的，什么是错的。再比如美国女作家贝蒂·麦克唐纳写的《小猪摇摆夫人的疗法》，一套四本，里面一个个充满童趣和想象力的章节深受小孩子们的欢迎，整套书流露着作者对儿童知己般的理解，让人感受到她不泯的童心和爱之温馨。读这些书里的这些故事，老师们在思考好习惯教育也不能脱离童心童趣，不能机械枯燥，怎样的形式更能激发学生持久的兴趣，大家举一反三，想了好多好习惯养成方面寓教于乐的办法。有的方法注重

分享·友善

营造情境，结合动手体验，比如饭前让学生人人劳动，分发洗手液、碗筷，铺展桌布，抬饭分饭等，饭后向厨师、父母、老师说声感谢和辛苦等。有的方法把行为表现涂抹出来，比如一个习惯初步养成需要21天，老师们用涂方格的方法激励学生，具体说来就是竖着画21个小方格，每天做到了这一行为就可以给一个方格涂上颜色。小学生涂色的过程就是积极体验坚持和成功的乐趣的过程，充满期待和鼓舞。

**创编有趣的好习惯"小人书"**

我曾经读过《老课本新阅读》一书，把书中附赠的一本《模范公民》小册子分享给了学校里的老师们。这本小册子是全八册中的第八册，供民国时高小毕业年级学生使用的。小册子以"模范就是树一个好"做题目，醒目醒脑。它仅有巴掌大，便于学生随身携带，重量轻但其理念和意义却很重很重。老师们受到启发，先是结合本校学生核心素养和前期习惯养成情况，调整修订出适切性更高的习惯养成标准，然后发挥创意，通力合作，将新标准演变成学生喜闻乐见的好习惯"小人书"。每册"小人书"共有六个单元，二十几个要点，每一页都印有标题，辅以图画或小故事。内容具体而清晰，绝不空洞笼统。里面的图画是美术老师带领漫画社团的同学们一起创作的。那些图文并茂的关于友善、整洁、好学、分享四方面核心品格的故事，和"迎

客送客之礼"封信拆信之法""叠衣、刷鞋之法"等具体做法，不仅一目了然而且赏心悦目。同学们看到自己学校的老师同学画的漫画，看着漫画里发生在自己身边的故事，非常开心。这样有体系又很清晰具体的好习惯内容，这样寓教于乐、充满童趣的方式方法，学生们非常喜欢，愿意一页页、一册册地去读，愿意一件件地去学去做。大家觉得这才是我们所说的教养，这样才是在养育一个个既守规则又富有童心的好孩子。

（2018年发表于《大连日报》，配画李鉴老师）

## 做足德育活动的教育味儿

围绕新时期学校教育"立德树人"的根本任务，中心小学提出"培养具有优良传统和创造精神的现代小公民"的育人目标，培育学生"文化理解与传承""沟通与合作""思辨与创造""公共事务参与"的核心素养。学校德育室紧紧围绕这样的育人目标设计开展富有教育味儿的德育活动，促进学生核心素养的形成，促进学生活泼主动地发展。

### 一、仪式教育有队味儿

仪式教育是一个内外兼修的过程。仪式教育内可以养成性：给学生带来秩序感、安全感、归属感、神圣感；外可以修行：通过手势、模仿、表演，外化为学生的具体行为。中心小学很注重对学生的少先队仪式教育，升旗仪式、大队会、入队仪式等都充满了浓浓的队味儿。

升旗仪式是隆重的少先队组织生活。学校每周一次的升旗仪式，既有鲜明有序的教育主题，又有隆重庄严的仪仗式，让学生感受到浓浓的少先队味道。鼓号队、红领巾、出旗、敬礼、宣誓……看似在重复着同样的流程，但其中赋予了深刻的教育意义。从仪式的设计，到学生的服装、仪态、形体，从秩序、规则、纪律等行为品质到整个过程中的思想道德教育，无不渗透其中，周而复始，学生在少先队组织里形成良好的思想和习惯。

入队仪式能凸显一代代少先队员成长的味道。每年的入队仪式我们都完全按照少先队章程中的规定，一丝不苟。我们将家长邀请到学校共同见证这庄严的时刻，当看到孩子们佩戴上鲜艳的红领巾；当他们站在队旗下听队的故事；当他们高举起稚嫩的小手，向爸爸妈妈们献上少先队员最崇高的敬礼；当他们举起小手庄严地宣誓，孩子们的家长眼睛是湿润的，这一刻他们感受到了孩子的成长，这也是仪式教育、少先队教育带给孩子们的成长，带给他们的责任与义务。为了让入队仪式更有意义，对孩子们影响更加深远，我们将家长送给孩子昂贵入队礼物改为家长自己动手做给孩子的贺卡，这一张小小的贺卡上寄予了家长对孩子们浓浓的祈盼和祝福，或许现在的他们还未能理解太多，但在他们成长的岁月中意义深远。

**二、传统节日的文化味儿**

学校本着现代方式与传统内涵结合的基本策略，开发了系列凸显体验性、文化味和童趣儿的传统节庆课程。传统节日节庆文化主题的课程整合要突出某传统节日的文化意义和教育性，合力培养各年段学生对优秀传统文化的亲近感、理解力和创造力。

清明节课程里有"我画家族树"的生命教育活动，有同学们一起去广场游春放风筝的"东风舞纸鸢"活动，有"人生清且明"的冷餐会，有"春来天地清"主题的"书春大赛"和书法展等。端午节课程则有"学包中华粽"、制作展播"端午微视频""寻找蛋王"顶蛋大赛和戴鸭蛋络子、彩线、香囊等。中秋节课程里开展校园"诗词大赛"，学生们巧手做月饼，参加学校组织的月光晚会和中秋露营等。重阳节课程里展示瓜果、蔬菜、稻谷"庆丰收"的同时向学生开展感恩教育，开展金字塔食谱营养均衡的食育；"登山望远"引导学生开阔胸襟、清心怡情、思亲祈福；去敬老院捐赠慰问，给祖辈父辈买礼物、做服务引导学生从小"老吾老"……

这些节庆课程的设计实施践行了"把握本来、吸收外来、面向未来"的指导思想，做到了"内涵非常传统、形式特别现代"，将中华优秀传统文化进行了创造性理解和创新性呈现，从而转化为师生喜闻乐做的情感认同和日常习惯，努力做到《完善中小学优秀传统文化教育指导纲要》指出的"语言习惯、文化传统、思想观念、道德规范、审美特点和价值取向"这样的深度和广度，努力做到《完善中小学优秀传统文化教育指导纲要》指出的创造性转化和创新性发展。

### 三、校园活动的现代味儿

"金点子"是学校三十多年的科技教育传统项目，从原始的科技活动小组发展到"金点子"假期长作业，发展到"金点子"创客社团，再发展到"金点子"科综课、创客工作室和创新大赛三位一体的科创课程群。它呈现出一座庞大的科创金字塔，不仅有获奖学生制造的"塔尖的辉煌"，更通过人人参与使科学发现和创造的塔基不断坚实和扩大，成为学校培育学生核心素养的金牌课程群。众多的"金点子"就是这门课程主要的课程资源，学生成为主要课程人。他们对全班"金点子"做梳理归类，做论证和完善；他们选择想"投资共研"的"金点子"组团研发，自学相关知识，寻求技术支持；他们筹备作品推介会，参加学校和市、省、国家创新大赛。让每个学生都成为科创的主体，尊重每个人的观察、思考和选择，提高每个人的理性精神、科学素养和面向未来的核心竞争力。

这样充满现代味儿的校园活动还有"小手点击'大连记忆'按钮"纪念祖国改革开放 40 周年的博物馆课程，有融合了"规则与自由"辩证关系的"值周变法"，有读书节里学生自选书目、自选地点、自选角色的"自组织读书沙龙"，有儿童节里凭券自由选择的玩中学"科技嘉年华"，有学生自制海报、自组亲友团、自做竞聘演讲、选民学生自填自投选票的大队委评选，有学生通过手机选课软件选课抢课的"同时段选修课"，还有自选乐器走班学习的器乐选修课，等等。这些校园活动充满参与感、选择性和教育性，学生无不因选择而欢，因创造而乐，因成长而美。

（2018 年写于中山区中心小学）

# 培育生命的种子和根

## ——关于学生发展核心素养培育的校本思考

《中国学生发展核心素养》讨论稿历经一年的征求意见，引起社会的广泛关注和教育界的学习思辨，终于在 2016 年 9 月形成了正式稿公之于众。《中国学生发展核心素养》是对素质教育内涵的具体阐释，也是对我国素质教育过程中存在问题的反思与改进。"核心素养"就像学生生命成长中的种子和根，尤其是小学生核心素养，需要我们连续一贯、通力合作地培植好。它关乎每个中国人的生命质量，关乎我们国家和民族指向未来的生产力和竞争力。

这里和大家交流自己学习学生发展核心素养这一问题的三点收获和思考。

### 一、核心素养的国家定位

"素养"强调人的生命中可教可学的部分，它可以通过有意的规划设计和培养长期习得，一言以蔽之，是人的生命中教育能够改变和应该更好地改变的部分。"核心素养"指学生实现终身发展和适应社会发展需要具备的最关键最必要的品格与能力，它突出的是"关键少数"素养。

每个时代的教育都有不同的培养目标，不同时代的教育都设定有不同的核心素养。我们回看孔子时代的教育，是有很清晰的核心素养的。其核心素养大概是"仁爱忠恕"，要点是"志于道，据于德，依于仁，游于艺"，依托的课程内容是"礼乐射御书数"，还有师生、生生对话间鲜活的内容、精彩的思辨和总结，更有修身、齐家、为官治世中的身体力行，是个既纲举目张又具体可感可行的教育体系。

现时代我国学生核心素养的确定既有"倾听历史的回响"，传承我们的文化传统和教育传统；又有"在比对中认识你自己"，借鉴联合国和其他国家教育经验和风向。就像经纬线的交叉确立一个定点，我们在时空的纵横间确立了自己的教育定位，从"文化基础、自主发展、社会参与"三方面提出了中国学生的六大核心素养，即"人文底蕴、科学精神、学会学习、健康生活、责任担当、实践创新"，致力于培养具有良好文化基础和自主发展能力，具有实践能力、创新精神和社会责任感的人。这是对"立德树人"教育根本任务的最好的诠释和最有力的支撑。

诚然，良好文化基础、自主发展意识、实践能力、创新精神和社会责任感这些最关键、必要的品格和能力是可以循序渐进"养"出来的，任何正常智商、普通家庭的学生都可以通过教育、通过努力获得。这些品格和能力兼具个人价值和社会价值，既不脱离具体的社会环境，与个人的终身发展、适应时代和社会发展最为密切，又促进整个社会的进步和变迁。

**二、核心素养的校本表达**

中国学生发展核心素养是统领基础教育和高等教育的整体性要求，它需要针对不同学段学生实际具体化为连续性和阶段性的要求，把其细化为不同阶段的培养目标。小学教育是基础教育的基础，其核心素养侧重点更在于培养持续一生的兴趣、健康人格的底子、优秀传统文化的血脉、独立自主和创造的种子。

核心素养的落实，需要在以上思考的基础上凝练出适切的校本表达。我所在的中山区中心小学应该培养怎样的核心素养，需要我们全员结合小学生年龄特点，结合地域特点和学校的文化传统，细化国家学生发展核心素养。这里我们需要有自上而下、自下而上的联动共议过程。

**（一）必备品格**

学校上下联动讨论过程中，有这样几个词是共识度比较高的："友善""整洁""好学""分享"。

作为个人，小学生在社会主义核心价值观的形成中当然应该养成爱国、敬业、诚信、友善的公民道德。而其中的友善作为美好人性的种子是更需要深深植入儿童心灵的。"一毫之善，与人方便""勿以善小而不为""积善成德而神明自得"。"友善"作为一个人最应有的心灵底色是应该从小打下的。人的一生带着"友善"就是带着人之初心、人性之美前行。

　　"整洁"这一关键词是源自"健康生活"和"实践能力"中培养劳动意识的核心素养要求。我认为"整洁"是种生活态度，是对生命的严肃理性又充满深情的爱。它比健康更指向具体做法和途径，比劳动更看到结果和人的良好感受。亲切可感，具体可行，着实是小学生重要的生活习惯和文明素养。其实往精神层面看，整洁还关乎自理自立和自省等精神上的勤奋、独立和省察修为，对于培养一个人的自我规划、自我管理能力和健全人格、美好品格的建构是最科学的方法和最长久的原动力。

　　"好学"是我国古来圣贤最推崇的优良品格。孔子说，十室之内有像我一样忠厚仁德的人，却未见像我一样好学的人。他还把"学而时习之，不亦说乎"作为《论语》的开篇之义，并以终生的经历向学生、世人呈现自己一以贯之的"学而不厌"。学习确实是一个人不断进步的唯一途径，是一个人能够善于改变的源泉，是一个"人之为人"最本质的特点和最宝贵的美德。终身学习的提出只是一个新词，意义早已有之，只是学习的内容与时俱进了，学习的意义不断被人们刷新认识了。"好学"是中国学生发展核心素养其一"学会学习"的落实，更是"学而时习之""学以致用"提高解决问题等实践能力的落实。"好学"是儿童的头脑和心灵里不可或缺的种子，它像胚芽一样决定种子日后的发芽吐叶，开花结果，茁壮参天，培养好学求是，永不满足的品质。

　　"分享"，是个温暖的词，是个高尚的词。它绵延了我国历史文化里"欲达己先达人"的思想，闪烁着人本思想和人文情怀的光辉。"分享"还是国家学生发展核心素养中"责任担当"的萌芽，能培养这一核心素养主要表现描述的"团队意识和互助精神"。"分享"抵制的是人性中的自私自我，有"心底无私天地宽"和"天下为公"的意味。"分享"还是合作发展的要素，而合作发展是国际学生核心素养的共性要求，对于学生适应现代生活和未来社会意义非凡。"分享"小到一个物件、一种心情、种种小确幸小美好，再到一个机会、一个思想、一种理念、一次成功、乃至于彼此的才华与生命，生存的空间和可能。一个人从小乐于分享才能具备"社会参与，责任担当"的核心素养，才能不断超越，才能在服务他人与社会中完成最好的自己，才能够实现人生真正的意义和价值。

### （二）关键能力

中心小学有近三十年的科创教育特色，学校在研读 2016 年发布的《中国学生发展核心素养》基础上，结合 2012 年美国《21 世纪教育白皮书》、2014 年经合组织发布的 21 世纪四方面技能，借鉴 2018 年北师大刘坚教授团队提出的 21 世纪学生发展核心素养培育模型，提出本校学生发展"6C 核心素养"，包括文化理解与传承（Cultural Understanding）、沟通与合作（Communication Collaboration）、思辨与创造（Critical Thinking Creativity）、公共事务参与（Community Participation）。其中"沟通与合作"强调学习是种社会行为，我们需要小组大组的合作学习促进交流交往、合学合作；"思辨与创造"强调一个人的思维品质和创新能力；"公共事物参与"让学生有足够的参与感和选择经历，在课堂与活动中推动学生参与、体验、选择、担当，让学生在班级和校园具体事务里学会过公共生活，学会做事。

### 三、核心素养的课程落实

要落实学生发展核心素养需要依靠课程。

### （一）形成培育核心素养的课程体系

我们需要研制基于核心素养的课程标准。核心素养已成为我国教育改革的支柱性理念，对研制课程标准，开发教材和课程资源起着重要导向作用。核心素养和各学科课程标准就像厅堂里的顶灯和射灯，顶灯不一定很亮，但先打开它我们得以整体看到屋内情形，射灯是在顶灯照耀下的不同光束，共同照亮学生的生命。

我们需要设计紧扣学生发展核心素养培育的课程体系。把学生发展核心素养作为课程设计的重要依据，基于学生发展核心素养做课程的顶层设计。在这里进一步明确各学段、各学科具体的育人目标和任务，加强不同学科、年段课程之间的纵向衔接和横向融合。核心素养培育需要基于学科又超越学科，强调课程的整体性和学科间的融合，以整体性之课程培育整体性的素养。

我们需要研究和采用适宜于培育学生核心素养的课程实施方式。没完没了地做题和分析课文是难以培育出核心素养的。我们需要从学科本位和知识本位转向引导学生应用、解释和说明，发展批判性思维和问题解决能力。我们可以采取集体、小组和个人学习方式灵活运用策略，引导学生离开座位自由移动，进行学习中的合作、互动、展示和分享。核心素养不能靠去情境的抽象宣讲养成，用一个更加复杂的情境任务或问题去替代把学习内容简单分成具体知识内容的方式，是实现学生从学科知识为主向素养导向转变的必然选择。可以把知识技能嵌入具体可感的情境中，学习者需要进行探究、思考、动手、整理、制作、合作等完成作品或报告，实现对知识技能、情感态度的综合提升。可以抓住学习中生活里的问题和麻烦引导学生认识和讨论、解决，在真实问题的解决中积极主动地觉察联系，把握转机，生成创意，增长智慧，形成能力和品格。我们要大力倡导启发式、探究式、参与体验式学习，体验是素养生成的基本方式。我们应注重引导学生进行独立思考、合作学习、问题式学习等，因为素养就是把学到的知识方法用到别的地方去，它全面生成学生的智慧，砥砺品格。当然教师研训的重心也应该转移到学生发展核心素养的培育上来，而且教师应该率先或起码与学生一起成为具有核心素养的人。

我们还需要建立和使用着眼于核心素养的课程评价。我们要建立基于核心素养的系统的学业质量标准，明确学生完成不同学段、不同年级、不同学科课程内容后应达到的程度要求，在诊断与跟进中推动学生核心素养的落实。

**（二）建设对接核心素养的特色课程**

"6C核心素养"如何通过课程对接和实现呢？综合实践课程是个重要的桥梁。这类课程培养学生从生活情境和学科知识的生活化应用中发现问题，转化为活动主题，通过调查、探究、服务、制作、体验、创意表达表现等方式，是综合培养学生动脑动手、解决问题和创新转化等能力和素养的实践性学习方式。学校的科创教育特色已积累经验，有做中学的土壤，以综合实践课程为主要方式培养学生"文化理解传承""思辨与创造""沟通与合作""公共事务参与"的核心素养大有可为。我们以"金点子"科创类综合实践课程为样例。"金点子"是由班主任和科学老师合作设计实施的科创类综合性学习课程，是我校培育"6C核心素养"的重要载体。

总之，学生发展核心素养就是教育的种子和根。培育好它，就是提供好种子和根孕育成长的土壤、阳光和水分，学生的生命自然精彩绽放，根深叶茂。

我们需要对中国学生发展核心素养有准确把握和正确的落实，从国家定位到校本表达，从年段目标到学科分解。我们也需要在实施中实现学科间的大纵横，巧穿插，既有培育基于核心素养的学科素养的课程担当，又有旨在促进核心素养形成的学科间的协作、整合与融合。步入核心素养时代，教育创新有了更大的背景和挑战，也必将在实践中迎来更大的教育进步和社会进步。

（2019 年发表于《基础教育论坛》）

## 回溯寻求——教育的价值和创新之匙

　　冷冉先生从事教育事业始于 1942 年在山东某抗日根据地做小学教员。先生 1948 年来到大连，无论在中学、大学教书，还是在教育行政部门工作，他都矢志于学习和研究，勤耕不辍。1978 年之后，开始形成自己的教育思想，20 世纪 80 年代初，先后提出了"教育社会化定向干预论""阶段连续德育体系假说""情·知教学思想"和"学校管理运行机制活力说"等，形成了一个完整、鲜明的"冷冉教育理论体系"。20 世纪 90 年代初我在桃源小学初为人师时，正赶上学校"运用情知教学七因子进行教学诊断"的火热研究，"优势诱导"和"学校运转机制活力"研究也相继身在其中。我的工作在"情·知教学"理论学习和应用中开始，这种研究意识便贯穿了我日后的教育教学和学校管理。

### 一、从"情·知教学"的落脚点做延伸，寻找现代学校的价值追求

　　研究人的学习与发展是冷冉先生的关注点，教会学习是"情·知教学"的落脚点。情知统一强调的是学科教育，是加强情性因素培养促进人的发展，实现教育教学的目的与价值，今天看来就是通过课堂教学来立德树人。2010 年做学校管理工作以来，为了推动课堂教学的改进和转型工作，我都是借助多年践行"情·知教学"的经历，把握"情·知教学"的精髓，结合教育的前沿走向和不同学校的实际，努力把研究学习作为学校的中心工作，形成学校创建儿

童、教师、家长和社区"学习共同体"的价值追求。这种价值追求促使大家群策群力研究"学为中心"课堂的构建，努力实现每个学生的学习权，给学生不断挑战更高水准学习能力的机会；发现和发展每位教师的教育专长，以其专长化发展甚至成长为专家提供支持。

我们通过《"情·知教学"理念下新课堂模式建构研究》市级课题研究，构建了以"四轮驱动以情优教，五环聚焦以学定教"为主要特点的"新情知课堂"教学模式。

在基本模式思想指导下，学校引导教师结合不同学科、年段、课型和师生实际去运用它，称为基本模式的变式研究，主要是从基模运用的实践中提炼具体的、不同的教学样式。各学科课程性质和规律不同，各课型的结构、学法不同，各年段教学侧重点和呈现方式不同，落实到变式中"把学习时间、方式、过程还给学生"的方法就不同，"读—议—展—点—练"五环的取用、顺序、时长、组合都有所不同，以实际需要和效能为主。

引导教师变式应用顶重要的是用对策略。学校提出并运用了"三不变""三不定"策略和"四尊重"原则。"三不变"策略："情"与"知"和谐共进的教学价值观不变；通过合作与展示形成学习共同体的宗旨不变；运用已有研究成果和传统好方法的原则不变。"三不定"策略：不强调五环的完整取用；不一定按照五环固定顺序；不规定五环各自的时长。"四尊重"原则：尊重不同年段学生认知规律；尊重教师个性需求和教学专长；尊重不同学科教和学的规律；尊重课堂实践检验和实际效果。

在"四轮五环"新情知模式的架构和变式应用中，我们还成功运用了"抓点突破"的研究策略，比如抓"合作'议''展'"环节，成功突破了"构筑合作学习关系"的重难点。老师们从课堂实践中梳理出很多方法策略，比如合作"议"必须在适宜的问题或任务中开展，有可操作的方法步骤，有充分的交流和碰撞，有小组长的组织和安排。合作"展"指在有明确分工且适度演练基础上展示小组学习成果，确保每个学生参与展示，小组间互相倾听、提问、补充和评价。合作"议""展"是本模式构筑合作学习关系的关键和特色所在，因为教育家和心理学家共同揭示了这样一个常识：人是在表演和观看中学习和成长的。冷冉先生也一再强调：十次说教不如一次展示，十次展示不如一次成功展示。

"四轮五环"新情知教学模式实现了课堂价值的多元化，形成了"学为中心，以学定教"的格局：问题让学生提，思路让学生找，实验让学生做，舞台让学生展，错误让学生析，是非让学生辨，异同让学生比，好坏让学生评，最大限度给学生学会学习、生态发展的机会与实践。让学生在"情境"中学习，在"主动"中发展，在"合作"中增智，在"探索"中创新，在"实践"中习得。"四轮五环"模式相关研究获得"十二五"辽宁省教育科学研究成果二等奖和大连市优秀课题奖。

"四轮五环"新情知教学模式的研究，改善了学校的教研方式和研究文化。

为了有足够量的课例研究，我们创造了"周教研日"研究策略。"周教研日"活动简单说就是上好"每周一课"和"每人一课"。学期初确定年组基本模式运用计划，结合课表选定同伴互看的"每周一课"固定课节，这是其一；其二确定每学期全校展示的"每人一课"，计划好"谁，什么时间、地点，开放哪一课"等。这样各教研组教师按照自己的研究需要轮流上课，校长和主任的看课、引领和跟进也更有计划性和针对性。

我们在教研中还组织教师基于学习事实的民主型研讨。学校开展的民主型研讨是基于学生学习的具体事实，研讨学习关系的创建和优质学习的实现。观摩者更多的是阐述自己"观察到学生学习的哪些具体事实，对于学习关系的创建和优质学习的实现学到了什么"。主持人不过分干预，不过分提炼归纳。人人发言是民主型研讨铁的规则，对执教者哪怕表达一句话也是起码的礼仪。这不仅因为教师的成长也离不开尊重、观察、展示和表达，而且只有在教师中营造尊重与民主，才更能把这种关系传递到学生那里。

在"四轮五环"新情知教学模式的研究过程中，我们重点阅读了《学校的挑战》《合作学习策略》《学习走向对话》《"情·知"教学理论与实践》等专著，讨论了《上海教育》课堂改革专刊，《中国教师报》郑州课堂改革连载报道等相关内容，到上海考察学校和课堂，研读了中山区课堂转型文件和模式，做了学校课堂教学现状调查，汲取大连市"情·知教学"理论土壤的营养。这些与模式研究相关的阅读和借鉴连续做了两年后，我们受启发提炼了自己学校的校本研修模式——"读书育人"研修模式。这一研修模式分为读书生活变化气质、读书攻坚贯通实践、读书自修专长发展三个维度。其中"读书攻坚贯通实践"就是以"急用现读"为背景和辅助，抓好课堂、课题、课程三课演练场。后来"读书育人"研修模式在我所在的不同学校都结合具体的人和事做出了自己的变式，由此得到验证、修正和丰富。

　　"四轮五环"新情知教学模式的研究，更形成了学校新的学习文化。学习文化形成的关键是创建学习共同体，主要通过教师团队和学生集体两个决定性力量来实现。学校以学习文化建设引领教学实践，又从教学实践中提炼思想不断丰富学习文化，使学习文化有"形"有"神"。

　　学习文化有"形"指学校将所提炼的思想、方向、追求展示在教室里、走廊上，营造氛围更引领行动。比如在观课表和学校教研计划下备注上学校的教研文化："学习是学校生活的中心，研究学习是教师工作的中心""克服教室、学科间隔阂，集体合作实现每一个学生的学习权""课例研究是教学研究的核心工作"等。学校走廊里展示着"新情知课堂"师生共同的价值观："不追求'上好课'，而追求实现每一个人的学习权、发展权""倡导基于柔和声音的交往，基于倾听关系的对话，构筑人与人合作学习关系""学重要的在于'说'，教重要的在于'听'""教给别人是最好的学习方式"等。

　　学习文化有"神"指比提炼、张贴思想和口号更重要的是实践和应用，引导教师在教学模式的"立"—"变"—"破"的循环中更大限度地"把课堂还给学生"，更大限度地成长为"学习促进者"。学校的计划和重点项目要落到课堂，年组的教研重心要放到课堂，教师研究精力要投入到引导学生学习中。课堂拍照以学生学习为主角，拍学生群体或个体学习过程，拍小组交流和展示，拍学生作业和作品，教师的出现是要和学生在一起的。

　　"四轮五环"新情知教学模式的研究促进了学生情形因素和认知能力的和谐发展，而课堂改变的同时又螺旋着丰富了学校文化，尤其是与课堂密切相关的学习文化、学生文化和教研文化。这些良性的互动生成，使我们和学生共同成为建设者和受益者。我们希望这项研究能深入下去，最终使学习成为每个学生的终身习惯，能共建一个爱学习的学校，影响几百个爱学习的家庭，带动一个爱学习的社区，共创一个爱学习的社会。

**二、以"情·知教学"的创造性为榜样，全面推动学校的教育创新**

2017年初，宋庆泮所长在来我校做冷冉教育思想应用调研时对我们说，我们的重点有两个，一是如何在现今把握冷冉教育思想本质的基础上创造性应用，另一个是如何学习借鉴冷冉先生做教育做研究的方法态度价值观，进而像他那样形成自己的教育思想。我想这才是把握冷冉先生的人格和智慧内核，才有可能做出自己的延伸和创造。

我想结合自己学校学生发展核心素养框架的顶层设计来谈谈我们的教育创新。中国学生发展核心素养是统领基础教育和高等教育的整体性要求，它需要针对不同学段学生实际具体化为连续性和阶段性的要求，把其细化为不同阶段的培养目标。小学教育是基础教育的基础，其核心素养侧重点更在于培养持续一生的兴趣，健康人格的底子，优秀传统文化的血脉，独立自主和创造的种子。核心素养的落实，需要在以上思考的基础上凝练出适切的校本表达。我所在的中山区中心小学应该培养怎样的核心素养，需要我们全员结合小学生年龄特点，结合地域特点和学校的文化传统，使国家学生发展核心素养培养落地。

做校本表达需要我们有正确的思想，选择好的策略和方法。中国学生核心素养的确定引领我们，中国学生应当是优秀传统文化和现代文化在精神深处的有机结合者。一方面我们应把优秀传统文化中核心而普适的内容深植学生心灵，如"天人合一"的哲学思想、物我关系和生产生活方式，如君子"慎独"的个人修养，"修身、齐家、治国、平天下"的家国情怀，上下五千年的了解镜鉴与独特东方艺术的欣赏和创造等。另一方面现代文化的融合我们可以借鉴世界经合组织发布的21世纪四方面技能，分别是思维方式上具备创造性、批判性思维，问题解决、决策和学习能力，工作方式上具备沟通和合作能力，工作工具上有信息技术和信息处理能力，生活技能上具备公民、生活和职业素养以及个人和社会责任。

循着"优秀传统文化和现代文明有机结合"的思想，研读中国学生核心素养18个要点及主要表现描述，遵循引导学生自我教育的规律，突出人的创造性、责任感和价值感，我们经历了近一学期自上而下、自下而上的联动共议过程，最后确定了"培养具备友善、整洁、好学、分享四个必备品格，具有自我管理、思辨创造、沟通合作、公共事务参与四个关键能力的小学生"这样的新育人目标。

"友善"是核心价值观在个人层面的基础性要求，"友善"作为一个人最应有的心灵底色是应该从小打下的，作为美好人性的种子是更需要深深植入儿童心灵的。人的一生不忘"友善"就是带着人之初心、人性之美前行。"整洁"这一关键词是源自"健康生活"和"实践能力"中培养劳动意识的核心素养要求。"整洁"是自我管理的抓手，也是"不给别人添麻烦"的道德底线，它也是大连这座城市和我们中山这一核心区的传统。"整洁"还是一种生活态度，它比"健康"更指向具体做法和途径，比"劳动"更看到结果和人的良好感受。往精神层面看，"整洁"还关乎自理、自立独立、自我省察精神的培养，利于一个人自我规划、自我管理能力和健全人格、美好品格的形成。

"好学"是中华传统美德，终身学习又是未来的必备能力。学习确实是一个人善于改变、不断进步的源泉，是"人之为人"最本质的特点和最宝贵的美德。"好学"是中国学生发展核心素养其一"学会学习"的落实，更是"学而时习之""学以致用"提高解决问题等实践能力的落实。中心小学看重"好学"，培养学生求真求是、永不满足的品质，培养成功学习者和终身学习的人。"分享"绵延了我国历史文化里"欲达己先达人"的思想，闪烁着人本思想和人文情怀的光辉。"分享"还是国家学生发展核心素养中"责任担当"的萌芽，能培养这一核心素养主要表现为描述的"团队意识和互助精神"。"分享"引导物欲上懂得节制，抵制过度自私自我，有"心底无私天地宽"和"天下为公"的意味，培养利他利人的价值观。"分享"也引导精神对话、互通有无，是合作发展的要素，而合作发展是国际学生核心素养的共性要求，对于学生适应现代生活和开创未来意义非凡。

关键能力方面，我们设定了"自我管理""思辨创造""沟通合作""公共事务参与"。"自我管理"培养学生的健康生活、自主学习方面的个人责任；"思辨创造"突出了学校三十多年的科创教育特色，注重培养学生思维品质、问题分析和解决能力，包括对信息和工具的使用能力；"沟通合作"是人际交往的能力，也是谋事做事的方法；"公共事务参与"引导学生体验公共生活中的权利和义务，是社会责任感的培养基础，对于小学生的当下来说更多的是家庭、学校和社区生活中的责任。

落实学生发展核心素养，实现新育人目标，需要我们结合辽宁省最新发布的深化课程改革的 91 号和 94 号文件，做好课程建设和育人模式上的对接和创新。我们提出"分合看需要"策略下的素养课堂建设工作，主要研究单学科重组的学科活动课和多学科整合的跨学科主题课程与项目学习。如四年级学生养蚕宝宝的跨学科主题课程，由科学、语文、美术、计算机等多学科老师合作设计和实施教学：科学和语文老师合作指导学生写研究蚕宝宝怎么饲养和成长的报告；语文和美术老师共同指导学生写图文结合的观察日记，其中有蚕宝宝生长变化的连环插画；计算机和语文老师合作指导学生制作播放小组设计的微视频。再如"最美的歌声有故事"合唱或戏剧表演类课程，融合音乐的选择与编排，合唱技巧的选择和运用，舞美道具服装的制作和搭配，语文或英语的歌词、朗诵、报幕以及专题片脚本及生活作文的写作等，信息技术的花絮采集和微视频播放等，还涉及综合性学习之分工与报名选拔、做计划方案、实施与修改等。这些课程抓住生活里的问题和任务，形成一个项目或主题，引导学生在具体可感的情境中引导学生观察发现、思考探究、整理制作、沟通合作等，在真实问题解决或跨学科主题的探究中觉察联系，综合应用，生成创意，增长智慧，形成综合能力和优良品格，是全科、全员、全程去育人，是关注合作、过程、选择与成长的新育人模式。

我们学校有个"金点子"的传统项目学习引导学生用科技改变生活。学校每学期向学生征集"金点子"，老师带着学生围绕他的"金点子"去研发，努力把"金点子"变成作品和成果甚至是被市场应用的产品。这个创客工作室就是"金点子"的孵化器，是科技发烧友师生的工作室，是学校的"硅谷"。工作室成立于 2014 年 9 月，前身是中心小学科技活动小组。经历共同努力，团队作品申请专利共 3 项，获得国际奖 2 项、国家奖 16 项、省级奖 52 项、市级奖 125 项。师生研发的科技作品有"空竹变换发光系统""送餐机器人""体感教学程序""电子图书查询系统""智能药盒""防驾车通话设备""多用水杯""心静自然凉电扇"等。其中"携带对话系统头盔"已经成功投入生产，供大连、沈阳、南京等城市交警队使用。作为科创教育特色学校，科技组每年儿童节前一天会和所有学科老师合作，奉献一场名为"科技嘉年华"的群体科技活动，把这样一个玩科技的大型活动作为礼物送给孩子们。学校开放30多个"玩科技"的项目和场地，供学生凭券自主选择，老师们做组织和服务。这种"科技嘉年华"已经连搞三年，在每年的民意调查中都是孩子们最喜欢的校园活动。

节日活动课程建设中我们本着现代方式与传统内涵结合的创新策略，突出课程的综合性、文化味和童趣儿。如清明节课程中我们有家族树展示，有"忙趁东风放纸鸢"的放风筝活动，有纪念介子推"人生清且明"的冷餐会和书春大赛。端午节课程我们有包粽子，有制作和播放端午节日小视频，有分享展示端午诗词大会，有制作香囊和顶蛋大赛等。这些课程内容不都是全校共同组织的，其中很多内容是通过校园海报来招募的，学生自愿或结伴参加，既减轻班主任的工作压力，又给不同班级、年级学生对话合作、结成学习社区提供了好机会。这些节日课程设计和实施践行了"把握本来、吸收外来、面向未来"的指导思想，做到了"内涵非常传统、形式特别现代"，将中华优秀传统文化进行了创造性转化和创新性呈现，从而转化为师生喜闻乐做的情感认同和日常习惯。

类似的校园活动还有"值周变法"的讨论与试行，让学生思辨"规则与自由"的关系，"规则"是为了保障每个个体的权利与自由所制定的最低要求，"自由"是降到最低的统一要求下就可以享有的自在和自然。有学校读书会名字与标志的征集，有读书节里"自组织读书沙龙"，有来自学生和老师的"我喜欢的开学典礼"的建议"发开学大礼包"，有心理开放周高低年级学生一一对应的"口口相传好故事"活动，有自制海报展示、自组亲友团队、自拉听众自讲竞聘稿子、自填自投选票等过程的大队委评选活动，有通过选课软件选定同时段选修课，等等。某种意义上说选择就是成长，这些活动都努力给学生足够的选择权，使学生在各种选择经历中认识自我、提高综合能力，尤其是学校核心素养提出的沟通合作能力和公共事务参与能力的锻炼。

面对未来几年，我们需要思索如何"学习讲话，对标上海，解放思想，真抓实干"，如何在人工智能新技术革命进程中理解和创建未来学校，如何治理学校结构以促进课程的整合与融合，实现学生核心素养的普及性达成，如何以空间的再造、校园的人工智能化带动课程的再造和学生学习方式的变革，如何在实现新育人目标过程中，在课程创新中，帮助教师成长为掌握新育人模式和有课程产品的教师……这些都在挑战我们的胆识和智慧。

回望冷冉先生是缘何形成他的教育思想的，应当说源于他几十年如一日对人的成长与幸福的深切关注，对国家和民族命运的强烈责任感。他自己受的是民国教育，工作后又经历了抗日战争、新中国成立初期、"文化大革命"前后和改革开放二十年各个阶段的中国教育。他以那个时代的极其有限的条件和原始的方式，关注世界教育的区别和发展走向，广泛阅读国内外教育专著，深入把握人和教育的本质，思考现实中种种教育问题。通过与宋庆泮所长交流，我了解到冷冉先生在广泛阅读基础上精读深思了苏霍姆林斯基的《帕夫雷什中学》和斯宾塞的《快乐教育》，并结合中国国情创造性地运用了两位教育家的教育思想。他又走遍大连的城区和农村的学校与课堂，总结优秀教师的教学方法，提炼了大连优秀学校和教师的教育特色。在几十年反反复复的研究和建构之后，年近花甲的先生大胆提出了自己的教育理论假说。接下来他真是做到了胡适所说的"大胆假设、小心求证"，先是亲自到大连实验中学和大连师范学校附属小学去验证自己的"情·知教学"理论，接着又指导各县市区二十多所实验学校的推广应用工作。他的教育思想可以说是用终其一生的刻苦钻研、实验验证和总结提炼形成和完善的。

我们所处的时代已经不再是冷冉先生生活的时代，在自己的时代里我们怎样做好自己，不负自己的时代，这是个充满挑战和意义的、需要用生命去回答的问题。让我们像冷冉先生那样去思索、去回答，这位亲切的本土教育家也正用别样的精彩提示我们：照我思索，能理解"我"；照我思索，可认识"人"……

（2020年发表于《辽宁教育》）

# 从"教书匠"到"人生导师"

## ——架构"全员导师化"研修课程的思考与实践

走进新时代，人民对高质量教育的向往更加迫切，我们中小学教师需要积极回应"新时代怎样做老师"的时代之问。习近平总书记已经明确提出，广大教师要做有理想信念、道德情操、扎实学识和仁爱之心的"四有"好老师，做学生锻炼品格、学习知识、创新思维和奉献祖国的引路人。这就需要我们新时代教师自觉实现从"教书匠"到"人生导师"的转变。因为"教书匠"注重的是学科知识、技能的学习，而"人生导师"却能借助学科学习把学生培养成爱学习、会学习的终身学习者，能引导学生树立正确的价值观，能塑造学生阳光自主的内心，能帮助学生成为生活小能手，能指导学生的生涯规划和职业启蒙。

我们学校从思想引导、学业辅导、生活指导、心理疏导、人生向导五方面架构实施了全员育人导师化研修课程，努力培养更多的"人生导师"型的教师，促进教师实现从"教书匠"到"人生导师"的转变，形成全员育人、全程育人、全方位育人的工作格局。

### 一、"全员导师化"研修课程的目标与内容

我校"全员导师化"研修课程的设计实施旨在落实国家立德树人的根本任务，因地制宜分解大连市中山区教育局"全员育人机制"和"问题化学习"等重点工作，达成本校"培养具有优良传统和创造精神的新时代好少年"的育人目标。在内容设计上我们努力做到"顶天立地"，既落实新时代国家、省、市、区教师队伍建设要求，又结合本校实际培养能实现本校育人目标的教师团队。

### （一）思想引导

教育部《关于全面深化课程改革落实立德树人根本任务的意见》指出要

"强化教师育人能力培养，把社会主义核心价值观纳入教师教育课程体系"。所以"思想引导"这一维度我们的课程目标是教师能通过主题教育活动、学科育人和学科间协同育人，引导学生正确认识并学会处理与自我、他人、社会的关系，积极践行社会主义核心价值观，树立正确的世界观、人生观、价值观，形成良好的思想道德品质。

2021年我校"全员导师化"课程在"思想引导"维度分为思政课教学、师德养成和主题教育活动设计三个单元。其中主题教育活动设计研修课程，我们带领教师讨论主题教育活动课程的课程目的、设计活动形式和内容、组织指导学生参与和完成，提升教师将社会主义核心价值观融入教育的能力。如庆建党百年"科学与科学家"主题科技嘉年华活动，"红色大连"主题研学活动，"劳动并创造着"创新大赛主题展示活动等。又如每周的升旗仪式活动，我们以社会主义核心价值观与学生生活融合为主要策略，先讨论梳理整个学期的主题序列，再逐班打磨每期升旗仪式活动设计。

| 课程大类 | 课程目标 | 课程单元 | 课程名称 | 课程实施 |
|---|---|---|---|---|
| 思想引导 | 教师能通过主题教育活动、学科育人和学科间协同育人，引导学生正确认识并学会处理与自我、他人、社会的关系，积极践行社会主义核心价值观，树立正确的世界观、人生观、价值观，形成良好的思想道德品质 | 政治学习与思政教育 | 校园讲"习"所——习近平新时代中国特色社会主义系列课程 | 周三下午教师集中学习，由支部书记、支部委员和党小组长开发和组织实施 |
| | | | 百年党史的"高光时刻" | |
| | | 师风师德养成课程 | "爱与责任"党员好故事 | 将教育故事录制成微视频展播 |
| | | 主题教育活动与学科育人 | 党史、队史、校史主题教育 | 每月一次的班主任培训会 |
| | | | 学科育人要点梳理与落实策略 | 每周一和周二下午三点集体备课 |
| | | | 教育案例的撰写与交流 | 每学期的教育教学成果发布会 |
| | | | "校园机会券"与好习惯评价积分方案 | 开学初学校工作计划研讨会 |

在推进全员育人过程中，我们引导不同年段教师设计学生好习惯养成积分评价方案，印发"校园机会券"给各学科教师，并培训如何使用能激发出它更大的教育价值，解决科任教师在好习惯养成中缺乏教育资源和话语权的问题，全员参与到学生好习惯、好品行的评价和形成中。

（二）学业辅导

《关于全面深化课程改革落实立德树人根本任务的意见》强调要着力推进关键领域和主要环节改革研究，更加注重自主发展、合作参与、创新实践，在发挥各学科独特育人功能的基础上，充分发挥学科间综合育人功能，开展跨学科主题教育教学活动，将相关学科的教育内容有机整合，提高学生综合分析问题、解决问题能力。《中国教育现代化 2035》也指出要聚焦教育发展的突出问题和薄弱环节，创新人才培养方式，推行启发式、探究式、参与式、合作式等教学方式以及走班制、选课制等教学组织模式，培养学生创新精神与实践能力。

所以"学业辅导"这一维度我们的课程目标是引导老师学会指导学生自主制订学习与发展计划，以启发式、探究式、参与式、合作式等教学方式丰富学生学习策略和学习方式，定期帮助学生进行学业分析，发现问题并提出建议和解决方案。2021 年学业辅导研修课程分为基于标准和目标的教学、以问题和概念为本的课程与教学、"金点子"项目学习的四种课型、信息技术与网络教学等几个单元。具体课程内容有基于标准和目标的常规教学内容，如"双标"（课标与学业评价）下的册目标梳理，作业与命题研究，待优生辅导策略，错题本整理和使用，教学评估与诊断等；有逆向设计"一张纸"促教学评一体化的研究与实践，问题化学习"4+1"模式中"合作议展"版块的应用；有"大概念引导下的学科综合实践课和跨学科学习"研讨与展示，"金点子"项目学习的四种课型解析等关键领域和课改前沿的内容；还有六步微教研的 2.0 版操作，实用教学软件应用操作，"信息技术 +"约课行动，视频家长会的发起和操作等探索信息技术与教育教学深度融合的培训课程。

| 课程大类 | 课程目标 | 课程单元 | 课程名称 | 课程实施 |
|---|---|---|---|---|
| 学业辅导 | 引导老师定期帮助学生进行学业分析，发现问题，提出建议，指导学生自主制订学习与发展计划。采取有效措施端正学生学习态度，激发学习动力，培养良好学习习惯，改进学习策略和学习方法，提高学习效率和学习成绩 | 教学常规项目 | "双标"（课标与学业评价）下的册目标梳理 | 开学前两周集体教研 |
| | | | 作业与命题研究 | 单元整体设计作业和测评卷论坛 |
| | | | 待优生辅导 | 案例和经验交流 |
| | | | 错题本整理和使用 | 展览和经验交流 |
| | | | 教学评估与诊断 | 期末和开学初分年级组和学科组进行 |
| | | 区域问题化学习"4+1"模式的应用 | 逆向设计"一张纸"促教学评一体化研究与实践 | 四到六年级组集体教研 |
| | | | "4+1"模式中"合作议展""版块的应用" | |
| | | | "问题和概念引导下的学科综合实践课"研讨与展示 | 一到六年级组集体教研和集团校展示会 |
| | | | "金点子"创新创意课的四种课型解析 | 四到六年级组与科学组联合教研备战大连市知识产权教育培训展示会 |
| | | | "问题和概念引导下的跨学科学习"研讨与展示 | 低年级组集体教研和集团校展示会 |

| 课程大类 | 课程目标 | 课程单元 | 课程名称 | 课程实施 |
|---|---|---|---|---|
| 学业辅导 | 引导老师定期帮助学生进行学业分析，发现问题，提出建议，指导学生自主制订学习与发展计划。采取有效措施端正学生学习态度，激发学习动力，培养良好学习习惯，改进学习策略和学习方法，提高学习效率和学习成绩 | 教研和科研的方式方法与融合 | 六步微教研 2.0 版（与一师一优课整合） | 积极参与六步微教研按时上传一师一优课相关材料 |
| | | | 规划课题的立项与实施 | 开学初教研培训工作会议 |
| | | | 小课题研究计划制订与实施 | |
| | | | 研究节点把握和成果提炼 | 课题研究成果提炼培训会和发布会 |
| | | 信息技术应用 | 实用软件应用（如手机投屏、出口成章APP）实践操作 | 集中培训和自学 |
| | | | "信息技术 +"约课行动 | 教师围绕教学中的问题，主动寻求信息组帮助完成教学软件使用或 PPT、视频制作 |
| | | | 视频家长会的发起和操作 | 集中培训和自学 |
| | | | 某单元课程的混合式学习设计 | 高年级数学组教研 |

## （三）生活指导

"生活指导"这一维度的课程目标是引导教师经常与学生家长沟通，了解学生的家庭情况，力所能及地帮助学生解决生活中的困难。掌握学生在家庭中的表现，配合家长指导学生养成健康的生活习惯，科学合理安排日常生活，培养学生自主、自理、自治能力。

我们的研修课程有各年级良好习惯养成教育重点与策略，常态化班会的培养计划和教育机会捕捉，学校值周方案的年段化落实，自习课管理办法的研究，节日课程设计与实施，校园赛事的组织管理等。我们的研修课程还有"萌娃上学记"入学课程的设计实施，家庭与学校"小岗位""小义工"的日常劳动教育指导，劳动技能大赛的设计与组织，校园垃圾的分类投放和管理，校本选修课的手机选课指导等。

（四）心理疏导

"心理疏导"这一维度课程的目标是引导教师通过个别谈心、座谈等多种渠道及时了解受导学生心理状况，疏导学生不良情绪，化解学生心理压力，引导学生正确对待成长中的挫折和烦恼，激发学生自尊、自重、自爱、自信意识，培养学生拥有阳光心态和健康向上的精神风貌。

2021年我校"心理疏导"这一维度研修课程主要有三类。一是开展各学科的情知教学研究与实践。二是让教师成为学校心理健康教育的组织者、实施者、研究者，不产生师源性伤害，能上好心理课，组织团训、心理周等活动，对本班本学科有心理特殊需要的学生有干预。三是具备指导某学段或多学段学生自我认知、学会学习、情绪调适、人际交往、适应社会、人生规划等方面能力。

具体课程内容有"情性因素对健全人格和学习品质的影响""正面管教和积极心理的启示与运用""鱼牛图到'相异构想'和差异化教学思想"等专题培训；有讨论合作学习中尊重互学人际关系及其建立，分析待优生学习心理，学习学生心理问题的早发现和适当干预；还有探讨学生间不平等交往和调整方法策略，培训班主任和副班主任共同设计和组织"心理周"活动，营造尊重、友善、健康有爱的成长环境等。

（五）生涯向导

"生涯向导"这一维度研修课程目标是引导教师帮助学生分析自身优缺点，全面认识自我；明确发展方向，不断完善自我；确立成长目标，学会实现自我。根据学生个性特点，做好学生生涯规划指导，为学生的终身发展引路和奠定基础。

我们在这一维度课程里和老师一起了解那些不会消亡的职业和新兴职业，策划学生的职业梦想教育活动，制订基于职业梦想的成长规划，引导老师总结自己的子女和优秀毕业生的成长经验和教育启示。为引领教师写好用好发展规划，我们的研修课程中有"文化视野""学科前沿"等选修课程。为支持老师们读书行路，我们奖励优秀教师参观考察优质学校，创造机会给青年教师去与自己专长相关的特色学校学习。此外，学校还安排了一些与教师专业相关的兴趣领域考察交流课程，如文学、器乐、健身、漫画、编程、科普等，鼓励教师形成自己的教学专长。

**二、"全员导师化"研修课程的实施策略**

**（一）围绕育人目标研发核心课程**

"五导"式研修课程目标是为了培养能实现本校"培养有优良传统和创造精神的新时代好少年"育人目标的教师团队。老师们围绕培养学生发展"5C"核心素养来完善自己的能力和素养，实现核心素养的师生共养，即文化理解与传承（Culture Competency）、沟通素养（Communication）、审辨思维（Critical Thinking）、合作素养（Collaboration）、创新素养（Creativity）。"金点子"是学校三十多年的科技教育传统项目，从原始的科技活动小组发展到"金点子"假期长作业，到"金点子"创客社团，再到"金点子"创新创意STEAM课程，成为学校培育学生"5C"核心素养的金牌课程。

我们带领老师们研读《中小学综合实践活动课程指导纲要》，阅读《问题化学习》《21世纪技能》《项目化学习》《以概念为本的课程和教学》等专著，把"金点子"项目与创新大赛结合起来，经过两年实践提炼了本校"金点子"项目学习的四种课型，即创新引领课—初赛选拔课—复赛筹备课—市赛培优课。

经过培训，老师们每年寒假前夕给学生上"创新引领课"，引导学生们留心生活中的不方便、不满意、不理想、不实用、不科学的"五不"现象，从科学性、可行性、创新性"三性"来思考，把问题变成项目，形成自己的"金点子"创意，进而制作出自己的科技创新作品。"初赛选拔课"注重"人人"参与，体现"人人"学做创客的课程理念，指导学生们围绕"五不"和"三性"将自己的"金点子"创意作业在课堂上展示，创意人与全班同学展开对话，班主任老师和科学老师共同指导，最后全班同学选出10—15个"金点子"初赛优胜作品，并经过本班知识产权保护小组的查重调查，参加校园创新大赛复赛。"复赛筹备课"上，初赛优胜作品创意人在班级进行"众筹组阁"，以主创人和参与人双向选择确立研发团队组团研制。在复赛的课堂中，班主任、科学老师、计算机老师和美术老师，共同为学生作品来做技术支持和造型指导，准备参加校园"金点子"创新大赛决赛。"市赛培优课"外聘理工科老师与学校老师一起为决赛胜出选手做"私人定制式"授课，逐个作品地加以指导与提升，代表学校参加大连市创新大赛。

师生们共同在"金点子"科创项目学习的四种课型中经历着科技创新的全过程，他们的创新精神和实践能力、团队意识与沟通能力、另辟蹊径解决问题的高阶思维、经历失败战胜困难的韧劲和展示表达的勇气与技巧等核心素养都在其间得以培育。

（二）以学生为中心实现师生课程的对应统一

教师发展的尺度在于学生成长进步的幅度。我们的研修课程努力做到与学生的课程一一对应和深度契合。如教师对国家课程的校本化研究落实到学生素养课堂的建设中；教师的学科德育效果和德育活动设计的评价以学生评选的"难忘的一节课""我最喜欢的校园活动""我最喜欢的课堂""最美老师"做重要参考。

学校把学生课程的设计组织与教师研训课程统一起来。如年级综合实践活动的设计实施、毕业课程的设计实施、地方课程中博物馆课程设计实施等；教师"成长导师"维度的课程就是设计组织学生成长规划课程，如"爸妈职场课""我的职业梦想"和"我的职场体验卡"等。

这种师生课程对接的思想之下的研修课程还有很多，像"合作议展"式教学设计，分层作业的设计实施，中高年级学生错题本的使用方法，待优生指导档案，每周学习计划和寒暑假计划制订，"金点子"创新项目的指导，研学课程的设计实施等。还有常态化班会使用策略和组织好习惯星级评选，班级小岗位和校园义工的双向选择与评价，30门校本选修课和20门器乐选修课的选课走班指导等。

（三）突出培养"生涯向导"补齐教师能力短板

"全员导师化"的培训中，老师们最大的短板是做学生的"生涯向导"，包括调整学生的心态，性格养成中的取长补短，指导幼小衔接和中小衔接，开展职业梦想和职业启蒙教育。其中职业梦想和职业启蒙教育需要教师贯彻因材施教的思想，结合当下和未来社会生活的特点和走向，帮助学生做学业规划和人生规划。但我们的老师在传统的研训课程中很少接触"生涯向导"的学习应用，需要我们突出培养。

我们在研训课程中带领老师们阅读多元智能理论书籍，老师们认识到人的智能是多元的，主要由语言智能、数学逻辑智能、空间智能、身体运动智能、音乐智能、人际智能、自我认知智能、自然认知智能八项组成，而每个人都拥有不同的智能优势组合。我们组织老师们阅读《儿童职业启蒙120》《人生设计在童年》等规划类书籍，开展读书交流，使老师们认识到指导学生从小规划学业和职业的重要性。

在此基础上我们引导老师们运用哈佛大学"孩子的优势"调查问卷，科学掌握学生的智能倾向。老师们通过调查反馈，结合自己对学生的观察、与学生的交谈对话，共同了解他的智能类型及适合的职业。如空间视觉智能型更适合做航海、飞行、雕塑、作画、建筑师等工作，肢体运动智能型更适合做运动员、舞蹈演员、外科医生、手工制作等工作。老师们在这些培训中逐步积累了指导学生人生规划的能力，能唤醒学生思考"我是怎样的，我想做什么工作"的职业启蒙问题，帮学生找到适合自己的职业梦想。老师们还把自己子女的成长故事与优秀毕业生的成长故事都拿来借鉴和反思，指导学生的学业规划和人生规划。

经过职业梦想和职业启蒙教育的培训，我们发现老师们对学生的教育引导更具针对性和个性化。班主任老师开展班级活动时不刻意追求所谓的结果，而是着意基于学生的职业梦想他更适合做哪项工作，就将这项工作交给他，充分发挥学生的个性特长，充分锻炼学生的优势能力，给学生提供充分的、适合的锻炼机会，更追求学生的成长变量，使校园活动真正成为实现学生成长这一教育价值的载体。老师们在活动中不断发现和发展学生的优势和潜能，帮助学生不断认识自我和完善个人成长规划，促使学生成为具有自我设计和发展意识的新时代少年。

在对学生进行职业梦想和职业启蒙教育的同时，我们也关心老师们的发展规划，让老师们的教育生涯是不断生长的，能发展出自己的教育专长。比如我们设有"文化视野"课程和"学科前沿"课程，设有与教师专长发展相关优质学校和特色学校参观考察课程，设有文学、动漫、编程、科创、人工智能等与教师专业和爱好相关的考察与交流，促进教师更好地形成自己的教学专长，成为某方面的教育专家。

### 三、"全员导师化"研修课程的反思与展望

#### （一）"人生导师"型教师应体现新时代"人师"的重要内涵

我国传统教育中很早就有"经师易求、人师难得"的观点。每个时代都有其"经师""人师"的不同内涵。进入新时代，融入21世纪全球教育，我们更需要超越教人学问的人师。而"全员导师化"研修课程更能培养更多具备"五导"素养的教师，努力培养我们这个时代的"人师"。在日常的教育教学活动中，每一位老师如果能够尊重规律科学育人，及时做好学生的思想引导、学业辅导、生活指导、心理疏导和生涯向导，就一定能够培养出德智体美劳全面发展的社会主义建设者和接班人。

#### （二）"全员导师化"课程要善于为学校育人方式变革储备人才

国内很多中小学积极开展了学校组织结构和机制改革的研究。有的学校取消了班级制，采取导师制、走班制。有的学校采取低年级包班制，两位老师紧密合作几乎教授全学科课程，这种机制和结构上的变革促进了教师观念转变、专业转型，竭尽所能以学生为中心开展教育教学工作，为学生全面而健康地成长服务。

更多的学校因为师生比的不足等原因还没能实现结构上和机制上的变革，这些学校都可以通过架构和实施"全员导师化"课程，丰富和改善教师能力结构，引领教师全面地为学生成长服务，参与学生的学业进步、独立自主地生活、健康人格形成和适合的生涯规划。当学校组织结构变革的条件逐步成熟，我们可以尝试实施去行政班等新育人模式，或开展跨学科统整式教学的实验，凝聚导师型教师团队，让学生们获得更加自由而富有个性的成长。

#### （三）需要在"导"字上下好功夫，帮助教师提升自己的转化智慧

立德树人是我国教育的根本任务，其具体实施过程无疑是复杂和艰巨的，其瓶颈是教师如何提升自己的精神高度和学习力，如何在"导"字上下功夫提

升自己的转化智慧。"全员导师化"课程肩负着帮助教师掌握新学习理论、新技术、新工具，在教育教学实践中提升转化能力的重任，既与学生一同感受新时代的精彩，也与学生一同把握和应对未来生活的不确定性。人们常说一流的老师教思想，二流的老师教方法，三流的老师教知识。我们如果在"全员导师化"课程中坚持遵循认知规律，用最新的学习理论提高教师的学习力，引导教师创造性地运用学习理论，灵活运用学习方法，注重培养学生在体验经历与概括建构间协同思考，注重因人而异地精准辅导，必然能够逐步提高教师的转化能力和转化智慧，成为教学生学会思想、学会形成智慧的人生导师。我们要激发教师在"导"字上下好功夫，要提升教师集体的转化智慧，当好学生真正意义上的人生导师。

建设"全员导师化"教师研修课程，我们走在边研究、边实施、边反思的路上。期待我们不断完善和生长的"全员导师化"研修课程，能帮助教师提高对学生进行"思想引导""生活指导""学业辅导""心理疏导""成长向导"的能力，促进教师丰富和改善生活方式、学习方式、思维方式和育人方式，发展成学生的人生导师，提高我国新时代教育现代化水平。

（2021年写于中心小学"全员导师制"研修课程建设中）

## 学校传统文化教育的目标认同和课程对接

《完善中小学优秀传统文化教育指导纲要》指出，中华优秀传统文化教育是指以中华民族语言习惯、文化传统、思想观念、道德规范、审美特点和价值取向为主要内容的教育。这几方面提炼得多么准确而有高度，它告诉我们做传统文化教育不是一般地了解一点民俗和文化项目，而是需要我们把握中国语言和文字有什么特点，需要我们能欣赏和传承某些中华优秀传统文化项目，需要我们领悟中国人眼中的东方美是怎样的，中国特有的思想、道德和价值观有哪些。这几方面也提纲挈领地指导着我们学校层面如何做传统文化教育，我的体会是学校传统文化教育果真做到语言习惯、文化传统、思想观念、道德规范、审美特点和价值取向这样的深度和广度，就必须在育人目标层面加以体认和融合，并且在课程和课堂层面能够充分对接和落实。

下面就传统文化教育的目标体认和整合与课程层面的对接和落实这两方面具体谈谈我校的思考与实践。

## 一、传统文化教育的目标体认和整合

### （一）传统文化与育人目标的共识与对接

传统文化教育为什么要做，要做哪些和怎么做呢？我们按思想共识、知行合一的思路做了一个学期的主题阅读和讨论。老师们阅读了叶郎先生的《中国文化读本》、冯友兰先生的《中国哲学简史》、费孝通先生的《乡土中国》、陈乐民先生的《中国文化传统》、贺麟先生的《文化与人生》、李泽厚先生《美的历程》、蒋勋先生的《汉字书法之美》和叶嘉莹先生的《古诗词鉴赏与吟诵》等书籍，结合阅读讨论交流中国语言和文字有什么特点，我们如何去欣赏和传承某些中华优秀传统文化项目，集体领悟中国人眼中的东方美是怎样的，中国特有的思想、道德和价值观有哪些。

就像陈乐民先生在他的专著扉页上写下的"中国传统文化的精华并不在于它是否与现代化挂钩，而在于它内涵的精神力量和价值"，我们深深认同传统文化在精神力量、人格和价值观层面穿越时代的魅力和活力。深深认同张岱年先生认为"刚健有为""和与中""崇德利用""天人协调"是中国传统文化的基本精神；韦政通先生说中国文化有"崇尚和平""乡土情谊""家族本位""重德精神""有情的宇宙观"等特征；陈伯海先生认为身心内外谐调为自由的人生价值观、人伦本位的文化结构体制、和为贵的思想模式构成传统中国文化的精神实质。撰文《传统文化始于沉思》的尤炜先生倡导传统文化教育要抓住至今仍有价值和活力的东西，如以民为本、天下为公的价值观，天人合一、和而不同的思维方式，与人为善、己所不欲勿施于人的行为模式。

接着我们又通过讨论和思辨，促使优秀传统文化教育的主旨与学校办学思想、培养目标和学校文化达到深度融合，并形成清晰简要的表达，借之统领整体工作，借之形成研究共识和愿景，引领和影响学校师生、家长知行合一地做有民族文化自信和中国智慧的践行者和创新者。我们觉得优秀传统文化教育在小学不是可做可不做的教育，而是做哪些和怎么做的问题。大连市中山区中心小学有三十多年科创教育传统，如何融合和平衡以传统文化教育要素统整育人目标，是我们沉思已久的课题。

综合我们国家先后发布的《2020年中长期教育发展改革纲要》《立德树人》《完善中小学生优秀传统文化教育的指导意见》《中国学生发展核心素养》等文件，我们认为学生应当是优秀传统文化和现代文化在他们精神深处有机的结合者。优秀传统文化中四个方面的内容应该深植学生心灵——"天人合一"的哲学思想、物我关系和生产生活方式，君子"慎独"的个人修养和"修身、齐家、治国、平天下"的家国情怀，中华五千年历史的了解镜鉴与独特东方艺术的欣赏和创造。而现代文化的融合我们可以借鉴世界经合组织发布的21世纪学生四个方面的技能。思维方式：创造性、批判性思维，问题解决、决策和学习能力；工作方式：沟通和合作能力；工作工具：信息技术和信息处理能力；生活技能：公民、生活和职业，以及个人和社会责任。基于这样的思考论证，学校在"十三五"规划中对新育人目标做了确认和表述：以科创特色带动教育全面创新，培养有优良传统和创新精神的现代公民。简要说："非常传统特别现代"。

这样的过程中，我们努力达成优秀传统文化教育与办学思想、培养目标和学校文化的融合，学校各部门人员做人做事主动践行中国文化的精髓和智慧，努力做到知行合一、统合综效。

**（二）传统文化要素在育人目标中的架构与分解**

"非常传统特别现代"的育人目标如何整体架构又一层层具体化呢？我们结合学生发展核心素养整体架构为友善、整洁、好学、分享的必备品质和自我管理、沟通合作、思辨创造、公共事务参与的关键能力，并通过人格意义、心理基础、行为模式、生活方式与习惯等具体化。

1.必备品格

友善——作为个人，小学生在社会主义核心价值观的形成中当然应该养成爱国、敬业、诚信、友善的公民道德。而其中的友善作为美好人性的种子是更需要深深植入儿童心灵的。"一毫之善,与人方便""勿以善小而不为""积善成德而神明自得"。"友善"作为一个人最应有的心灵底色是应该从小打下的。人的一生带着"友善"就是带着人之初心,人性之美前行。"友善"的人格引领就是友好、善良、宽容、有良心。"友善"的心理基础就是考虑他人感受和方便,不给人添麻烦,同情同理,将心比心,做受欢迎的人。"友善"的行为指导就是好好倾听、好好说话、好好做小事,传递微笑、传递好书、传递信任和希望。学生们通过在生活中践行着"与人为善""己所不欲勿施于人"的行为模式,自然地传习优秀传统文化中的修身要求,也具备了现代社会公民的基本道德素质。

整洁——这一关键词是源自"健康生活"和"实践能力"中培养劳动意识的核心素养要求。"整洁"是种生活态度,不拖泥带水,不给别人添麻烦,尊重他人劳动,自尊自爱,利人利己。整洁的人对生活是积极认真的,自有一种爱和深情,它比"健康"更指向具体做法和途径,比"劳动"更看到结果和人的良好感受。它亲切可感,具体可行,是小学生良好的生活方式和习惯。从学习层面看,学习上习惯"整洁"的人是善于及时梳理,及时反思,而反思和梳理从建构主义理论角度看是学习最有意义的过程和环节。从精神层面看,精神上习惯"整洁"的人比较独立和自省,像先贤那样"吾日三省吾身"。这种"整洁"能帮学生习得物各有位、用后归位等生活秩序和规范,具备自我管理能力和自我规划意识,拥有善于整理、反思、联系和建构的方法与智慧,形成独立、自觉甚至慎独的成长路径和优秀人格。

好学——它是一个学生、一个人最应有的品格,培养学生"好学"是学校的核心工作之一。孔子说,十室之内有像我一样忠厚仁德的人,却未见像我一样好学的人。他还把"学而时习之,不亦说乎"作为《论语》的开篇之义,并以终生的经历向学生、世人呈现自己一以贯之的"学而不厌"。学习确实是一个人不断进步的唯一途径,是一个人能够善于改变的源泉,是一个"人之为人"最本质的特点和最宝贵的美德。终身学习的提出只是一个新词,意义早已有之,只是学习的内容与时俱进了,学习的重要意义不断被人们刷新。"好学"

是中国学生发展核心素养其一"学会学习"的落实，更是"学而时习之""学以致用"提高解决问题等实践能力的落实。"好学"是儿童的头脑和心灵里不可或缺的种子，它像胚芽一样决定种子日后的发芽吐叶，开花结果，茁壮参天。"好学"需要永远有好奇心，有学习兴趣，追求真理，永不满足。保护学生的学习权，我们要从保护学生的学习欲开始，以培养阅读习惯、学习习惯和学习能力为重点，引领终身学习。作为有三十年积淀的科技特色校，我们的"好学"必备品格还强调动手能力、思维品质和解决问题能力的培养。

　　分享——是个温暖的词，是个高尚的词，关乎一个人的幸福感、责任感、价值感和成就感。它绵延了我国历史文化里"欲达己先达人"的思想，闪烁着人本思想和人文情怀的光辉。"分享"还是国家学生发展核心素养中"责任担当"的萌芽，能培养这一核心素养主要表现描述的"团队意识和互助精神"。"分享"有"心底无私天地宽"和"天下为公"的意味，正确引导和利用人性中的自私，上升到为公即更高层次的为私。"分享"还是合作发展的要素，而合作发展是国际学生核心素养的共性要求，对于学生适应现代生活和未来社会意义非凡。"分享"小到一个物件，一种心情，种种小确幸、小美好，再到一个机会，一个思想，一种理念，一次成功，乃至于彼此的思想与才华。培养善于分享的品格，我们的课堂教学和校园活动中格外重视角色分享、学习展示、交流对话、评价和互动，努力扩大学生分享后的满足感与幸福感。学生们从小乐于分享就具备了"社会参与责任担当"的核心素养，在服务他人与社会中完成最好的自己，传承了中国人"在达人中达己"和"天下为公"等传统道德，实现人生真正的意义和价值。

　　2.关键能力

　　自我管理——对应中国传统文化中人格修养的精华"慎独"的意义，落实教育家叶圣陶先生"教是为了不教"和大连教育专家宋庆泮先生自主发展等教育理论，我们提出"自我管理"这一关键能力。这一能力主要是去增强学生自律和自护意识。我们提出班级管理"管是为了不管""活动是成长平台和媒介"的口号，重点研究通过常态化班会的自我规划、践行、反思和评价养成好习惯，还创造性开展了"值周变法"。值周新政通过个人学分制和义工抵过等方法培养学生对自己的行为负责，让学生懂得"规则"是为了保障每个个体的权利与自由所制定的最低要求，"自由"是降到最低的统一要求下就可以享有的自在和自然，培育起学生的自觉性和慎独精神。

"思辨创造"——为了践行古人"举一隅而反三""学而不思则罔"等方法和智慧，培养学生批判性思维和创造精神，我们在这一能力培养中提出"我思故我在""我创故我在"的口号。大家共识，一个人思维品质是精神品质的代表，是一个人的灵魂基础。行为层面主要通过做好科创教育、问题化学习、启智创想探究课程等培养学生的思辨和创造能力。科创教育主要抓好"金点子"发明创造项目、创客中心和群体性科普活动三个维度提高学生的科学素养、动手能力。课堂学习中践行"问题是学习的开始"和"容错化错出智慧"的教育思想，通过对学生问题的接纳、分析和镶嵌式点拨，提高学生思维品质和学习品质；用好作业反馈、错题整理和单元考试结果，引导学生自我修正和自我建构，促进课堂改进。

"沟通合作"——我们的先贤提出"以文会友以友辅仁"和"益者三友：友直友谅友多闻"等主张，对应了现代学习理论中"学习是种社会行为"的思想，结合世界经合组织发布的21世纪学生四个方面的技能，我们提出"沟通合作"的关键能力培养目标。我们引导学生通过各级各类、小组大组的合作学习促进交往、合学合作。合作就得互惠，一来习得"三人行必有我师"的学习态度，二来习得"教别人是最好的学习"的学习方法，三来践行"以友辅仁"，推行看谁学习好而且朋友多的优生标准。

"公共事务参与"——让学生有足够的参与感和选择经历。在课堂与活动中推动学生参与体验、选择担当，让学生在班级和校园公共事务里学会做事和过公共生活。

**（三）学校精神文化和传统文化的深度融合**

1. 校训——守正创新育才

校训中对传统的传承体现在对"守正"的界定上，创新是在继承的基础上，立足本来，吸收外来，面向未来。"守正"就是对传统的确认、汲取和积累提炼，包括民族传统，也包括地区传统、学校传统、家族传统。

2.师风——宽严有爱　思方行圆，教风——深入浅出　循序渐进，学风——好学专注　玩学有得

教育家夏丏尊先生说教育就是一个池塘，不管是方是圆，最重要的是有水，这个水就是爱。没有爱就没有教育。老师性格各异，有的宽厚多一些，有的严肃多一些，重要的是心中要有对学生的爱与责任。思方行圆是说一个人在群体中有自己的见解、主张和风格，但相处时却能很得体，圆融圆通让人舒服。这就是陈伯海先生认为的传统中国文化的精神实质中"身心内外谐调为自由的人生价值观""和为贵"的思想模式与"和而不同"的思维方式吧。

"深入浅出"是儿童教育的艺术，"深浅"里自有很多的辩证哲学。"循序渐进"是先贤朱熹倡导的教育思想和方式，也是现代教育遵循的学习原理。

3.核心素养的师生互养

对应着学生发展"友善、整洁、好学、分享"和"自我管理、思辨创造、沟通合作、公共事务参与"的核心素养，教师也要努力率先成为这样的人：

友善不苛责　整洁不拖拉

好学多读书　分享有影响

自觉发展　做一个有专长和课程产品的老师

思辨创新　寻求精神独立和人生智慧

沟通合作　成为同道结伴而行

公共参与　岗位担当达人达己

我们提出建设一种关系"尊重互学"的人际关系；

喊响一个口号"被学生喜爱是教师最高成就"；

找准三个驱动点"只有被爱才会更去爱""安全感足的人才更包容""付出与感恩重叠时才有幸福感"。

**二、传统文化教育在课程层面的对接和落实**

**（一）课程体系架构**

梳理学科优秀传统文化教育因素并结合学科特点讨论实施教育的方式方法；架构四个传统节日节庆文化的教育主题和多学科课程整合创新策略；设计中华传统美德教育与日常德育课程的整合办法；选择设定国学经典诵读阅读与

欣赏、家乡优秀传统文化课程内容的序列；在整体校本研修体系中融入提高
教师队伍传统文化素养的培训课程等。构建系统统合综效的思路：课题组构建
好关于研究者、研究内容、方法、阶段和支持系统等研究网络，与学科教学和
日常教育活动整合创新。如以传统节日节庆文化为主题的课程整合，多学科教
师合作设计节日教育活动。《完善中华优秀传统文化教育指导纲要》基本原则
部分指出"要处理好继承与创新的关系，重点做好创造性转化和创新性发展。"
新时期如何创造性开展优秀传统文化教育活动是我们学校教育应研究和解决的
课题，尤其是课程内容选择和实施方式的创新以及与互联网技术的结合。学习
落实《完善中华优秀传统文化教育指导纲要》，架构并运行中心小学优秀传统
文化课程体系，培养学生良好品德、习惯和文化素养，提高学生对中华优秀传
统文化的亲近感和理解力。

**（二）课程开发与实施**

源头的石头决定河流的走向，小学生优秀传统文化教育很重要。我们主要
通过相关的国家课程、节日课程、体艺项目、地方课程等来培育。如传统节
日课程的开设与建设注重体验式和主题化。首先是节日课程设计和实施，我
们践行了"把握本来、吸收外来、面向未来"的指导思想，做到了"内涵非常
传统、形式特别现代"，将中华优秀传统文化进行了创造性转化和创新性呈现，
从而转化为师生喜闻乐做的情感认同和日常习惯。

1.挖掘国家学科优秀传统文化教育因素

低中高三学段教师每学期初进行学科整体备课，自主合作梳理本学科传统
文化教育思想和因素，分解各学段传统文化教育侧重点，弄清本册教材传统文
化教育落实点即教学基本策略。四个学期将小学六个年级的优秀传统文化教育
整体备课完成，并在日后的使用中共享与完善。

2.优秀传统文化主题课程整合的尝试与创新

（1）同主题课程融合——关注学生的合作、过程、选择与成长。如一年
级"中国娃"的同主题跨学科课程，以"感受传统文化"为共同课程目标，语
文课前两周入学教育内容"我上学了"和"认识中国字"；音乐课第一周快乐
童谣和游戏"找朋友"，第二周"唐僧师徒"；美术第一周"学做传统糕点"

（超轻黏土），第二周"剪纸"；品德与地方课第一周"汉字寻根"，第二周"传统节日中秋节"；科学课第一周"中国饮食：大米的生长和米制食品"，第二周"猜谜语"。

（2）节日课程整合——关注节日活动里的文化味、教育味和童趣儿。以清明、端午、中秋、重阳几个传统节日的节庆文化为主题，进行多学科课程整合，同年级多学科教师集体备课，尝试设计活动性课程，完成成果性作业并搭建平台跨年级展示。整个传统节日节庆文化主题的课程整合要突出某传统节日的文化意义和教育性，合力培养各年段学生对优秀传统文化的亲近感、理解力和创造力。如清明节家族树绘制展示、节日微视频展播、冷餐会和书春书法大赛等，体会二十四节气里唯一的一个传统节日清明中天人合一、敬贤追远等文化意义。

3.编写小学优秀传统文化校本教材

《素养·教养·习惯》教材。统合学校已有的修性德育内容——仁、义、礼、智、信、勤、俭、奋、勇、恒，将之行为化到《中小学生守则》教育和"三字经""四字诀"为要领的好习惯养成教育中，分年级落实到常态化班会等德育课程里，持之以恒培养新时期具有良好品格与习惯、民族自信心和社会责任感的小学生。

《经典诵读与阅读》教材。精选低中高三个年段小学生国学经典诵读阅读与欣赏内容。经典诗文诵读在晨诵课和语文综合性学习课型中落实，这里要传承中华传统蒙学中大量诵读、定期反复的经验，为日后的感悟和思维跳脱打下厚重的基础，但过程中要注意综合运用现代教育手段和结合新的学习方式，对高年级学生要有语言活用和创编的引导。在低中高三个学段分别选定《西游记》《三国演义》等经典书目共同精读，以学生课外阅读为主，利用午读和阅读课学习精读方法和开展读书交流。

《传统节日课程》教材。围绕传统节庆文化设计综合性学习活动，这部分主要是以传统节日节庆文化为主题的多学科课程整合，教师合作设计活动，指导学生合作完成成果性作业。

《吾乡吾风》地方课程补充教材。这部分是家乡辽宁和大连的优秀传统文化的了解、体验和传承，补充在地方课程和品德与社会的校本化实施过程中。

　　《线的艺术——中华美书法》书法教材。教育部办公厅《关于开展"少年传承中华传统美德"系列教育活动的通知》中指出要开展"墨香书法展示"系列活动。我校将通过抓教学常规、晋级评价和教师培训来提高国家写字课程和区本写字课程的实施质量。每个年级设定写字等级标准和书法晋级，更早更好地引导学生的书写从"有一定速度的规范字"升级到"学写硬笔软笔书法"层面。学校开发《中华美书法》校本教材，教师在整合的基础上适度提前完成国家写字课程，依据学生整体情况适时使用《中华美书法》校本教材，引导学生了解汉字及其书写的文化内涵和艺术特点，习得书法技能，提高软硬笔书法欣赏水平，整体提升中华优秀传统文化素养。

　　《家风家训》活页教材。做好传统文化教育课程中家校合作部分的研究与实践。一是争取家长的协助和支持搞好学校的传统文化教育活动；二是我们在家长中发掘课程资源，完善传统文化教材的编写，提供特色人才和资源等；三是利用家长学校指导好家庭传统文化教育，搭建家风、家教等主题的交流平台互动共享。

　　这几部分内容分年段编写，但年段间相互衔接，共同体现教材的编写目标和体例风格，要具有整体性和系统性。教材的开发有经过借鉴和实践检验的经典沉积，也有师生结合生活的创造空间，体现开放性。

　　我们的传统文化教育研究采用在研究中预设和在实践中修正的双向互动思路，不断在已发生的实践中运用、调整和完善。我们的传统文化教育研究也是在多方合力、和谐共享的思路下进行的，优秀传统文化是引领灵魂温暖人心的，是倡导和谐孕育智慧的，优秀传统文化教育研究要充分体现人本思想，在研究中满足各方面人的合理需求，校内外多重研究主题和谐共享文化，共享研究中的成果和成长。通过育人目标层面的体认和融合，通过课程和课堂层面充分对接和落实，学校传统文化教育努力做到《完善中小学优秀传统文化教育指导纲要》指出的"语言习惯、文化传统、思想观念、道德规范、审美特点和价值取向"这样的深度和广度，努力做到《完善中小学优秀传统文化教育指导纲要》指出的创造性转化和创新性发展。

　　　　　　　　（2018年写于《小学生传统文化教育途径与策略创新》课题研究中）

# 培育"非常传统特别现代"的未来人

中山区中心小学始建于 1945 年，坐落在美丽的中山广场旁。中山广场是城市最早街区的中心原点，中山区又是大连文化厚重、商业发达的中心城区。中心小学这所从城市的历史源头走来的学校，秉承七十多年的"卓越基因"，以教育教学质量立品牌；发展三十多年的科技教育显特色，带动教育全面创新。学校曾获得"全国科技教育示范学校""全国科普教育示范学校""全国宋庆龄发明示范基地""少年科学院全国示范学校""辽宁省科技创新工作室""辽宁省文明单位""辽宁省传统文化教育示范校""大连市义务教育特色示范校""大连市知识产权教育示范校"等荣誉。

如果说"传统又现代"是中心小学的幸福和自豪，而"扎根与创新"就自然是中心小学的责任和担当。面对新时期，中心小学提出"培养具有优良传统和创造精神的现代小公民"的育人目标，这个目标简要地说就是"非常传统特别现代"，具体则分解为文化理解与传承（Cultural Understanding）、沟通与合作（Communication Collaboration)、思辨与创造（Critical Thinking Creativity）、公共事务参与（Community Participation）的"7C"核心素养培育。

顾明远先生说"教育是未来的事业，是为未来社会培养公民"。而未来社会需要什么样的公民？既要有 21 世纪地球公民的特点，有良好的沟通合作、思辨创造和公共事务参与的能力；也要有中国公民的特质，有民族文化理解和优良传统的传承。传承和创新是源远流长的中国智慧，也是符合人与社会发展的科学规律。中心小学在传统文化里做课程创新，在新兴领域寻觅和积淀传统，用心培育"非常传统特别现代"的未来人。

### "非常传统特别现代"的科创项目

"金点子"是学校三十多年的科技教育传统项目，从原始的科技活动小组发展到"金点子"假期长作业，发展到"金点子"创客社团，再发展到由"金点子"科综课、创客工作室和创新大赛三位一体的科创课程群。它呈现出一座庞大的科创金字塔，不仅有获奖学生制造的"塔尖的辉煌"，更通过人人参与使科学发现和创造的塔基不断坚实和扩大，成为学校培育学生"6C"核心素养的金牌课程群。

"金点子"科创课引导学生发现生活中的问题和不便，并开动脑筋想出"金点子"去解决和改善这些生活难题。众多的"金点子"就是这门课程主要的课程资源，学生成为主要课程人。他们对全班"金点子"做梳理归类，做论证和完善；他们选择想"投资共研"的"金点子"组团研发，自学相关知识，寻求技术支持；他们筹备作品推介会，参加学校和市、省国家创新大赛，甚至申报专利。师生研发的获奖作品有"空竹变换发光系统""送餐机器人""携带对话系统头盔""体感数学游戏""电子图书查询系统""智能药盒""防驾车通话设备""多用水杯""心静自然凉音控电扇"等。这些作品获国家专利 3 项，国际奖 2 项，国家奖 16 项，省级奖 52 项，市级奖 125 项，其中"携带对话系统头盔"已经成功投入生产，供大连、沈阳、南京等城市交警队使用。

与参赛获奖相比更重要的是，以"金点子"课程群为代表的科创教育融合了中学的理化学习基础，普遍增强了学生的动脑设计、动手实践和创新能力，培养了学生的理性精神和科学素养，这些都是未来生活的核心竞争力。

### "非常传统特别现代"的课堂教学

口算、写字、阅读是中心小学学生的三项童子功，在六年的小学生活中一以贯之地养成。它们是最重要的学习基础，通过习惯形成能力，形成融合在肌肉记忆和神经联结里的自动化性能，助推学生的终身学习。在传承童子功等传统教学精华基础上，学校不断开展课堂转型和学习研究。第一轮课堂转型中学校创建了"四轮五环"情知教学模式，抓住建立良好师生关系、创设适宜情境、挖掘情性因素和提供成功表现机会四个情性着眼点，"四轮驱动"提高学习动力；通过"读—议—展—点—练"五个有组织的版块式教学，"五环聚焦"

于学生的学习活动和效果。"四轮五环"情知教学模式研究获得辽宁省教科研成果二等奖和大连市优秀教育成果奖。第二轮课堂转型已进入基础教育的核心素养时代，学校在原有研究基础上带领老师一起建设"基于问题解决的素养课堂"，提炼出"目标—问题—评价—活动"为核心要素的素养课堂教学模式，以问题的发现和解决牵动学习，以思维导图帮助学生习得结构化知识，以问题系统的联展使学生获得持续性学习和高阶思维的发展。基于问题解决的素养课堂和科创类项目式学习、体验类节庆课程、游学类地方课程等在这里会合，共同推动学生掌握在真实问题情境中学习的学习方式，推动课堂学习向主题化、活动式转变，与国际上的现象教学、STEAM 教学等更先进现代的学习方式接近和接轨。

**"非常传统特别现代"的校园活动**

学校将课程改革重点逐一规划为省市课题来研究，如《小学生传统节庆课程建设》的研究中，学校本着现代方式与传统内涵结合的基本策略，开发了系列凸显体验性、文化味和童趣儿的传统节庆课程。清明节课程里有"我画家族树"的生命教育活动，有同学们一起去广场游春放风筝的"东风舞纸鸢"活动，有"人生清且明"的冷餐会，有"春来天地清"主题的"书春大赛"和书法展等。端午节课程则有"学包中华粽"、制作展播"端午微视频""寻找蛋王"顶蛋大赛和戴鸭蛋络子彩线香囊等。中秋节课程里开展校园"诗词大赛"，学生们巧手做月饼，参加学校组织的月光晚会和中秋露营等。重阳节里展示瓜果、蔬菜、稻谷"庆丰收"的同时向学生开展感恩教育，开展金字塔食谱营养均衡的食育；"登山望远"引导学生开阔胸襟、清心怡情、思亲祈福；去敬老院捐赠慰问，给祖辈父辈买礼物、做服务，引导学生从小"老吾老"……这些节庆课程的设计实施践行了"把握本来、吸收外来、面向未来"的指导思想，做到了"内涵非常传统、形式特别现代"，将中华优秀传统文化进行了创造性理解和创新性呈现，从而转化为师生喜闻乐做的情感认同和日常习惯。

中心小学的育人目标本身就有传统和现代因素的相生和互动，一方面通过节庆课程等形式培养"文化理解与传承"；一方面通过问题解决为核心的素养课堂，通过科创类"金点子"创客项目、游学类地方课程和注重参与感及选择权的德育活动培育"沟通与合作""思辨与创造""公共事务参与"的现代能力。学校创造了很多促进学生参与、合作、选择与成长的新育人模式，如融合了"规则与自由"辩证关系的"值周变法"，读书节里学生自选书目、自选地点、自选角色的"自组织读书沙龙"，儿童节里凭券自由选择的玩中学"科技嘉年华"，竞聘学生自制海报展示、自组亲友团、自讲竞聘演讲、选民学生自填自投选票的大队委评选，学生通过手机选课软件选课抢课的"同时段选修课"，还有自选乐器走班学习的器乐选修课等。这些校园活动充满参与感、选择性和教育性，学生无不因选择而欢，因创造而乐，因成长而美。

一个议题的几个问答：

### 重新认识"学校"，认识"学习"

1. 作为校长你怎样理解"学校"？

做一位老师，必须思考的问题是"课堂是什么"；而做一名校长，自然离不了"学校是什么"的自我追问。21世纪的学校改革将走向公共性、卓越性和个性化。公共性强调共有、公开和共享，没有"围墙"的学校；卓越性指学校像一个人一样不断生长、自我修正完善与超越；个性化对抗的是同质化，在育人目标和育人方法上要有自己的思考、研究和实践。我希望自己的学校不断走向公共性、卓越性和个性化。学校的核心是学习，我认同学校的价值追求应当是"努力实现每个学生的学习权，让学生持续具备挑战高水准学习的能力；努力发现和发展每位教师的教育专长，为其专长化发展进而成长为教育专家提供支持"。校长就是那个不断推动学校结成儿童、教师、家长和社区的学习与发展共同体，使它成为一个学习的集散地，人人借由它更好地学习，成为成功学习者的人。

中心小学在科学和创客学习方面每年搞开放、交流和公益活动，在市区以及全国范围内做资源和课程的共享。学校也热衷于全民阅读和家长学校的共建共享，热衷于牵手省内外有同样研究方向的学校开展主题化、项目式、综合性学习的联合研究。

2. 为什么提出"6C"核心素养?

2016 年 9 月《中国教育报》将《中国学生发展核心素养》正式稿公之于众。小学教育是基础中的基础,小学生发展核心素养就像生命成长中的种子和根,其侧重点更在于培养持续一生的学习兴趣,打下健康人格的底子,融通优秀传统文化的血脉,种下善于思考和创造的种子。我们结合大连沿海开放城市特点和学校教育高质量的卓越基因与科技教育传统,多方联动共议出学校新时期的育人目标——"培养具有优良传统和创造精神的现代小公民",具体分解为文化理解与传承、沟通与合作、思辨与创造、公共事务参与的核心素养,这六方面素养的英文打头字母都是"C",简称"6C"核心素养。

2018 年 9 月,习主席在全国教育大会提出要坚守中华文化立场,坚持改革创新,加快教育现代化,努力创建德智体美劳全面培养的教育体系。我们中心小学坚持用传统节庆课程等形式培养学生的中华文化立场,加快研究如何通过问题解决为核心的素养课堂、科创类"金点子"创客项目、游学类地方课程和开展参与式选择性校园活动培育学生"沟通与合作""思辨与创造""公共事务参与"的现代能力。

3. 作为大连市教育科研带头人,你怎样带动教师阅读和研究?

我认同理想的社会就是每个人除了他各行各业的职业身份外同时又都是个真正的读书人,尤其是教师。我愿意和老师们一起做个读书的教育人。

我到每所学校都结合那所学校的气质组建温馨的读书会,引导老师们把阅读融入生活。从字面读进生活,自然会改善面相,变化气质。我每到一所学校也都热衷于通过专业阅读贯通教育教学实践,推动教育教学研究。每一个课题和问题的研究都要基于相关的主题阅读。做"四轮五环"情知教学模式研究,我带领教师读《学校的挑战》《合作学习策略》《学习走向对话》《"情·知"教学理论与实践》等专著、《上海教育》课堂改革专刊和《中国教师报》课堂改革连载报道。做"传统节庆课程建设"研究,我们读《中国文化读本》《中国哲学简史》《乡土中国》《中国文化传统》《文化与人生》《中国传统节日》等专著,研讨《完善中小学生优秀传统文化教育的指导意见》和《人民教育》传统文化教育专刊。做"以综合性学习对接'6C'核心素养培育"研究,我们读《问题化学习》《面向个体的教育》《综合实践活动案例点评》《21世纪技能》《项目学习》《嫁接十一学校》等专著，研读《中小学综合实践活动课程指导纲要》。

学校架构了"读书育人"研修模式，从"读书生活—变化气质""读书实践—精业固本""读书研究—专长立身"三个维度创建学习共同体。了解教师个人规划中不同的研究方向，帮助教师搜集购买相关书籍，深广地开展主题阅读，用于实践，孜孜以求形成自己的专长，成为某方面教育教学专家。教师在这样的研修模式里以读的姿态常想教育的事，常想万事万物对人的影响，常想促进学生更好地成长。常，使之成了习惯，使之从研修模式走向稳固的生活方式，共享充实而愉悦的教育生活。

（2018年发表于《大连日报》）

## 以综合实践课程对接核心素养培育

### 综合实践课程与核心素养

1. 综合实践课程目标

综合实践课程能提高学生问题化学习的水平，使学生在活动中获得丰富的实践经验，形成与自然、社会和自我之间整体的、内在的联系，提升学生价值体认、责任担当、问题解决、创意物化四方面的意识和能力。《中小学综合实践活动课程指导纲要》具体表述为：通过亲历、参与少先队活动、场馆活动和主题教育活动，参观爱国主义教育基地等，获得有积极意义的价值体验；围绕日常生活开展服务活动，能处理生活中的基本事务，初步养成自理能力、自立精神、热爱生活的态度，具有积极参与学校和社区生活的意愿；能在教师的引导下，结合学校、家庭生活中的现象，发现并提出自己感兴趣的问题。能将问题转化为研究小课题，体验课题研究的过程与方法，提出自己的想法，形成对问题的初步解释；通过动手操作实践，初步掌握手工设计与制作的基本技能；

学会运用信息技术，设计并制作有一定创意的数字作品。运用常见、简单的信息技术解决实际问题，服务于学习和生活。

2.学校"6C核心素养"

中心小学有近三十年的科创教育特色，学校在研读2016年发布的《中国学生发展核心素养》基础上，结合2012年美国《21世纪教育白皮书》、2014年经合组织发布的21世纪学生四方面技能，借鉴2018年北京师范大学刘坚教授团队提出的21世纪学生发展核心素养培育模型，提出本校学生发展"6C"核心素养，包括文化理解与传承（Culture Understanding）、思辨与创造（Critical Thinking Creativity）、沟通与合作（Communication Collaboration）、公共事务参与（Community Participation）。其中"思辨与创造"强调一个人思维品质和创新能力；"沟通与合作"强调学习是种社会行为，我们需要小组大组的合作学习促进交流交往、合学合作；"公共事物参与"让学生有足够的参与感和选择经历，在课堂与活动中推动学生参与体验、选择担当，让学生在班级和校园具体事务里学会过公共生活，学会做事。

**综合实践课程如何培育核心素养**

"6C"核心素养如何通过课程对接和实现呢？综合实践课程是个重要的桥梁。这类课程培养学生从生活情境和学科知识的生活化应用中发现问题，转化为活动主题，通过调查、探究、服务、制作、体验、创意表达表现等方式，是综合培养学生动脑动手、解决问题和创新转化等能力和素养的实践性学习方式。学校的科创教育特色已积累经验，有做中学的土壤，以综合实践课程为主要方式培养学生"文化理解与传承""思辨与创造""沟通与合作""公共事务参与"的核心素养大有可为。我们以"金点子"科创类综合实践课程为样例。"金点子"是由班主任和科学老师合作设计实施的科创类综合性学习课程，是我校培育"6C"核心素养的重要载体。

1.将传统做法建设成课程

首先由班主任在寒暑假前布置"金点子"创意作业，引导学生发现生活中的问题和不便，并开动脑筋想出"金点子"去解决和改善这些生活难题；开学后组织学生对全班的"金点子"做了解、梳理归类和评价，并对优秀的"金点子"做论证和完善；然后学生选择想"投资共研"的"金点子"，围绕主创同学组成研发小组，合作研制作品，科学老师着力指导研发制作过程，指导专业技术和帮助攻坚；最后班主任和科学老师两人一起指导各小组撰写说明书，准备"金点子"作品推介会，其中的优秀作品日后会由科技老师组织参加国家、省、市级创新大赛。

2. 优秀创意物化作品举例

学生的创意多是从生活中的问题而来。比如家长开车过程中忍不住接电话，奶奶总是记不住几点吃药，自己曾经被保温水杯的热水烫到，爸爸东翻西找写材料的参考书弄得家里好乱，等等。

如"智能药盒"。学生关注人口老龄化问题，老人每天服用大量的药物，药物种类繁多，没有子女在身边实时照顾，老年人能否按时吃药让家人担忧。学生们就想利用自己学习的编程、电子电路等知识，为老人研究一个带有定时和服药种类提示功能的智能药盒。他们以 Scratch 图形化编程语言为基础，借助 mBlcok 软件平台编写用药提示程序，借助定时系统提示吃药时间，借助彩灯闪烁提示吃药种类。这样，子女可以事先将吃药的时间和种类提前录入到程序中，当老人独自在家的时候，我们的智能药盒会准时提醒老人按时按量服药。

再如"行车手机管理器"。学生们收集了因为行车中打手机导致交通事故的数据，决定研制一部设备通过连接光敏电阻、蜂鸣器和震动传感器实现类似安全带的功能，提醒和监督司机行车中做好手机管理。他们制作了一个车载手机支架，让驾驶员把手机放上去，支架上带有一个震动传感器，当汽车被启动时，如果没有检测到手机则会像安全带一样发出报警声音。通过这个作品敦促驾驶员和手机分离，提高驾驶安全性。这套设备一部分用到电路连接与编程，可检测汽车是否处于行驶状态和手机是否放置在支架上；另一部分是 3D 打印手机支架，将上述电子元器件完整地容纳为一体。

3. 反思课程如何做得更好

本课程较好地落实了综合性学习问题解决和创意物化等目标，但从课程建设角度需完善两点，一是增加相关社会考察活动，以增强学生在课程中的价值体认和责任担当。如"行车手机管理器"研制过程中增加交通陋习宣传活动，与交通大队对话，开展避免交通陋习的设置创意和建议活动；"自动药盒"研制中可以组织学生到养老院和医院考察，开展老龄化社会关爱行动和相关产品研发创意活动；"图书自动定位查询系统"研制中可以组织学生到大连市图书馆和中山区少儿图书馆了解图书馆图书查询系统，了解国内外图书查询、图书馆服务方面的前沿技术等。二是完善几个活动的整体设计，包括各活动目标与总目标的对接和贯通，包括过程性评价证据，还有各活动的任务、学习工具和其他资源提供等。

（2018 年中山区课题研究阶段成果交流会发言稿）

## 小小创客培育记
### ——"金点子"科综课四种课型的解析

我们今天看到的"金点子"复赛准备课，是一节科学综合实践课，我们简称科综课。科综课用的是综合实践课这一国家课程的课时和课程学习方式，而课程内容是我校"金点子"科创传统项目这一校本内容，是我校一门国家课程与校本课程的整合课程，是中国特色、中心特色的 STEAM 课程。我校科综课按流程大致分为四类课型。

### 一、创新引领课

学生们的创意在创新引领课中启程。每年寒暑假前夕，科技辅导员要通过网络给全校三到六年级学生上一节"创新引领课"大课，课堂上老师引导学生们留心生活中的"五不"现象，即不方便、不满意、不理想、不实用、不科学，从中发现最有价值的问题，并从"三性"即科学性、可行性、创新性角度来思考，把问题变成自己研究的课题和项目，形成自己的"金点子"创意，进而制作出自己的科技创新作品，这样学生就比较清晰地了解到一个崭新的创意和科技创新作品是如何诞生的。"创新引领课"上老师还会给同学们播放以往我校优秀选手代表学校参加省市区创新大赛的视频，指导学生如何填写"金点子"创意表格作业单，将自己的创意与设计图等呈现在作业单中。

### 二、初赛选拔课

初赛选拔课注重"人人"参与，体现"人人"学做创客的课程理念。初赛选拔课一般在开学第一个月进行，学生们围绕"五不"和"三性"将自己的"金点子"创意作业做出整理完善，并做出PPT在课堂上展示，按照"展—问—议—评"几个版块，创意人与全班同学展开对话，班主任老师和科学老师共同指导，最后全班同学选出10—15个"金点子"初赛优胜作品，并通过本班级知识产权保护小组的查重调查，最终选拔出参加学校层面创新大赛决赛的选手。

### 三、复赛筹备课

复赛筹备课是将班级初赛选出的10到15个作品进行"众筹组阁"，由主创人和参与人双向选择确立研发团队组团研制。在复赛筹备课的课堂中我们加入了外聘理工科老师、计算机老师等来做技术支持，为学生带来更多专业性的指导。第一步，团队成员商讨、研究、制作作品；第二步，按照创新大赛介绍发明背景——结合工作原理展示作品——阐释作品创新点、实用性及其价值的步骤来分工；第三步，按分工不断完善展示方案并演练至熟练；第四步，最终代表班级参加中心小学"金点子"创新大赛决赛。

### 四、市赛培优课

市赛培优课是为了迎战学校层面的巅峰对决，学校聘请专家为决赛选手授课，逐个作品地加以指导与提升，每一组学生不断完善本组的作品，不断在展示和宣讲中提炼，最终选拔出最优秀的作品与选手代表学校参加大连市创新大赛。市赛培优课最大的特点是专家讲课和私人定制式的指导和精进。

就这样，学生们在创新引领课、初赛选拔课、复赛筹备课、市赛培优课四种课型中经历着科技创新的过程，学生们的创新精神和实践能力、团队意识与沟通能力、另辟蹊径解决问题的高阶思维、经历失败战胜困难的韧劲和展示表达的勇气与技巧等核心素养都在其间得以培育，这个过程年复一年培养了一批批小小创客，一批批爱探究、能创造的创新少年。

（2020年写于中心小学教育集团"综合性学习"同题共研交流会）

## 问题化学习，从常规走向综合

问题化课堂研究进程中，中心小学的老师们先是从备好"多变的一道题"的集体研修，到实践"一题多变"在教学中的多种应用，重点研究了以"一题多变"落实教育局倡导的"一张纸"思想。继而通过《问题化学习》《追求理解的教学设计》《以概念为本的课程与教学》等专业阅读，以逆向设计促"教学评一体"为切入，梳理了"目标—问题—评价—活动"为核心要素的问题化课堂模式。本学期，老师们又重点研究了各学科综合实践课，引领学生以真实性任务为问题去自主、合作、探究性学习。

**一、继续建设"目标—问题—评价—活动"为核心要素的问题化课堂**

我们不断研讨领悟问题化学习的价值取向、学习原理和操作方法，梳理了以"目标—问题—评价—活动"为核心要素的问题化学习教学模式。它有如下三个特征。

**（一）以问题系统对接目标体系，优化课堂学习**

我们运用整体性思维，基于课程标准设计问题化、主题化学习目标，优化课堂学习。各学科根据学校指导的框架开展学科核心素养梳理，明白本学科要解决的问题是什么，培养学生哪些能力，对接的知识是什么样的，教师只有弄明白这些问题才能真正地捕捉到综合了学科问题、学生问题和教师问题的课堂问题。

**（二）以逆向设计为主策略促进教学评一体**

最好的设计是"以终为始"，从学习结果开始的逆向思考，本节课、本单元基于目标我要设计哪些评价任务，当评价任务明确之后，围绕评价任务我们来设计相应的学习活动，这样的学习活动更具有指向性和明确性，同时学生在学习的过程中目的也更加明确。我们将逆向设计概括为三个阶段：确定预期结果、确定评估证据和设计学与教活动。

例如数学六年级上学期百分数应用题《这月我当家》这一课的教学。

| 阶段 1：预期结果 |
|---|

所确定的目标：
●通过学生对统计表内数据之间关系的分析，学会列方程解这样的简单百分数应用题。

| 理解： | 基本问题： |
|---|---|
| ●本节课的百分数应用题要解决的问题是什么？与之前的学习有什么不同？<br>●百分数应用题与分数应用题的区别与联系是什么？<br>●解决百分数应用题的关键是什么？ | ●本节课解决的是单位"1"未知的百分数应用题。<br>●可以用解决分数问题的方法来解决百分数问题。<br>●解决百分数应用题的关键是找到等量关系。 |

学生将会知道……学生将能做到……
●结合读取与填写统计表的过程，体会百分数与统计的联系。
●通过画图来分析数量关系，找到等量关系式，列出方程。

| 阶段 2：评估证据 |
|---|

| 表现性任务： | 其他证据： |
|---|---|
| ●读懂统计表——学生在读表的过程中进一步理解百分数的意义。<br>●画图找等量关系——通过画图让学生分析数量关系，找准单位"1"，列出方程。 | ●课堂测验。<br>●设计自己家庭支出统计表。 |

| 阶段 3：学习活动计划 |
|---|

学习活动：
1. 复习分数应用题
通过分数应用题的复习，巩固分析数量关系的方法，从而将分数应用题的解决方法迁移到本节课中。
2. 读统计表
通过读统计表，分析统计表中的数据，体会百分数与统计的联系。
3. 分析数量关系
让学生通过画一画、说一说的活动，观察数量之间的关系，从而找到等量关系式，帮助学生列出方程。

（三）以核心要素的顾盼流转直指问题的解决

教学过程是一个不断生成的过程，"目标—问题—评价—活动"为核心要素的模式并不是板块化的流程，而是相生相成、顾盼流转的，经常会根据问题解决的需要，在某一个环节之后再次回到之前的环节之中。比如问题，每节课有一个大问题，在这个大问题下会由一个个小的问题来支撑，在解决问题中一环一环走向深入，就如雕刻一般，大的问题设计是砍出轮廓的砍刀，小问题的追问是突破重难点处精雕细琢的剃刀，这些问题是根据课堂的生成而不断地进行调整补位的系统。评价，是伴随在教学活动的各个环节之中的。目标是要清楚研究什么问题和达到一个什么样的程度，这种程度就是用评价来体现的。评价有的在学习活动之前，有的在之后，即使是学习活动之后的评价如果发现有不可放过的问题，也要再根据评价补充新的学习活动。总之各要素是根据我们课堂的需要在不断地呼应流转的。例如在《这月我当家》一课中，学生借助线段图理解等量关系，在画图中出现了对 40% 在图中的表示不当，这说明学生对前序的百分数的意义认识还不到位，在评价过程中，教师让学生发现问题，再次设问，直到问题解决。

二、以各科综合实践课研究深化问题化学习

（一）对照"双标"梳理和开发各科综合实践课程体系

1.梳理与对标，形成学科课程体系

占比 10% 的各科综合实践课，旨在帮助学生综合运用已有的知识和经验，经过自主探索和合作交流，解决与生活经验密切联系的、具有一定挑战性和综合性的问题，以发展他们解决问题的能力。《数学课程标准》明确指出：数学课程"它不仅要考虑数学自身的特点，更应遵循学生学习数学的心理规律，强调从学生已有的生活经验出发，让学生亲身经历将实际问题抽象成数学模型并进行解释与应用的过程，加深对'数与代数''空间与图形''统计与概率'内容的理解，体会各部分内容之间的联系"。我们使用的北师大教材中通过"数学好玩"来体现实践活动课程。

我们梳理六年的"数学好玩"课程，形成课程框架，带领老师对照课标、学业评价标准认真研读本学段的任务指向。小学数学分为两个学段，每个学段对实践活动课的要求不一样，只有明白目标，才能够指导自己的课堂教学。我们从目标、授课内容、授课时间、授课主题设计以及核心概念体现等多个方面入手，通过梳理使每一位任课教师能够整体把握，有序推进，不再让数综课时流失。

2. 用教材也编教材，着力凸显课程序列

《辽宁省义务教育课程设置方案》中规定：在不增加学科总课时的前提下，各学科不少于 10% 的课时用于开展学科实践活动。落实到数学课堂，也就是每个学期的数学实践活动课在 5—7 节，但教材仅有的"数学好玩"有时课时量是达不到的，我们就将日常课程中需要学生动手操作的内容二次开发。比如一年级下册的《购物》、二年级下册的《估数大师》就是我们结合教材的内容以及学生的学习方式自己开发的数学实践活动课程。二年级的《估数大师》就是为了帮学生解决估计上的困难，丰富估计方法，尤其是对实物数量的估计的生活经验的丰富。课堂上我们让学生用各种方法估黄豆的数量，有的学生用小瓶盖先数一瓶盖，看有多少瓶盖；有的学生用鞋盒，将黄豆整齐排列，数行和列；还有的学生用小尺给黄豆分成差不多大小的方块，等等。学生通过操作，不仅掌握了更多来自生活实践以少估多的方法，同时也打开了思维的大门，提高探究的兴趣。

在课程的设计上我们还注重序列性、连续性，各学年之间的衔接性，形成系列课程，不同年段循序渐进地培养某一类实践技能。例如我们设计了测量的系列课程，就是为了丰富学生的生活经验，根据不同年段学生的发展特点来设计教学内容。在低年段我们设计了《寻找身体上的数学"秘密"》，老师引导孩子们发现自己身上的"尺子"，用这些"尺子"来估测生活中的一些物体的长度。学生们兴趣盎然，尤其是当老师提出"卷手的一圈长就是脚的长度"这一问题时，学生们两个一组，把小鞋子、小袜子一脱，互相验证，在惊奇中，学生们更愿意探索自己身上还有哪些秘密。到了中年级，学生不仅是测量长度单位，还学习了面积单位，于是我们设计了测量平面图形的实践活动课，学生通过测长和宽来求平面图形的面积，这里所测量的平面图形相对比较小，控制在 1 米之内。到六年级下册，我们又设计了《绘制校园平面图》，从平面到立体再回归到平面，而且长度加长，并融汇了各方面的测量知识。

（二）围绕主题和概念，做实各科课例研究

一个主题活动需要通过布置任务、分组、设计解决问题的思路和步骤、探索、总结提炼、展示交流、评价等多个环节，根据不同的课型，这些环节有的时候是不能在一节课或两节课来完成的，根据学生活动的生成与遇到的问题，可能课时还会有相应的增减。

以六年级数学下册《绘制校园平面图》一课为例，教师在设计之初为四个课时。但随着课程的推进我们根据学生的生成变为了六个课时。第一课时，明确活动任务及需要解决的问题，设计合理可行的方案和步骤。进行到第二课时，学生测量的过程中，发现很多组没有完成测量任务或测量结果有很大的误差。回来之后我们就一起找原因，发现有如下几个原因：

1.在制定测量任务、分工的时候有的组的分工还不够细致，对学校的教学楼没有一个整体的认知。

2.带的卷尺，大部分孩子使用卷尺的经验不足。

3.卷尺太短，不足以应付学校的教学楼测量。

针对于此，又增加了一个课时，也就是第三课时，让学生针对出现的问题来讨论解决的方法，重新进行了测量。第二次我们发现了更多的测量方法。有的组采用的是对于较长的学校的外墙，他们拿来10米长的绳子，用绳子来测，剩下不够的部分再用米尺，这样即节省时间，又可以减少误差。

第四课时，为了减少他们后期数据出现错误带来的麻烦，交流测算数据，对于有较大偏差的查找原因，进行数据的调整。数学实践活动课程不仅要有学生的探索与实践，更要有教师的指导与辅助。在这一过程中，教师如何发挥"师"的作用？在备课和授课过程中要能预设和及时思考学生的需求、在知识和能力上的欠缺，提供完成任务的"工具箱"和"脚手架"。比如测量课，老师可以提供一些测量的方法；绘图课让学生了解绘图有哪些要素……这样学生在完成实践活动中就可以更顺利，活动的推进就能够不出大的偏差。

第五课时，绘制平面图，交流展示。数学实践活动在立足综合性的同时，还要重点突出数学性，即培养学生从数学的角度去发现问题、提出问题、分析问题、解决问题。数学综合实践活动课应不失其"数学味"，把数学教学与现实社会生活紧密联系起来，使数学问题生活化，生活问题数学化。在数学活动课上，活动仅仅是一个载体，更多的是要关注在活动中生成的东西，让学生在探索与发现中能够总结规律，形成能力，并能将这种能力迁移到今后的学习之中去。在测量的环节学生知道要进行变通，数格子、用长绳子来测量，是转化思维的渗透。在绘制平面图时，通过图上距离与实际距离的对比求比例尺，用比例尺将实际距离换算成图上距离，反复灵活使用，进一步加强对比例尺的认识。

第六课时，学生进行汇报交流。实践活动课还有一个显著的特征就是让学生说，说研究的过程、研究的方法、研究的结论以及研究中的小故事。所以数综课要注重对学生合作与交流能力的培养，因此教师要做好两个提示设计。

每一个主题教师都会设计一个小组合作提示。其中包括小组合作任务的设计、分工、计时。在任务的设计上要考虑到学生在合作探索过程中会出现的问题，要具有指向性和指导性。分工可以给学生一个框架做指导，但有能力的组也可以根据自己组的特点和个性来设计。每一次活动的设计都会给学生一个计时，一是提高学生的时间意识，注意时间的分配，另一方面也是为保证课堂的效率。

学生在合作之后都会有一个展示。因此教师还要设计学生的展示环节提示，学生如何说，说什么，怎么能表达出自己组的探究成果，教师的这个展示环节提示就显得尤为重要。

例如在《绘制校园平面图》这一课时，设计的展示提示如下：

（1）说清绘制的校园平面图中的比例尺、建筑物以及数据。

（2）你们的校园平面图有哪些特点？

（3）说说在绘制平面图中，你们组遇到哪些困难及解决的方法。

（4）全员参与，展示时间为4分钟。

有交流的内容指导，有对小组交流合作的要求，同时有时间，让学生有时间观念。

语文综合实践课一样引导学生通过充满语文味的展示活动凸显学科本质。

比如，《走进乡村热爱田园》的综合性学习中，老师对"品味田园和浸润田园"组的展示活动类型设置提示：可以开展田园诗文诵读竞赛，借诗歌比赛形式提示学生诵读田园诗文、了解诗人的生平经历，以此提升语文素养。再如六年级下册综合性学习《难忘小学生活》，当大多数学生都在用照片记录成长过程的时候，教师可以提示学生开展"诗歌创作展""怀念母校网络作文大赛""讲述照片背后的故事"等活动展示学习成果。此类活动是既能将语文学科与信息、艺术等学科有机融合，更是语文能力的综合体现。

五年级下册《走进信息世界》的综合性学习目标是培养学生通过调查，搜集资料，撰写调查报告。学生们围绕两个主题"全家人获取信息的渠道""小组同学近视眼情况调查"展开个人调查、小组交流，并针对调查数据展开分析、撰写调查报告。学生们在调查"全家人获取信息的渠道"过程中，老师与学生共同制作调查问卷和记录表，学生能够依据调查表做完整的记录，但是，对调查结果原始数据的分类整理需要老师的预设和指导。比如，学生们调查"全家人获取信息的渠道"后，呈现的是家庭成员获取信息的不同渠道和种类，为了培养学生对大数据的分析能力，教师可以让各个小组将组员的调查数据汇总到全班的数据里，再将被调查的对象按照年龄、职业划分，将全班同学划分成两个小组，分类整理不同年龄和不同职业的获取信息渠道和种类的不同，由此分析产生不同的原因。

**（三）开展综合实践性长作业的设计实施与研究**

学校不仅上好数学实践活动课，还在小长假、寒暑假布置设计了数综"长作业"，也就是让学生通过一天、一周甚至一个月的时间来完成一项任务，在这一过程中综合运用所学习的数学知识。比如一年级学习分类，假期作业中有一项是整理衣柜，把自己的衣物进行分类，同时还对自己的衣柜的合理性提出自己的想法，在反馈回来的作业设计上，我们看到有的孩子不仅整理了衣柜，还整理了自己的书桌，整理了自己的书柜、家里的橱柜……将学习融入到他们的生活中去。

每年的六年级毕业我们都会设计游学课程，让学生们到大连的一些博物馆或场馆进行参观游览。今年六年级的假期作业就是让他们设计自己的游学课程，通过数据来进行介绍，然后调查费用，设计游学路线及方案。

问题化学习研究与实践中，我们惊喜地发现了孩子们的成长，不仅是学到知识技能，他们更愿意围绕任务分工合作、动手操作，从问题群的理顺和解决，走向基于过程和体验的概念理解、观点提炼，在发现和解决问题中形成了自己的经验、观点和探究精神。学科综合课学习中我们的学科综合课使问题化学习有了新的突破，助推了学校学生"6C"核心素养的培育。学科综合实践课研究还带动了常规课堂更高品质的单元整体教学，明显提高了老师的新课程和新课堂的理解和实践能力。

（2019年中山区"问题化学习"研究交流会发言稿）

## 基于问题和概念的教学

问题化教学通过引导学生探究问题提升思维品质，引发深度学习，通过解决真实情境中的问题形成概念和观点，迁移到新的实践和创造中去。而大概念教学也是在解决真实情境问题中，以形成专家思维方式的概念、观点等为目标导向的理解性学习。在新学习科学强调理解性学习的关注点上，问题化教学和大概念教学自然在很大程度上有所融合与互生。

### 一、为了站上大概念的"山顶"而探究问题

许多学者论述过大概念的重要，只是提法不同。杜威叫"概念"，布鲁纳叫"一般观念"，怀特海叫"观念结构"，戴维·铂金斯叫"全局性理解"，查尔斯菲德尔叫"元概念"，等等。教育评估专家威金斯和麦克泰格认为大概念是一种强化思维、连接不同知识片段的工具，它使学生具备应用和迁移能力，是"广泛的、通用的、永恒的，可用共同属性的不同例子来呈现的一个概念、观点、假设、理解或准则原则等"。它需要揭示，指向学科专家理解的核心概念，通过对多个事实、技能和经验的关联和组织来提供含义的广度，有极大的

迁移价值，能被应用于许多其他探究和问题——同学科以后的课程和跨学科课程以及学校以外的情境。

大概念的"大"就是指具有生活价值，连接学校教育与真实世界。迁移是大概念的本质和价值所在。教师首要责任就是不断探寻这些概念，找到帮助学生学习这些概念的方式，尤其是帮助学生学会如何在各种不同情况下使用它们，学会使用这些概念、这些准则就具备了处理各种问题的能力。大概念教学设计具有长远意义的任务序列，从不同案例支持归纳一个大概念。大概念不仅能概括学科内某些知识方法和理解，达成学科内知识的融会贯通，还可联结到更广阔的校园生活和真实世界。

我们应该为了站上形成大概念的"山顶"来探究问题，需要通过科学地带领学生探究问题去探寻大概念，形成"理解"，借由"理解"实现从"知道"到"做"的迁移。教师对教学内容有深刻的理解，在此基础上，他们懂得为什么而教授这些内容，他们既懂学生又懂设计，课程设计、单元设计、活动设计、问题设计，用设计丰富学生的学习体验，给学生机会亲自去探寻大概念，去归纳总结，在完整地看待自己学习经历的基础上得出结论。

形成大概念才益于迁移与创新。迁移分为低通路迁移和高通路迁移。当新任务与原任务相似时称为低通路迁移，当新任务与原任务不相似时称为高通路迁移。低通路迁移的路径是从具体到具体，只能达成相似的简单关联，比如刷题的逻辑。而高通路迁移的路径是从具体到抽象再到具体，因此能够形成复杂的认知结构，即理解性学习。学生不理解大概念，就难以实现从知识到实践和创造的飞跃。大概念教学有如车辖，把零部件组装起来，否则散落一地，毫无用处。

**二、探究怎样的问题才是"登顶"大概念的路**

**（一）逆向设计"概念理解"与"基本问题"**

我校在问题化学习研究进程中，以逆向设计促"教学评一体"为切入，提炼了"目标—问题—评价—活动"为核心要素的问题化课堂模式。

这种模式中，教师是培养学生用表现展示理解的指导者，而不是把自己的理解告知学生的讲述者。所以弄清"探究怎样的问题"需先从达到怎样的理解及形成怎样的大概念出发，从形成这些理解学生会如何表现出发。因为好的设计"以终为始"，要探究的问题需要从学习结果逆向思考，逆向设计。教师需要探究：什么可以证明学习目标的达成？达到这些目标的证据是什么样的？教与学所指向的、构成评估的表现性行为是什么样的？学生怎样才能脱离活动或教材本身去理解问题？什么可以用来证明学生获得了这种能力？哪些活动和方法最有助于达到教学效果？逆向设计有确定预期结果、确定评估证据和设计学习活动三个阶段。

**（二）引导学生发现和解决生活中的真实性问题**

2016年以来学校把"金点子"传统做法建设成项目学习课程，让学生去发现和解决生活中的真实性问题。

1.生活有难题，难题变选题

问题来源：留心日常生活、社会生活和自然界中的现象，思考如何改变能让生活更美好。

温馨提示：重点留心生活中的"五不"现象——"不方便、不满意、不理想、不实用、不科学"。

2.问题变创意，创意变作品

科学性：课题必须有一定的理论依据和生活基础，要符合人类认识和事物发展的基本规律。

可行性：选题时一定要充分考虑课题研究的主观条件和客观条件，要从自己已有的所学知识水平、自身的经验、兴趣爱好、时间和精力及自己有哪些资源、能与哪些人合作等实际情况出发。

创新性：课题研究的目的是认识前人还没有认识或没有充分认识的规律，解决前人还没有解决的实际问题，这就要求研究的课题要有一定程度的独创性、新颖性和实用性。

3.科技新作品，创新大赛见

假期里请每名同学认真填写"金点子"创意表。开学后同学们在班主任与科技辅导员指导下进行创意评比。优秀"金点子"创意将会得到老师、家长和专家的指导做成作品。优秀作品会参加学校5月末的创新大赛及国家、省、市、区级创新大赛。

**三、怎样探究问题才能科学"登顶"大概念**

在探究问题中，我们需要基于学生的学习经历和体验做追求理解、形成概念的努力。

学科综合性学习作为学科内实践类问题化学习课堂，很好地引导学生在自己和同伴的学习经历体验中思考和解决问题。学科虽然不同，但各学科的综合性学习有共同的培养学生综合应用知识能力、合作探究解决问题能力和基于探究经历提炼观点观念能力的作用和性质。所以我校学科综合性学习课程教学提出了三个超学科的课程目标：一是小组合作的指导与实践，培养学生沟通与合作能力；二是在真实性任务中活用方法、工具、策略等，积累生活和学习经验；三是通过证据、观点的概念性视角来思考所研究问题，培养思辨与创造能力。

如六年级《绘制校园平面图》数学综合性学习课程。目标一的达成，为了教会学生小组合作完成测量、绘制、展示等任务，教师设计了多个小组合作提示和展示提示，如某一展示提示：

（1）全员参与。展示时间为 4 分钟。

（2）展示中请组织成员说清绘制的校园平面图中的比例尺、建筑物以及数据。

（3）讲给大家你们的校园平面图有哪些特点。

（4）精选分享在绘制平面图中你们组遇到哪些困难及解决的方法过程。

目标二的达成，如学生组长通过实践懂得要分工测量之前自己需要和组员准备一张校园照片或画图，以便大家对学校的教学楼等有一个整体的认知；如学生知道测量教学楼周长这样长距离时使用卷尺还不算方便，可以用一根 10 米长的绳子测量大部分长度，小部分和难处理部位再使用卷尺，学生通过数格子、用长绳子来测量等过程增长了这种工具知识、测量策略和生活经验，以及数学学科充满智慧的转化思想。

目标三比较难，但我们的老师在这个方向上加紧了学习和尝试，如展示完合作绘制的学校平面图，老师引导学生说说研究的过程、方法、结论以及研究中的小故事，讨论怎样给明年学这个课程的学弟学妹们一点最重要的建议。

**四、"问题与概念"研究使课程对接学校育人目标**

**（一）学校育人目标与学生发展核心素养**

我们结合学校科创教育特色，将"培养有优良传统和创造精神的新时代好少年"的育人目标分解为文化理解与传承（Cultural Understanding）、公共事务参与（Community Participation）、沟通与合作（Communication Collaboration）、思辨与创造（Critical Thinking Creativity）学生发展"6C"核心素养。学校课程建设在"十二五"课堂转型成果"四轮五环"新情知教学模式研究基础上，通过"十三五"期间的问题化学习和大概念教学研究，不断对接学校的育人目标的实现与核心素养的培育。

**（二）"问题与概念"为特色的课程建设**

各学科常规课堂我们倡导大单元整体教学，提炼了逆向设计思维下"目标—问题—评价—活动"为核心要素的问题化课堂模式，以设计预期学习结果、概念理解、基本问题、真实性表现评估和学习活动为要点，帮助教师开展基于概念、追求理解的教学。

各学科综合性学习课研究中老师们对照课程标准和质量评价标准梳理开发了课程体系，既凸显课程序列和各学年之间的衔接，也形成同主题的三个学段课程系列，不同年段循序渐进地培养某一类实践技能。还通过设计假期长作业拓展学科综合性学习，养成探究习惯。

"金点子"项目学习课程由班主任、科学老师和校外科技辅导员合作完成，让学生去发现生活中的真实性问题，综合应用数学、科学、编程、机械制作等多学科知识去解决问题，提升学生探究能力和创造精神。

节日课程作为生活德育课以各种节庆文化为主题进行多学科课程整合，同年级多学科教师集体备课，尝试设计活动性课程，完成成果性作业并搭建平台跨年级展示。节日课程蕴藏着丰厚的问题探究和大概念教学的研究土壤，我们将在实践中向更科学的研究靠近，去群研关键词汇、观念聚合、概念理解与基本问题，去设计表现性任务、探究活动和评估细则。

**（三）"问题与概念"课程与教学研究效果与反思**

1.持续研究，努力实现学校课程与教学的自我迭代

我校在"十二五"研究成果"四轮五环"新情知教学模式的架构和应用促进了学生学习方式向自主合作转变。在此研究基础上，"十三五"期间我校"基于问题与概念的教学"推动着学生学习方式在自主合作基础上向探究式转变。其中"四轮驱动"的侧重点为大情境创设，"五环导学"由"读—议—展—点—练"调整为"读—议—做—展—评"五个以"做"为核心的教学板块。"读"即学生主动发现问题，设计解决问题的点子；"议"指在与他人共同商议、合作完成方案的设计、完善以及"金点子"方案展示汇报的形式与分工；"做"即共同完成作品的制作；"展"就是作品的展示与介绍；"评"是指其他同学或小组的互动评价。学生的学习方式在这里转化为大情境下的长时段学习，转化为"做中学"为主的学习，转化为基于经历的思辨学习，转化为融合多学科知识技能的应用学习。

2.传承中创新，把传统做法建设成项目学习课程

"金点子"假期作业是学校三十年的传统做法，我们转化成所有四到六年

级学生都参与的项目学习课程，善于创新创造的学生基数大增，学生的课程作品每年获得几十项市、省、国家级奖项，从课程层面带动了学校"大众创新"的数量和质量。

2019年4月香港保良局来校交流儿童科创教育，学生们展示了科创综合性学习的精彩板块——校园创新大赛复赛，取得很好的互动效果。2019年学校被评为国家知识产权教育试点校。

3.积累好课例，加快以"概念与问题"为特色的课程建设进程

学科已积累十几个综合性学习课例，问题化学习和大概念教学有了新突破。老师们正积极探索引导学生围绕基本问题合作探究，基于过程和体验做概念理解、观点提炼，加快"概念与问题"为特色的课程研究进程。2019年6月学校承担了辽宁省中层干部和骨干教师团培训任务，会上老师们围绕"概念与问题"的现场教学和课程建设交流深受好评。

（2020年中山区"问题化学习"研究交流主题征文）

第三章

读书发展

# 第一节　追求卓越

## 好老师是自己找的

老师也需要老师，老师更需要老师。

说起怎样向名师学习，我想起自己读过的一本书《好老师是自己找的》，杨茂秀教授的书。他说"好老师有的在学校，有的在市场，有的在故事里，真正的好老师是自己找的"。他说"学习者，应该是把学习当作一辈子生活的主调的人，不再需要老师指导，谁都可以当他的老师，什么东西都可以当他的老师"。这样看来，其实学名师的态度即工作的态度，即学习的态度，即生活的态度。会学习、爱生活的教师取用自如。会学习、会工作的教师，早就从身边优秀的同事那里学经验，从出类拔萃的各地同行那里受启迪。好老师是自己找的，或"近在咫尺"，或"远在天涯"。我们可以从中了解着，思考着，实践着，提高着，形成一个完整而正向、积极而健康的自我完善的链条。

有些老师对名师的追捧和渴望像追星少年一样可爱，收集照片，分出派系，名师圈恍似娱乐圈和武侠世界。向往名师、崇拜优秀总是好的，可名师端出的菜吃完了，余味也已飘尽，该体味更多的是他的"厨艺"如何"炼得"。我们确乎应该继而转向更深的思考，看到些他们台前幕后的人生经历和成长故事。名师真正的魅力是他们的成长故事和学术贡献，恐怕是教师当中最好的励志片了。了解名师历练故事，领悟名师教育思想，我们就不是那些个一知半解、拾人牙慧的了，就不是那些个仅仅沉浸在名师千人现场授课左右逢源的陶醉里的了。我们就自己找到了成长路上的好老师。

　　其实名师真正的幸福是教法精进、思想成熟、学生进步，而不是征服同行。名师的"名"更多的来自于他们的教育情怀，来自于他们对教育和童年、人生与社会长期的思量和求索。身陷"文化大革命"中穷困里，家无斗粮亦不改初衷；处于现代物质世界中，诱惑万千亦坚定自我。他们的成长和成熟如春华秋实一般自然而然。

　　几十年高举科学与民主大旗的魏书生，一辈子学做老师的于漪，终生教改情系教育的冷冉，疾呼"不跪着教书"的王栋生；李镇西、李希贵、顾泠沅、刘京海……苏霍姆林斯基、杜威、加德纳、佐藤学、奎斯，等等，读这些大家和名师的专著我受益匪浅。通过书本、网络，通过文字、视频，神交古今中外名师和教育家，教育的星空永远星光璀璨，我的心灵也永远向着这光明拔节吐蔓……

　　"江浙名师之师"张化万，"数学魔法师"华应龙，北师大教授肖川，我在市区名师工作室学习期间都有幸与他们座谈。张化万老师回答一位请求为他"包装"的老师时说："你有一百个案例吗？""没有，那么你有五十个吗？""五十没有，你有二十个吗？"这番对话令我深深懂得，教师思想与风格的提炼是基于至少百十个案例的实践反思。华应龙老师以自己钟爱的篮球为隐喻，讲述他的研究、知遇、合作、感恩，尤其是"当哨声为你响起"裁判误判时，自己深刻的省察和对于误解的无限理解深深启发了我。

　　从教以来，成长途中，我不断受益于身边的一些名校长、特级教师。一场场现场会，一次次公开课，组成加速我成长的关键事件群；一句句引导鼓励，一个个温暖瞬间，使每一个平常日子都充实而多有教育意味。感谢名师，榜样的力量是无穷的。他们健全高尚的人格，终生一贯的教育情怀，深厚的学养，精湛的技艺，闪光的教育思想，令我们心向往之，勤操缦，自觉强健师之脊梁！

　　寻求名师，首先需要会自己寻找老师。

　　好老师是自己找的，让我们用心去找。

　　不断找到的过程必有领悟和愉悦。

（2014 年发表于《大连教育》）

## 诗说李白

能够以诗文来呈现个人生平史的诗人或文学家，想来只有唐代的李白、杜甫和宋代的苏轼、李清照最有资格了。诗人文豪那么多，有些人存世诗篇也成百上千，为什么这几人可以文史即生平史呢。噢，你细想呢，唐代李白、杜甫的生命里都曾遭遇唐朝由盛及衰的"安史之乱"，北宋东坡先生经历了"乌台诗案"半生贬谪，李清照则是经历了金兵入侵南北宋交替的乱世。真像杜甫大人说的"文章憎命达，魑魅喜人过"。

今天先来诗说李白。

### 少年"酷驴友"

李白于公元701年出生在西域碎叶城，4岁随父亲迁至蜀郡绵州昌隆青莲乡（今四川江油），所以号青莲居士嘛。李白出身于商人家庭，5岁发蒙，15岁开始社会活动，广交蜀地名流。少年李白一袭白衣，腰间悬剑，盘缠十足，寄情于山水，率性于江湖，好一位酷酷的专业"驴友"。这时的李白受他老师影响接受道家思想，好剑任侠。读他的《侠客行》，可看到少年李白心目中的侠客，手执胡缨吴钩各路兵器，胯下白马奔若流星，杀富济贫为民除害不留姓名。他欣赏历史上帮助孟尝君窃符救赵的英雄朱亥和侯嬴，千秋壮士纵死留名，将荣耀地被扬雄写入专记侠客功绩的《太玄经》。

李白从15岁到20岁出头就这样不跟旅行社，自结"驴友"，自由地遍游蜀地。24岁那年仗剑去国，辞亲出蜀远游，是个一游数年的超级"驴友"。乘船顺江而下到四川峨眉县，就要走出蜀地了，他做了首《峨眉山月歌》：峨眉山月半轮秋，影入平羌江水流。夜发清溪向三峡，思君不见下渝州。这轮散发清辉的峨眉山月啊，即将走出李白的视线，像这令人流连的故乡山水和难以割舍的故乡亲友一样。"思君不见"，一首《峨眉山月歌》里，少年李白的心既无限向往蜀地之外的远方，又无限留恋蜀郡故乡的山水人情。顺江而下到湖北荆门，李白仍在这种情绪里写下了《渡荆门送别》，"渡远荆门外，来从楚国游。山随平野阔，江入大荒流。月下飞天镜，云生结海楼。仍怜故乡水，万里送行舟"。谁还在送别他呢，多情的李白眼里从上游家乡一路奔流的长江水，还在对他万里相送呢。

接下来的四年间，李白独自一人来到湖北、湖南、江西、安徽、南京、武汉等地，皆有名诗流传。25 岁，李白到江西、安徽等地游览，写下了充满想象力和浪漫主义色彩的《望庐山瀑布》，安徽芜湖的《望天门山》。李白喜欢汉乐府叙事抒情朴素自然、通俗朴拙的文风，这期间他还摹写了一些古代妇女题材的诗，如在江苏南京的长干里写下的《长干行》，"两小无猜""青梅竹马"的成语就出自于此诗。26 岁，李白来到了金陵和姑苏城，就是现在的南京和苏州，分别写下了《金陵酒肆留别》和《苏台览古》。"风吹柳花满店香，吴姬压酒唤客尝。金陵子弟来相送，欲行不行各尽觞。请君试问东流水，别意与之谁短长。"《金陵酒肆留别》里李白面对着美好的柳花、清酒和吴姬，告别金陵的好友们将去广陵扬州，双方那"欲行不行"的情景写尽了比流水更长的友情。来到姑苏城，文人们自然要想起吴越两国的旧事，感慨吴王夫差宠信小人沉迷美女西施而亡国的往事，李白在《苏台览古》中写道："旧苑荒台杨柳新，菱歌清唱不胜春。只今惟有西江月，曾照吴王宫里人。"

27 岁是李白的幸运之年，这一年他结婚啦！迎娶了前任宰相的孙女许氏，这是多幸福的旅行。而且，朝廷诏令从这一年起"民间文武高才，可到朝廷自荐"，就是说做官不一定都要走科举考试的独木桥了。李白开始有条件实现自己"布衣而卿相"的抱负了。

### 唐代"北漂"

公元 729 年到 742 年，也就是李白 28 岁到 42 岁这 14 年间，他携妻将子耕读于安陆桃花岩，开始经常去首都长安和东都洛阳混，成为唐朝皇城边的"北漂"，寻找机会自荐于皇帝，实现自己"少年之志当拿云"的理想。可是谁的"北漂"生涯都是半部血泪史啊！李白辗转苦撑多年，从热血青年熬成人到中年。这期间思乡之情经年累月越发浓酽。他写下《春夜洛城闻笛》，"谁家玉笛暗飞声，散入春风满洛城。此夜曲中闻折柳，何人不起故园情。"折柳如折心，是最深的怀乡啊。他写了《子夜四时歌》"长安一片月，万户捣衣声。何日平胡虏，良人罢远征"，清冷的秋夜诗人彻夜未眠。他写的《静夜思》"床前明月光，疑是地上霜。举头望明月，低头思故乡"，已成为古今中外漂泊人思乡之情的代言词。再看《太原早秋》一诗"思归若汾水，无日不悠悠"，漫长的"北漂"岁月里李白已经在日日思归了。

公元735年是个转机，唐玄宗到长安郊外狩猎，李白献上《大猎赋》，玄宗喜悦。后李白又得机会向宫廷女文青玉真公主献诗，希望将自己引荐给玄宗皇帝为官。在长安李白还得到了诗人贺知章的赏识，这位大他四十多岁的前辈尤其欣赏他的《蜀道难》，也向朝廷推荐才俊李太白。李白开始一步步接近统治阶级上层社会。然而公元735年至742年，又是七年韶华，诗人已42岁了。尽管李白在京城文化圈有了相当的地位和影响，可以说名满京华，但想得到皇帝玄宗的赏识为卿相，实现报国理想哪那么容易啊。但李白还是为了理想极其耐心地等待！这期间他写了《行路难》，表达了行路何其难，理想何其远，但自己都要身心并赴。末尾两句"长风破浪会有时，直挂云帆济沧海"成为励志经典语。

终于在公元742年，李白奉诏入官，供奉翰林。喜讯传来，李白欣喜异常，作诗《南陵别儿童入京》，最后两句"仰天大笑出门去，我辈岂是蓬蒿人"，从文字背后我们仿佛看到李白那披衣大步出门的潇洒，纵声大笑的爽朗。这一笑，笑尽14年来"北漂"生涯孜孜以求终于如愿的满足，笑尽对自己那旷世才华必有用的自信和万丈豪情。人读之，无不受其感染。这应当算是李白的生平第一快诗了吧。

### 文人"朋友圈"

李白仗义任侠爱交朋友，早在二十几岁他在旅行中与诗人孟浩然相识。大家都熟悉他的《黄鹤楼送孟浩然之广陵》就是写他在江夏武汉与孟浩然相遇相识后依依不舍的送别。后来李白还写过《赠孟浩然》："吾爱孟夫子，风流天下闻。红颜弃轩冕，白首卧松云。醉月频中圣，迷花不事君。高山安可仰，徒此揖清芬。"可见，李白对这位大自己12岁、极具才华和风尚的大诗人的喜爱与尊崇是终其一生的。

在长安供奉翰林前后，他的文人朋友圈就更大了。贺知章对李白有知遇之恩。李白在京城任翰林三年里，行走长安市上，常与诗人贺知章、书圣张旭，还有崔宗之等相聚豪饮，杜甫曾有诗《饮中八仙歌》描写他们，"知章骑马似乘船，眼花落井水底眠""李白斗酒诗百篇，长安市上酒家眠，天子呼来不上船，自称臣是酒中仙"。李白在纪念贺知章的诗句里说："四明有狂客，风流贺季真。长安一相见，呼我谪仙人。昔好杯中物，翻为松下尘。金龟换酒处，却忆泪沾巾。"

公元744年，李白因藐视权贵受到排挤被赐金放还。这一年，他在洛阳遇到正在蹭蹬不遇的杜甫。中国文学史上最伟大的两位诗人见面了。李白比杜甫年长11岁，但他们以平等的身份，建立了深厚的友情。不久又一起遇到了诗人高适，三人各有大志但都为国隐忧，评文论诗，纵谈天下大势，畅游甚欢。诗界巨星的交游切磋对他们今后的创作产生了积极影响。公元745年秋天，李白与杜甫又在东鲁会见，知交之情不断加深。分别之际，李白写下名篇《梦游天姥吟留别》，结尾句"安能摧眉折腰事权贵，使我不得开心颜"直抒胸臆。杜甫多次在诗句中表达对李白的崇敬和思念，夸他"笔落惊风雨，诗成泣鬼神"，念他"凉风起天末，君子意如何。鸿雁几时到，江湖秋水多"。

李白的朋友圈还有王昌龄、元丹丘、汪伦、崔成甫等人。让我们吟咏那淋漓友情的诗句吧，"岑夫子，丹丘生，将进酒，杯莫停""我寄愁心与明月，随君直到夜郎西""桃花潭水深千尺，不及汪伦送我情"……李白每次与朋友游玩都尽情畅游，不计早晚。他和朋友们泛舟秦淮河，通宵达旦地唱歌，引得两岸人家不胜惊异，拍手为他们助兴。李白甚至把朋友崔成甫的诗系在衣服上，每当想念，便吟诵一番。

李白的晚年家庭多变，国家多事，他一面求仙学道，一面关切国家安危。三年君子骄宠，一朝得罪权贵赐金放还，李白也遭遇了太多江湖秋水、世态炎凉，"一朝谢病游江湖，畴昔相知几人在。前门长揖后门关，今日结交明日改"。生活困顿历经磨难，除了经得起考验的几缕友情，他也寄深情于山水。所以李太白心灵的朋友圈里更有那相看两不厌的敬亭山，有对影成三人的明月和清影，有绣颊一样的山花和流萤一般的江火……

这个仗义行侠的诗人一生怀着至真性情，与兄弟同交，与忘年同乐，与女子儿童同情，与明月山水同心，与朝廷国家同命运……当然，李白用心如日月，他的诗，他的故事，他的人格也必将如日月一样在后世永久地照耀。

（2015年写于青云小学"蓝朵儿"读书会教师读书交流活动）

## 向死而生　为爱而活
### ——再读《呼兰河传》

又读了几遍《呼兰河传》，我渐渐懂得为什么这本仅有 12 万字的小册子，竟有两个片段被选编入小学语文教材，为什么这个仅仅活了 31 岁的东北作家竟被鲁迅先生寄予厚望，被誉为民国时期的"文学洛神"。而语文书里叫做《火烧云》和《祖父的园子》的两篇课文是多么受师生的喜爱，独特的语言里充满生命的活力，充满对生活敏锐的感受力。但说实话，2006 年我第一次读《呼兰河传》时真没读出它的滋味。那是为了准备上全国阅读教学大赛课《我的伯父鲁迅先生》而买了这部小说来读，是太急于从中找到自己上课可用的东西，也是当时的阅读经历和生活积淀太浅。

读它，我在心里一次次地想，呼兰是萧红生于斯、长于斯的地方，对于自己的故乡她为什么如此地深爱，又为什么如此决绝地逃离？我也在心里一次次地默念她的话：我不能决定自己怎么生、怎么死，但我可以决定自己怎么爱、怎么活。这个从小看过无数生死的女人，一生糟尽白眼的女人，是如何不甘地向死而生，为爱而活，为她自己，为爱她的祖父，为她爱的穷苦人，一切人。

萧红笔下的呼兰人是苦难无助的，也是愚昧麻木的；是坚强自愈的，也是盲目乐观的。十字街上夫死子亡的卖豆芽的王寡妇；染坊里和情敌厮打淹死在染缸的学徒；手下是活灵活现、五彩斑斓的扎彩，自己却残缺丑陋、粗糙破烂、吃睡在车马人头和碎纸秫棍子间的扎彩匠……王寡妇隔三差五去庙上哭一场，哭完仍得回家去吃饭、睡觉、卖豆芽菜；淹死过人的染缸里仍旧染了蓝布给男人做棉袄，染了红布做成大红袍子，给十八九的姑娘穿上让她去做新娘子；多少年深受大坑之苦的乡人从不想去填平，大坑倒成了人们吃上廉价瘟猪肉冠冕堂皇的理由；买麻花的一家子围绕麻花纷纷算计、打骂、追抢，哪里有幼吾幼、长吾长，完全是愚昧的、丛林的，母不母、姊不姊、弟不弟……萧红只是一个个人物地写，一个个场景地叙述，她对那些人的爱与痛是那么深刻强烈，语言上却是隐忍节制得刚刚好。

你看那小团圆媳妇，漫长的被打被吓、被"医治"的过程，让你的心同时被打得淤青，被揪扯耍弄，被火烧水漂，沉重的让人难以翻身的更有那团圆媳妇的婆婆"不打不成人"的愚蠢语录，她肿成簸箕一样都不肯医治的手臂，她为儿媳治病请医送神"天价消费"时繁复纠结的心理。看那有二伯，无家无业居无定所，那无人搭理终日和狗讲话的古怪性格，那些耍逗他的笑话，因他以死反抗欺侮，却屡屡不敢而编的歇后语和典故，他那前张嘴儿、后缺跟儿的鞋子，他挨了萧红父亲的痛打后夜夜自己说话骂人，他一边自吹自擂充好汉，一边又惯偷主人家东西，都让我想起鲁迅笔下的孔乙己。看那更夫冯歪嘴子，和王大姑娘生的孩子住在冬日冰冷的草房里，各种诽谤、嫌弃和迁怒、诅咒他们都受过了，第二个孩子出生后王大姑娘却终于受不过了。妻子死了，冯歪嘴子带着两个儿子打着趔趄地活着，那总也喂不大的孩子，那孩子让人难受的笑……比自然界的冰冷更冰冷的是人们看热闹、盼着冯歪嘴子一家出事死人的乡邻。穷人不仅不自怜，反而欺侮更弱小的。萧红说"冯歪嘴子的话声空空地落到园子里，又空空地消失了"，她想说，冯歪嘴子他的生命也就是这样，空空的，空空地落，空空地消失。

萧红笔下那些风物景色的描写总能伴着丰富的感受和独特的直觉，中国北方的人就生活在如此严酷的寒冬，也生活在生命力自由喷发的春夏。但她的写景才不是单单地写景。"什么都是任其自然，愿意东就东，愿意西就西。若是纯然能够做到这样，倒也保存了原始的风景。但不对的，这算什么风景呢？东边堆着一堆朽木头，西边扔着一片乱柴火。左门旁排着一大片旧砖头，右门边晒着一片沙泥土。""门前的那砖头是越来越少的。不用人工，任其自然，过了三年两载也就没有了"。这些描写让你觉得这里没有对话，没有温度，没有表情，没有存在感，任其生长也任其死亡，风物与人物都一样。生老病死，都没有什么表示。生了就任其自然长；长大就长大，长不大也就算了。

但在荒凉之间萧红也能发现生机、发现关联。"砖头晒太阳，就有泥土来陪。有破坛子就有破大缸。有猪槽子就有铁犁头。像是它们都配了对，结了婚。而且各自都有新生命送到世界上来。比方坛子里的似鱼非鱼，大缸下边的潮虫，猪槽子上的蘑菇等等。"幼年的萧红有着强烈的共情能力，会自己把事物找出关系来，心里特别有情有爱有趣，这样一个内心丰富美好的女孩如何在这薄情的呼兰生活下去？见到人不表现害羞的团圆媳妇人人尚看不惯，假如不逃离，这么多情感和灵性的萧红过的将是什么生活？早慧又读了书的她早已看透！逃离呼兰，便是注定的，死命地。

萧红在这里写她家的大房子，"外表上似乎是很威武的，但我看它内容空虚"，威武而空虚、平静而速朽的旧社会旧生活就是难以维系的大厦将倾，不可避免。我想起关于萧红电影的影评，《她看到了风暴》。那些住在四处漏雨的破草房里开粉坊的人，骄傲地上房采蘑菇吃，边漏粉条边唱歌，萧红说"那歌声就像一朵红花开在了墙头上，越鲜明就越荒凉"。有风的夜里房子被吹得东倒西歪、嚓嚓地响，里面的人醒了说声"房子又走了"，并不起来又翻身睡去。这自然让人想到鲁迅先生呐喊的铁屋子。萧红感慨"这些人的过度自信不知从哪里来，也许住在那房里的人都是铁铸的，不是肉长的"。

祖父擦锡器的时候常常挨祖母的骂，骂他懒，骂他擦得不干净，祖母一骂祖父的时候就常常连萧红也骂上，"死脑瓜骨！小死脑瓜骨！"萧红知道因为祖父不怎么理财，一切家务都由祖母管理，只是自由自在地一天闲着。萧红自知和祖父是一样的，她说"等我生来了，第一给了祖父无限的欢喜，等我长大了，祖父非常地爱我，使我觉得在这世界上有了祖父就够了，还怕什么呢？虽然父亲的冷淡，母亲的恶言恶语，和祖母的用针刺我手指的这些事，都觉得算不了什么。何况又有后花园！"祖父每天领着萧红在后园里过，每晚领萧红念《千家诗》。祖父用黄泥烧掉到井里的小猪、鸭子给萧红吃。虽然祖母生病咳嗽的时候吃猪腰川贝母，也分给萧红猪腰吃，但是萧红说"我吃了猪腰还是不喜欢她"。祖母就快死了的那两天，萧红顶着酱缸帽子当雨伞玩，父亲一脚把她踢翻了，差点没踢到灶口的火堆上去。萧红和祖父、祖母和父母虽是血缘相亲的家人，但他们是活在不同的目的里的。萧红认为祖父和乡亲过的是"既不向前也不回头的生活。是凡过去的，都算是忘记了，未来的他们也不怎样积极地希望，只是一天一天地平板地、无怨无忧地在祖先给他们准备好的口粮之中生活着。"父亲和祖母则恨铁不成钢地埋怨祖父不会理财却去同情院子内外的穷人，不会有卖烧锅子的和卖高粱的联姻的"生活智慧"罢……父亲因为她的"丑闻"而举家迁到阿城，弟弟在冬天的郊外找到萧红劝的是"姐别闹了，咱回家吧"。她的父亲才不管她是什么作家，对于她日后乱世飘零中的死亦是不闻不问、不管不顾。

受着祖父陪伴之爱的萧红长大了，她自己说"后花园虽大，已经装不下我了"。是啊，后花园、大宅子、县城都装不下她了，呼兰这不前不后、不死不活的生活怎么装得了她！于是从呼兰到哈尔滨，到北京，到青岛、上海、武汉、重庆、中国香港和日本，她终于走向了远大的天地和世界。于是从读书到逃离，到被困、被救、写作、相携相怨、孤独逃亡，她走出了她 31 岁的生命，却走进了无数人的眼里心里。走至哪里呢，不知道，只是感觉，在漫长缥缈的时间隧道里，她的背影从不模糊，反而会在那里越发清晰、越发持久……

（2018 年写于中心小学棒棒堂读书会教师读书交流活动）

## 《孔子》读后记五篇

每个中国人的精神世界里不可能没有孔子。关于孔子的书我们都读过，可能读的方式不同。鲍鹏山的《孔子》带给我一种古今结合的读法，润心又活脑。在这本孔子传里，"吾少而孤，多能鄙事""学而优则仕，仕而优则学"，

"夫子教人，各因其材"……那些精炼的语句背后都有非常精彩的故事。结合孔子的这些故事去读这些金句，我们才能把经典读成智慧。

作为中国人，你总要在不同的年龄，用不同的方式读孔子。如果你有子女，有学生，当他们开始记诵《论语》的时候，你还要考虑该怎样和他们对话。

### 一、诚心正意多能事

孔子3岁父亲去世，孤儿寡母生活，17岁母亲去世。为了生活，孔子自幼学会许多卑贱的技艺，日后自己曾说"吾少而孤，多能鄙事"。正是勤于做事，让孔子具备了出众的才能和品格。

孔子17岁，和他相依为命的母亲去世。办丧事在那个时代的鲁国是一件很重大的事，而此时的孔子孤身一人、尚未弱冠。而孔子想的不仅仅是葬母亲，还要让父母合葬。这里有一个很大的难题就是孔子不知道自己的父亲葬在哪里，当年他才3岁。母亲只知道父亲墓地的区域，也不知道准确埋葬之地。当时的人们仅仅在家祭亲祭祖，不去墓地。当时的坟墓也不封、不堆土、不植树，时间久了便难以辨认。孔子自小生活在崇尚礼乐的礼仪之邦鲁国，他知道鲁人从周公旦时代就倡导夫妻同穴，认为是很美好的，他要为自己的父母做这件事。

父亲的墓找了数日也无着落，孔子只好把母亲在鲁城外浅葬，然后到处打听，寻找知道线索的人。他的一片孝心感动了一位老人。这老人的儿子是职业抬棺人，曾经参与安葬孔子的父亲，老人告诉了孔子他父亲棺木的具体位置。孔子终于把父母合葬在一起如愿以偿。为此，钱穆先生曾感慨地说："孔子尚在17岁时，其临事之缜密已如此。"

精诚所至，金石为开。一个人的力量是有限的，但感动人心后的力量是无限的。我想到古代寓言故事《愚公移山》，结局也是"帝感其诚，命夸娥氏二子负二山，一厝朔东，一厝雍南。自此，冀之南，汉之阴，无陇断焉"。如果年少的孔子畏惧困难，或者半途而废，不会有人如此真诚地帮助他。所以，要想有人帮自己当努力。当然，世上还有很多事做到底也没有感动谁，我们必须要诚心正意，还拿孔子的话来说就是"尽人事，知天命"。

孔子年少却"临事缜密"着实让人感佩，这应该得益于他从小"多能鄙事"。所以说"学会做事"是多么重要。事，就是最具体的任务，最具体的情境，最实在的实践。在做事中，一个人的态度方法、意志品格等综合素质得以提升。我们每个人多做点事吧，为了自己的改善提升；我们让孩子从小多做事吧，为了孩子也能"临事缜密"。哪怕是编筐挞篓、养鸡种地这样的孔子所说的"鄙事"，一样能成长人，甚至能成就圣人。

### 二、"眼高手低"志于学

青年孔子已经成为六艺专家，虽然已得到国君鲁昭公的礼遇，为他新生的儿子赐名"鲤"，但还没有做官的名望。21岁时他做了上卿季平子家的仓库保管员，第二年又在季平子家管理牧场。以孔子当时的学问水平，这些差事不足道，但孔子却做得非常认真。司马迁曾表扬孔子做仓库保管员管理得井井有条，丈量土地非常准确得法，管理牧场牛羊茁壮，繁殖很快。孔子15岁就"志于学"，他心里当然不会以做大官的管家为目标。但他"眼高"并不拒绝"手低"，眼界和志向放在高处，又脚踏实地干好分内的活。

这种意义的"眼高手低"太可贵了。孔子自己曾说："会计当而已矣""牛羊茁壮长而已矣"。这"而已"的意思是说，活干到这样就好，不会沉迷在此处花所有的心思。孟子后来评议，意思是说工作最好不只为了拿工资，有时会因为需要工资而工作，如果因为要拿工资而工作就做点普通的平常的工作为好。

孔子自然有他更高的追求。他曾说"君子不器"，不要把自己当作一个只有专门用途的器具。他曾告诫学生子夏说："汝为君子儒，毋为小人儒。"我们可以理解小人儒就是职业儒，谋生儒；君子儒就是志于学之儒，志于道之儒。

孔子把探索宇宙人生的大道作为自己的使命，把促进国家繁荣、人民幸福和文化的发展进步为自己的职责，终生践行，甚至"知其不可而为之"，要说"眼高"已是至高无上了。但孔子又多能鄙事努力生存，从仓库保管员一步步做起，要说"手低"也是最为草根了。使他在贫穷与富有、卑微与高贵间自主游走的是15岁就选定的"志于学"的目标，他坚信人生有超越于谋生谋官之上的价值，那就是探寻和捍卫真理、正义和文化。

这样的"眼高手低"不是我们所需要的吗？不是我们的学生，我们的青年所要学习的吗？人是需要脚踏实地的，不管从事什么工作，承担什么角色，我们都要多些认真负责的态度，多学些实实在在的技能，不能嘴上呱呱手上花花，也不能做啥都做不出个样子和效果来。人还是必须要有一点高境界的，可能我们成不了志于学、志于道的君子儒，但也应该在职业儒的基础上多些超越、多些追求吧，就算为了自己，应该在职业儒的基础上多些热心、多些思考和突破吧。其实在为了他人和为了工作中，总会并不矛盾地提高了自己。

### 三、"学而优则仕"的上下句

我们经常讨论"学而优则仕"是不是合理，讨论能学习的人适不适合做官。其实"学而优则仕"是有上下句的，我们把上下句连起来看，才能多领会这里面要表达的意思。它的下句是"仕而优则学"。"学而优则仕，仕而优则学"，即使是学习积攒了智慧力量做了官，但官做稳了做好了就该更多地投入学习。"仕"前"仕"后都离不开"学"。孔子就曾一边为官谋事，一边坚持学习，向着人生和学问的深度掘进，终成为思想大师、文化名人。

这让我想起刚刚听过著名作家韩少功先生的报告，有一个商人朋友曾和韩少功先生说，他最害怕的是下班以后在任何娱乐场所都看不到自己的对手，因为这个人不出入休闲娱乐场所很可能是去读书学习了，这样的对手很难对付，很难战胜。

这里的学习也绝不是说纸面功夫。孔子说"质胜文则野，文胜质则史，文质彬彬，然后君子"。读书人是要"学而时习之"的，是要边学习边实践所学所悟的。这么看来王阳明的"知是行之始，行是知之成"，也是可以从孔子"学而时习之"找到依据和呼应的。

孔子是这样说的，更是这样做的。他任司空掌管鲁国水土资源，依据国土山林、丘陵、高原、平地等不同类型，分类指导百姓种植和渔牧。升任大司寇，掌管司法和公安工作，每个案子都慎重处理，考虑周到，鼓励提议，择善而从，主张慎刑和无讼，引导百姓"有耻且格"。很快，鲁国秩序井然，风貌一新。后来又任中都宰和礼相、助理国相，鲁国国势渐强，终使邻国齐国恐慌，使鲁国权臣嫉恨，用离间计阻止孔子受重用。

总之，孔子不管为学还是为官都是精彩得很。后来的历史也大有一批批"学而优则仕，仕而优则学"的儒官儒将，大书法家颜真卿家族式忠勇善战，词人辛弃疾久战沙场，心学创始人王阳明平宁王之乱，大儒曾国藩组建湘勇治军有方……

"学而优则仕，仕而优则学"，好精彩的上下句！

"学而优则仕，仕而优则学"，好精彩的孔子！

### 四、因材施教，最古老又最现代的教育追求

**夫子教人，各因其材**

同一问题不同解答。孔子对于不同人问的同一问题的解答是不同的。同样问到"想到一件自己认为正确的事就可以去做了吗？"的问题，孔子给学生子路的回答是，"那怎么可以！有父亲和兄长在，你至少问问他们，怎么能自作主张呢？"；给冉有的回答却是，"你认为正确那就马上去做，还犹豫什么！"孔子背后的原因是，子路勇敢，有时莽撞冲动，所以需要抑制一下；而冉有比较谦虚退让胆小，所以需要鼓励他。

不同年龄不同侧重。孔子深谙人性，认为同一个人在不同的年龄上有不同的教育侧重。他有著名的君子三戒：少之时，血气未定，戒之在色；及其壮也，血气方刚，戒之在斗；及其老也，血气既衰，戒之在得。孔子深知生命脆弱，易受伤害，道德无瑕，易受污染，所以引导学生善待自己的生命，勿过分耗损生命，更不能无端浪掷生命。这是对人对生命多么深刻深情的爱！

不同群体不同教法。孔子认为人的天赋、基础和悟性都是有差别的，差别形成不同的群体，那么教师的教法就相应有不同。"中人以上，可以语上也；中人以下，不可以语上也。"可见孔子尊重差异，基于差异，利用差异，他对教育的规律把握得十分准确。他上课常是和一组组学生聊天，二三子，三四人，大家一起讨论。这种景象就像江海里的大鱼带小鱼，亲密自由，各得其长进，各得其乐趣，多么令人向往！

**传承传统，得心应手**

两千年时代变迁人性不变，教育规律不变。符合人性、符合规律的教育传统，我们需要得之于心，成之于行，得心应手。

　　读过孔子的因材施教故事，你如何辩证地理解"一碗水端平"，完全不同的对待和解答背后，爱是一样的，用心是一样的，促进成长是一样的，这才是骨子里的尊重和公平。老师，你能不能、善不善于因人而异去教育学生，你有没有将"一视同仁"做成了表面，甚至于僵硬？教育更需要中庸的思想，中庸即适合，适合的才是最好的，"过"与"不及"都是没有做好因人而异，没能做到因材施教。

　　我想我们教学辅导里的"面批面改"，就是一种很好的来自传统的因材施教。老师与学生面对面，讨论的是学生自己的、个别化的问题。学生更加温暖，教师不再空洞。前些天听过徐健顺教授讲的传统书塾，老师的位子在后门边，是个相对私密的区域，方便单个指导学生。指导是个别化的，声音也小，既不影响群体，更保有被指导学生学习和成长的隐私。这是多么有心有爱的教育！

　　从孔子那里，我们了解了很多自己民族的优秀教育传统。这些符合人的发展规律和教育规律的传统，我们实在应当得之于心，学其精髓，得其要义，再付诸于今日的学生，今日的学校和课堂。峰回路转，选择性和个别化已经是当今教育现代化的重要指标。因材施教，个别化教学，我们的学校能在多大的程度上实现它？让我们加油！

## 五、中庸之道的大爱与大智

　　孔子是中国基本价值观和道德信念的集大成者，但并不是一个极端的道德主义者。在人生与道德的路上，他很好地践行着中庸之道。

### 反对极端道德

　　极端道德一是要好人极端地好，二是对坏人极端地坏。要好人极端地好，结果是不道德。对坏人极端地坏，极端地痛恨，用极端的手段去对付，也不是善。

　　孔子的弟子公伯寮在孔子堕三都的关键时刻，在季氏面前说师兄子路的坏话，导致子路丢了季氏家臣的职务，对堕三都的失败和孔子出走鲁国有直接的责任。但当有人建议杀死公伯寮时，孔子说：我的道如能行得通，那是命；如行不通，那也是命，跟公伯寮没有关系。孔子反对用极端手段来实现正义，维护道德，因为一切极端手段必隐含着对另一种价值的破坏，而且是对更原始更基本价值的破坏。

恐怖主义就是极端道德主义的产物，有自以为是的道德基础和目标，但比起一般不道德行为危害更大，结果更不道德。

### 防止过犹不及

学生曾参在父亲生气拿大棒子打他的时候不躲不让直至昏死，孔子非常生气不理他了。后来孔子给他讲了舜的故事，舜的父亲瞽叟、后母和弟弟几次害他，他不改对父亲和后母的孝顺，不改对弟弟的爱。父亲需要侍候时舜总在身边陪伴，父亲批评他，小的责打时，舜也都在一边听着挨着，可是父亲拿大棒子来打他的话，他一定逃得无影无踪了。如果舜听任父亲，不仅自己死了，还要陷父亲于不义。

那个抱柱而亡的尾生，孔子对他并不认可。有人向尾生借醋，尾生家里没有就向邻居讨要后借给他，孔子说他这是有意识地、曲意讨好地做好人，不必要，说他不直爽。子路姐姐去世丧期过了子路还穿着丧服，孔子说亲人离世谁都不忍心，但任何事都要有分寸，感情也要有节制。"先王制礼，过之者俯而就之，不至者企而及之。"子路闻之，遂除之。礼不是按最高标准制定的，而是按中间的标准。境界高的俯就一些，境界低的努力一点，这不就是中庸之道吗。

### 善于推己及人

鲁国颁布法令：赎回在他国为奴的鲁国人，政府将返还赎金，赎人者"惠而不费"。孔子的商人弟子子贡赎回一人，但他拒绝到国库领赎金。孔子知道后很生气，对子贡说：你不要赎金，将来鲁国在外的奴隶就再也得不到救济了。孔子看到了这个道德行为可能引起的不道德结果。人们如果向子贡学不要赎金自己损失了钱财，不向子贡学要了赎金显得境界不够高，结果只能不再赎人。学生子路救了个落水者，被救者送了子路一头牛感谢，子路收下了。孔子的评价是子路做得好，以后鲁国人一定会乐于助人了。因为国人会想子路那么高尚的人都拿报酬，我拿了别人也不会说什么了。

中庸的道德观念，使孔子显得可敬可爱，更值得庆幸的是这深深影响了我们的民族性格，我们是不喜欢走极端的，是崇尚中庸的、合适的，是讲求人性、充满智慧的民族。中庸就是拒绝绝对，反对极端，就是寻找合适，就是有原则的灵活，就是从基本价值观角度考虑后果和影响的权衡。中庸是最深的爱，是最高的智慧。它需要正心诚意，需要把握原则，需要有全局观，需要有长远眼光，需要务实不好高骛远，需要有宽广的胸怀，需要有更多的办法，而且这一切都围绕着"心中有人""仁者爱人"的核心。让我们在自己的时代和自己的生活中共修中庸之道。

（部分内容2018年发表于《半岛晨报》"好书推荐"栏目）

# 回到常识，做好的教育者
## ——读《教育常识》有感

君子务本，本立而道生。教育常识是我们教育者要务的"本"。我们先来看看作者李政涛教授给"教育常识"下的定义，"就是有关教育的最基本且简单的事实性的知识与道理"。李教授进而解释了定义中"简单"和"基本"两个关键词：常识是简单的，表述清晰而简练，具有可转化性故运用方便；常识是基本的，是事物的基础和本源，是寻常可见又反复出现的事实。我太喜欢这段精彩的阐述了，反复批画、摘抄、体会，在一旁写下"常识因其'基本'故不可偏废，因其'简单'能转化无穷"的感悟。

我们作为教育者，须形成和发展自己的教育哲学。教育常识和教育理论、教育哲学是紧密相关的。教育常识可以说是经过实践过滤和沉淀了的教育哲学。缺乏和违背教育常识，就缺失了教育最基本的理性。作为一线教育工作者，我们需要不断地追问、寻求、理解和运用教育常识，我们的教育理念才会借助它变得既深刻根本又宜于理解和操作，我们的教育行为才会连续渐进地产生良好的育人效果。

《教育常识》一书分为人性常识、教育理想常识、教育过程常识、教育内容常识、学生常识、教师常识和教学常识 7 个章节，论述了具体的 51 条教育常识。每个章节和篇目都很精彩，这里我选择其中 3 个具体的教育常识来分享自己的理解和运用。

**人在表演和观看中生长**

在第一章里，李政涛教授阐述了"人在表演和观看中生长"的人性常识。人性常识是教育常识的根源，不懂得人就不懂得教育。李教授在这里列举了每个人的独一无二、人始终未完成、人只能自己活和儿童生长有节律等人性常识我都能轻松理解，但看到"人在表演和观看中生长"的人性常识时我挺惊奇，人有这样的重要特性？李教授以婴儿啼哭为例，讲述了啼哭怎样从生理反射的自然本能转变为工具理性，这是儿童发现并生长出来的表达某种需求的手段，开始有了表演的需要。从啼哭开始，儿童逐步有了更多的表演和观看，表达他对自然的理解，实现他与人与物的沟通。这让我想到了马斯洛的需要层次理论，这么多层次的需要不都是通过表现和表演来实现的，"自我实现"作为最高层需要，也是要在一个载体中使生命价值最终展示出来。李教授又讲到人类的原始时代，充当教师的父母长辈会通过示范表演，给下一代展现如何制造工具和捕猎等，孩童则在一旁观看模仿并操练。我感慨"人之初"和"人类之初"的特性是如此地相通。人类在表演和观看中生存和生活，没有表演，包括表演的知识和能力，观看并理解表演的知识和能力等，人就无法生存。

庆幸的是，这些是我两三年前读此书所得。近年来，我和学校的老师们已经把"人在表演和观看中生长"的教育常识应用于自己的课堂改革中，受益匪浅。我们学校学习应用冷冉先生情·知教育理论，提炼推广了"四轮驱动情优教，五环聚焦学定教"简称"四轮五环"教学模式，其中的展示环节之所以受到学生们的欢迎，正是因为它符合了"人在表演和观看中生长"的教育常识，恰与冷冉先生"十次说教不如一次展示，十次展示不如一次成功展示"的论调相一致。展示里有同学们对于问题的探讨，情感的互动，综合能力的操练和呈现。展示里的表演和观看是生命的对话，人人创造人人不同，通过展示环节孩子们可见自己和他人精神世界的万花筒，奇幻无比。同学们喜欢展示也喜欢观看和评价，喜欢设计表演也喜欢在模仿中借鉴，乐此不疲。

**教育就是使人拥有好的生活方式**

李政涛教授在书里论及教育实践与其他实践形式的不同，他把促进生命的生长和发展作为唯一对象和内容，是对生命的介入式和改造式实践，是一种生活方式的改造，包括观念、思维、话语、价值的改造和规则、礼仪、行为的改造。在这一章节，我深深地感悟到：过什么样的生活就会成为什么样的人，而过什么样的生活就是拥有什么样的生活方式，那么教育就是促进每个人形成理想的、适合的生活方式，进而成为那个理想的自己。生活方式的形成是对人的时间和生命进行的一场实践，它需要教育去唤醒人的生命自觉，需要激励去肯定那些好的态度和行为，需要营造有利的环境去影响和带动，也需要必要的训练，从参与式体验到稳固的行为训练及其间的评价矫正和人生观讨论等去形成好的习惯和健全人格。

由此我想到，我们在中山区教育局引领下开展了三年多的好习惯培养工作是对学生生命最好的教育实践。李教授说，教育不至于习惯，但只有所有的好奇、乐趣、能力和方法变成了"习惯"，才能够说形式幸福的源泉已经在内心开掘成功，从此难以撼动，并且自发产生生命生长的活水。三年来，我们全体校级干部和教师学习讨论习惯养成的意义和方法，我们发动学生和家长讨论制定好习惯的行为标准，我们有计划地全面培养学生养成生活、学习、礼仪和道德四方面 80 个好习惯。而这些工作的上位思考是着眼于使学生有能力拥有健康、现代、文明的生活方式，培养学生形成正确的观念、思维和价值，呈现出科学人文的规则、礼仪和行为，让学生在文明的行为之上有一颗高贵的心。

**教育的过程即转化的过程**

书中李政涛教授转述了师傅叶澜先生的一段话，"把外在的知识、价值观念和规范等文化转化为个人的内在精神，是教育活动中最本质的转化"。李教授从中揭示出"教育即转化，教育过程即转化过程"的教育常识，并提出教育中转化分三个层面：第一层，把外显的知识转化为内在的知识；第二层，把内在知识转化为外显行为；第三层，把潜在的可能性转化为发展的现实性。

诚然，教育者最基本的教育能力是转化力。它要求教师不仅自己清楚，还要让学生清楚；不仅自己想明白，还要让学生想明白；自己有的知识、能力、方法，还要让学生一样拥有。李教授将教师的转化力也分了三种层次：第一层次的教师，有知识但没有转化的意识；第二层次的教师，有知识，也有转化的意识，但没有转化的能力；第三层次的教师，既有知识，也有转化的能力，更有转化的习惯。

由此我想到了我们的教师培训工作，是不是拿出必要的比重来抓教师转化能力的提高、转化习惯的养成。为此，我们将完善学校"读书育人"校本研修模式，加强教师转化的意识、能力，使更多的老师形成转化的习惯。这就要习惯于学生思维，习惯于天地人事均与教育紧密联系的思维。让老师们深知所有的教育教学活动不该有教师展现自我的念头，教师最重要的使命就是把知识和人生经验变成学生的。这种转化不是偶尔为之，而应当贯穿于教育全过程中，教师为此而养成基于转化的反思习惯，课程基于转化学生思维和行为的程度来反思自己如何跟进或改进如何教。李教授说转化注定是个艰难的过程，教育之难，难在转化，教育之苦，苦在转化。我想补充，教育之乐也必乐在转化。

李政涛教授在序言中首先厘清"教育者"的概念，凡是试图促进他人的生长和发展、改变和提升的人都是教育者。就是说一个人在学校里当老师，如果他没有试图并促进他人的生长和发展，其实不是真正的教育者。而优秀的家长，各行各业领军者、管理者和培训者，甚至很多在家庭内外有一定影响力的普通人，他们虽无教师之名，行的却可能是教师之实。如果想成为一个合格的教育者，一个好的教育者，我们需要边工作边读读像《教育常识》这样的书，带着严肃认真和尊重的态度找回常识，倾听和理解常识，三思和转化常识。让我们在回到常识的路上携手并肩，成为合格的、好的教育者。

（2014 年发表于《大连教育》）

## 教学风格，美丽的彼岸
### ——2007年中山区名师工作室学习体会

### 追求风格——技不惊人死不休

教师的教学风格源于实践，决定于时代和个体综合特征。风格的形成过程就是个体教学特点逐步显化、巩固的过程，到了这些特点能融成体系，汇成一种自如驾驭教学的行为特征，风格相对稳定下来，也就标志着教师的教学相对成熟了。别林斯基认为，文学作品没有鲜明的独创性和自己的艺术风格，就像"没有剑的剑鞘，空空如也的漂亮的箱子"。雨果认为，"风格是打开未来之门的钥匙，没有风格，你可以获得一时的成功，获得掌声、热闹、锣鼓、花冠等，可是你得不到真正的胜利、真正的荣誉、真正的桂冠"。

杜甫曾用"语不惊人死不休"激励自己，其决心、恒心、爱心我当学之。教学风格是一位老师教育哲学和教育实践的稳定体现和生动呈现。逐渐形成自己的教学风格，是一位名师培养对象应有的追求，是我们教海远航的美丽彼岸。

### 风格的核心——教学能力为根本

观察、想象、记忆等智力因素与动机、情感、意志等非智力因素构成语文教学能力的心理基础；语文知识，教育心理学、教法论等教育专业知识及各种知识，构成语文教学能力的知识基础；听读说写等语文基本能力，解读教材、了解学生、设计教案、组织课堂等构成语文教学的能力基础。

几年来，听过不少名师的精彩课堂，自己也在全国、省、市、区的竞技场上不断努力超越，虽有不少长进，但时常感到青春有涯而教艺无涯的紧迫。参加名师培养工作室，我应当在导师指导下，在团队协作中，在个人的实践、反思、再实践的循环里提升核心能力。抓住发展的大好时机，不畏难，不自满，在痛并快乐着的实践中实现蝶的蜕变。

**风格的基础——缘于师承与借鉴**

一般初登讲坛的教师其教学处于模仿阶段，教师具备哪些特色，学生也容易具备哪些特色。特别是流派的形成，更与师承关系分不开。师承有个人的，也有一代人的。来自那一代语文教育前辈的实践，今天已经并应该为我们这一代人所借鉴、继承、发扬。从魏书生老师在培养学生自学能力的主张和实践中不难看到陶行知、叶圣陶等教育前辈的影响。魏书生培养学生自学已经达到了"自动化"，与王森然提出的"自动的"教学虽不是直接的师承关系，却神奇地不谋而合。

**风格的个性——人的思维与气质**

语文教学风格与教师的思维特点也是相互联系着的。人的思维主要有三种，抽象思维、形象思维、灵感（顿悟）思维。偏重于抽象思维的教师，其思维特点是逻辑严密，判断准确，善于概括和推理、分析和综合。在教学上，它是形成"理智型"教学风格的基础。而偏重于形象思维的教师，其思维特点是，善于演绎和分析。在教学上，它是形成"情感型"教学风格的基础。我属于后者，我的课堂也以激情饱满见长。

气质主要有外倾型和内倾型两种。我们应保留自己气质类型中好的因素，扬长避短，弥补自身的缺欠。在教改的大潮中，往往是内倾型教师首先接受"教是为了不教"这一教育箴言，首先承认"以学生为主体"的教学思想，首先实行变"讲"为"导""练"的教学方法。我属于混合，但内倾成分较多，所以窦桂梅的神思飞扬、王崧舟的潇洒倜傥不切于我，我更喜欢于永正的质朴，贾志敏的本色，薛法根的简约，着力使自己的语文课向"真情质朴—本色简约"的方向发展。

俗话说："根深叶茂，源远流长。"作为一名有追求的语文教师，我要有意识地加强各方面的修养，善于学习和借鉴，善于实践与反思，注重从学生的学习结果和成长轨迹中验证和研究，坚持教育读写，勇于形成创新的思维与独特的气质，使自己的教学早日形成独特的风格，早日使我到达教海远航的美丽彼岸。

（写于 2007 年中山区名师工作室"教学风格"论坛）

# 求真寻美学语文

## ——2008 年中山区名师工作室有效课堂论坛

尊敬的各位领导、各位同事：

上午好，我来自中山区名师培养第五工作室。受益于我们工作室宋文一老师的指导，今天我来与大家交流分享"求真寻美，共赢有效课堂"的思考与实践。

先请大家看这样一个案例，教学《五彩池》的谈话式导入：（播放视频）

谈话一：

师：你们喜欢旅游吗？

生：喜欢。

师：都去过哪里啊？

生：我去过北戴河。

生：我去过上海。

生：我去过桂林，还有武当山。

……

师：你们去过的地方真不少。今天老师要带你们去美丽的地方，那就是《五彩池》。

谈话二：

师：同学们一定都喜欢旅游，跟大家说说，你去过什么地方？

生：北戴河。

师：能把话说完整吗？

生：我去过北戴河。

师：很好。

生：我去过上海。

师：你能在上海前面加一个词吗？

生：我去过繁华的城市——上海。

师：瞧，添上一个词就把上海的特点说出来了。

生：我去过风景如画的桂林。

师：很好，把风景如画换一个词，你还会说吗？

生：我去过山水甲天下的桂林。

师：好啊，用上了学过的课文，人们都说桂林山水甲天下嘛！

生：我去过道教发源地武当山。

师：你连武当山是道教的发源地都知道。读万卷书，行万里路，旅游也能增长不少学问呢。今天，我们就一起到神奇的《五彩池》去游一游。

同样是谈话式导入，同样是联系学生的生活经验，哪一个更好一些呢？我们不妨再仔细回味一下，看看两者之间有什么不同。第一个导语设计简洁明快，很容易激发学生阅读新课的兴趣，但它仅仅是一个导语而已；第二个设计不只是导入了新课，实际上教师巧妙地进行了一次有效的语言表达训练。在看似轻松的聊天中，融入了语文学习的元素，教师利用谈话引导学生把话说完整、加修饰语的方法，启发调动学生的语言积累，准确、生动地表情达意。这样的环节设计对学生的语文学习起到耳濡目染、潜移默化的作用，有效的课堂教学就是这样在不知不觉中悄悄发生了。

一个优秀的教师，是会利用一切可以利用的机会来实现有效教学的。这只是个简单的导入环节，就让我们深深地体会了有效教学的魅力。众所周知，一节成功的课涉及的因素有很多，无论是目标的确定，重点、难点的突破，还是教学环节的设计、时间的分配，教法学法的选择等等，都需要我们紧紧围绕着有效这一核心去思考、去追求，我们求真、寻美，在语文教学的精神家园中探求有效、追求卓越，收获师生共同成长的快乐！

当然，目前我们的语文课堂教学中，不是每个环节都能做到有效，那么哪些是低效甚至无效的？低效的无效的课堂怎么办？这是我们做教师的需要毕生去研究、去追求的永恒课题。如何提高课堂教学有效性，对于小学语文教学来说，我认为要着力抓住以下三个要点。

## 一、正确理解和把握语文学科的特点

人文性与工具性的统一是语文学科的基本特点。课程标准指出："语文是实践性很强的课程，要着重培养学生的语文实践能力……"我的理解是，人文性的体现主要来源于语文的熏陶感染作用；实践性是说学生语文知识的习得、能力的形成，不是老师讲出来的，而是学生通过自己的实践获得的；要想有效，就得给学生提供大量的自主学习的时间。语文学科还强调学习的整体性，语文学习必须从整体入手又回归整体，必须重视培养良好的语感，从而实现语文教学的有效性。

书声琅琅是对校园生活最恰切、最生动的描述，朗读是语文学习的基础和前提。语文教学以读为本，没有充足的时间朗读，没有读出情感的语文课堂不可能是有效的课堂。在精彩的朗读里，我们可以感同身受卖火柴小女孩死前的凄凉和瑰丽的幻想，含着泪祝福她在去天国的路上走好；在精彩的朗读里，我们惊讶于王熙凤初见林黛玉时那令人寒毛耸立的奉承腔调；为狼牙山五壮士壮怀激烈的豪迈而震撼；我们和杜甫一起为"剑外忽传收蓟北，初闻涕泪满衣裳"的喜讯悲喜交加、泪流满面……古人说，读之而喜，拍案叫绝，起舞旋走；读之而悲，涔涔泪落，脉脉欲诉。我为书中人，书中人即我，但觉神入文，文入心，心入境。

这种读书读到人我合一、心灵相通的境界，是语文教学实现有效真实的基础，是最大限度发挥语文育人功能的必要条件。

## 二、多采用促进每个学生进步的学习方式

学生是学习和发展的主体，有效教学的核心是看学生是否愿学、主动学以及会不会学。新课程倡导自主、合作、探究的学习方式，其目的是为了促进每一位学生在原有的基础上都能得到发展。

新课程实施以来，广大教师积极探究学生学习方式转变的途径和方法，合作学习得到了大力提倡和积极实践。那么课堂上的小组讨论算不算合作学习？如何实现小组合作学习的有效性？始终是困扰一线教师的一个切实的问题，如

何走出合作学习的浅层化、低表化误区，从而实现高效课堂，又成为摆在我们面前的一个亟待解决的问题。我们该怎么认识它，合作学习开展得是否有效？这需要我们深入地去研究合作学习的要素，以及要素之间的关系。合作学习的主要代表斯莱文教授认为："合作学习是指使学生在小组中从事学习活动，并依托他们整个小组的成绩获取奖励或认可的课堂教学技术。"它强调：

异质分组，

积极互助，

分工合作，

合作技能，

集体自加工。

斯莱文教授精炼地阐述了合作学习的要义，当小组中的每个成员都能积极参与，敢于发表自己的独立见解时，合作就开始了，在合作中，我们支持弱者，要避免他们成为另一种形式下的被动学习者，我们还要培植学生领袖，鼓励领袖在合作学习中发挥最大作用，平等和尊重是合作学习的基石，求同存异可能是小组合作的最为理想的结果。合作学习能促进每个学生的进步，焕发课堂的活力。我们第五工作室开学初围绕着合作学习承担的展示活动中，王青老师执教了《记承天寺夜游》，学生们通过合作学习自主译文、自主理解文章内容、体会苏轼闲适、悲凉而又喜悦的复杂心境，其过程有探究时的适当焦虑，更有合作交流时的愉悦，特别是为月下景物拟题一处的小组合作，分工明确，人人参与，大家各抒己见，在自主合作中加深了对文章的理解，提升了学生概括运用语言的能力，培养学生热爱祖国语文的思想感情，从而实现了语文教学的有效合作。

### 三、善于兼顾课堂上的预设和生成

我们知道，背景知识、本体性知识、条件性知识和实践性知识共同构成了教师的专业知识结构，良好的预设主要得益于教师的背景知识和本体性知识，而面对课堂突发事件，解答课堂教学中生成的实际问题，就得依靠教师的实践性知识和条件性知识了。实践性知识主要来源于课堂教育教学情景之中，体现着教师个人的教育智慧、教育特点和教学风格，丰富的实践性知识可以带来意想不到的教学效果，是实现课堂教学有效性的又一途径。

"凡事预则立，不预则废"。我们倡导生成的课堂教学不是不要预设，没有预设的教学必定是偏离航道的教学，必将会随意而杂乱，我们倡导改进预设。这种预设应该是移情的预设，是更多地关注课堂上学生怎样学得更好的预设。

布卢姆所说："人们无法预料教学所产生的全部过程。没有预料不到的成果，教学也就不成为一种艺术了。"如何应对预设外的生成，《学记》中说得极其经典："导而弗牵，开而弗达，强而弗抑。"就是说，对待学生学习中的疑问，教师要做到以下三点：要引导，不要牵着学生的鼻子走；要点化，不要直接告诉答案；要鼓励表扬，不要压抑学生，做到了这三点，就是"善喻"，也就是我们今天说的有效教学。

学习的过程是一次次由有知向未知方向挺进的旅程，随时都有可能发现意外的通道和美丽的图景，它不是一条必须遵循固定线路而没有激情的行程。课堂教学上正因为有了这些未知的生成而彰显魅力。

课堂教学是提升学生学习质量的核心环节，在课堂教学上我们不能只问耕耘不问收获，不能只有过程没有效果。学生的生命在有效课堂中成长，教师的价值在有效课堂中绽放。而我，会一如既往，和导师、同伴们一道，努力研究、勤奋钻研，和我亲爱的学生们一起，求真寻美，得法常习，共同营造语文学习的秘境和精神成长的家园！

（写于2008年中山区名师工作室"有效课堂"论坛）

## 我上国优课

2006年10月，我代表辽宁省参加了全国第六届小学语文阅读教学大奖赛，获得了大赛一等奖。这次大赛从3月中山区选拔到4月大连市内各区竞争，从 5 月去沈阳参加省内选拔到 8 月贵阳预备会的现场抽课，再到 10 月太原的全国选手同台赛课，我经历了近一年紧锣密鼓的教学锤炼，终生受益，终生难忘。这一年漫长的各级选拔赛中，我在老领导宋兰春校长大力支持和区教研员王环老师悉心指导下，先后执教了《索溪峪的"野"》《桥》和《我的伯父鲁迅先生》公开课，我的教学设计能力和课堂导学水平在这些过程中获得了质的提升。这篇教学设计是当年全国赛课教学结束后的现场说课。读到它就让我眼前浮现出当年的一幅幅难忘的画面，又重温起那段"激情燃烧的岁月"，也激励着我为学校教师的成长创造各种各样的"关键事件"，做他们成长路上的"重要他人"。

《我的伯父鲁迅先生》是小学语文第十一册第六单元的第二篇课文。人教版选编的"初识鲁迅"这一单元课文着意要给学生一个真实的、丰满的、生动的鲁迅。尤其是《我的伯父鲁迅先生》这篇课文，是从一个孩子，一个少年的角度去观察和回忆的，易于拉近学生的情感和认知。在教学本课过程中，我着重从以下三点实施教学。

首先是"知人论世，解读文本"。

备课之初，我从各处搜集鲁迅的书籍、资料，边读边做摘记和随感，充实自己。渐渐地，这位伟人的形象在我心里丰富起来，我知道他少年时代怎样受到倔强正直、疾恶如仇的寿镜吾老师的影响；知道他学军—学医—学文不断追寻的救国梦；知道他对萧红等进步青年的影响有多大、关爱有多少；知道他奋战中早知自己肺病之重，但"与其不工作而多活几年，倒不如赶快工作少活几年的好"；知道他爱花草，爱看戏，爱篆刻、猜谜，养鱼、绘画、养壁虎，何尝不是个热爱生活的人……一边搜集，一边丰富对鲁迅先生的认识，一边涌起一种强烈的使命感，鲁迅先生，这位文学巨人，民族的脊梁和灵魂，我们应当秉承和牢记，我们有责任让我们的学生好好地认识他，了解他，学习他，尊崇他，甚至去研究他。这样对人物及其生活的时代需要了解，知人论世解读文本，就会帮助学生把课文放到人物的一生中来学，把人物放到他所生活时代的文化背景中去学。鲁迅先生也亲口说过："我以为倘要论文，最好是顾及全篇，并且顾及作者的全人，以及他所处的社会状态。"

　　另外我所了解的一些资料还可以直接链接到教学中，促进学生对人物内心世界的感受。比如我把萧红对鲁迅先生的一段回忆引进到课文第五件事"关心女佣阿三"中，从阿三的感受"他对自己的病一点也不在乎，倒常常劝我多休息，不叫我干重活。"到萧红的回忆"先生知道自己的时间不多了，就更不注意休养身体，他觉得死了是不要紧的，只要能留给人类更多。"使学生更好地体会鲁迅先生为别人想得多，为自己想得少的高贵品质。

　　然后"以学定教，处理教材"。

　　怎样遵循学生由易到难，由感性到理性的认知规律让学生由浅入深地认识鲁迅先生呢？从文本出发我分析了周晔回忆的鲁迅先生生前的四件事。谈读书表现了先生对青年，对儿童的关怀，谈"碰壁"表现了先生对待反动迫害顽强乐观的革命家情怀，而且这两件事都有含义较深的语句；而后两件事救助车夫和关心阿三都反映了同一主题，就是先生对劳动人民的同情和关爱，最具体可感，理解起来也较为简单。为了帮助学生由易到难一步步走近鲁迅先生，我在教学内容的安排上做了大胆的调整。第一课时整体感知课文，引导概括小标题，然后学习后两件事，体会先生关心人民胜过关心自己的高尚品质；第二课时学习谈读书和谈"碰壁"两件事，体会先生的顽强乐观、博爱与深刻，然后弄清第一部分和后几部分的因果关系，领悟作者围绕中心用多件事写人布局谋篇的方法。

　　尽管这是一篇学生了解鲁迅先生的好例文，尽管在教学内容安排上考虑了由易到难的认知规律，但是时间的距离，时代的变迁都为学生走进文本，走近鲁迅设下了重重困难，课堂如何切入又成为一个关键。

　　本文是周晔在鲁迅先生逝世九周年时写下的真情回忆，"想到永远见不到伯父的面了，听不到他的声音了，也得不到他的爱抚了，泪珠就一滴一滴地掉下来"。这是周晔失去伯父时的所感所想，也是全文的情感主线，所以我由周晔的泪入手，以情切入。看到周晔痛失伯父的泪之后，阅读感悟先生对车夫和阿三无私的关爱；然后借周晔的所感所想体会车夫和阿三失去先生的悲痛之情，让学生自然地看到车夫和阿三的泪；再借助阅读链接巴金《永远不能忘记的事情》体会千千万万劳苦大众失去深爱他们的先生的悲痛之情，看到千千万万劳苦大众的泪。

当这些泪融合到学生心头，就自然感化出他们的泪，鲁迅先生关心人民胜过关心自己的感人形象就走进了学生的心田。

第三是"扎扎实实引导读书"。

教学《我的伯父鲁迅先生》，我头脑里始终有着扎扎实实引导读书的意识。这是一篇篇幅较长的写人的文章，在教学中我着意引导学生怎样阅读长文体会人物的性格特点，怎样阅读长文体会作者的写作特点。比如指导学生怎样用概括小标题的方法帮助把握篇幅较长文章的主要信息，经过交流讨论和集思广益，提炼出"谈'碰壁'""救助车夫""关心女佣"等小标题后，引导学生串联小标题快速而准确地概括出主要内容。这种提炼和串联小标题的方法，对于开始阅读长篇文字的高年级学生而言是非常重要的读书方法，而这种读书方法的习得首先需要得法于我们的语文课堂，得益于课堂上扎扎实实的引导，并鼓励学生课外阅读中的学而时习之的应用。

再如抓重点句段联系上下文、插图、背景资料等方法理解感悟的引导，以及读写人的文章抓住人物动作、神态揣摩人物内心，并及时把自己的想法写下来加深理解的引导。这些阅读理解和阅读品味鉴赏的方法是学生在中年级以来渐次学来的，是多种阅读方法的综合应用。这组关于文章的读法与写法学习的"组合拳"，是高年级语文阅读教学的基本范式，需要我们通过一篇篇例文引导将这些方法活学活用、熟练应用，学生在这些扎扎实实的引导下，在这些扎扎实实的阅读实践中，熟练掌握语文读写的思维方法和基本技能。

这是我教《我的伯父鲁迅先生》一课的设计与实践，希望能听到专家的指点。谢谢！

（2006年发表于《小学语文教学》）

## 识字好、好识字、识好字

冰心先生曾经用"读书好、好读书、读好书"来论读书的方法和意义，我今天套用为"识字好、好识字、识好字"来表达自己对儿童识字的认识。我想从"识字与语文""识字与生活""识字与文化"这三个维度和大家交流。

先说"识字与语文"。"识字"是中小学语文学习五个主要内容之一，而且是最初的基础。从语文学习的角度，我们的小学老师们研究了"字源法""分解法""组词法""比较法""联想法""加一加、减一减"等好多的方法。然而这些识字的方法和乐趣往往相对短暂，更深入和长久的学习在于汉字的使用，就是读和写，这也是我们识字教学真正的目的。这里面小学生的阅读实践格外重要。2011 年版语文课程标准已减少了第一学段（一二年级）的识字量，适当延伸到了中高年级一些。这就使小孩子认识常用字的过程不那么集中不那么累，而能够更好地和课外阅读为伴。这时候多读带拼音、有图画的绘本和各种工具书，不仅能帮助小孩子们识字，更能使他们获得读书的乐趣和人生的启迪。

"识字与生活"方面我想强调的是家长要重视和小孩子一起在日常生活中识字，从而指导他们更好地生活。教育家陶行知提出"教育即生活"，好的家长是能做到"识字即生活"的。在这里我向大家推荐张大春写的一本书《认得几个字》。在这本书里张大春这位作家以父亲的口吻和视角在日常交流中向孩子们解说汉字。他能选择普通生活场景中的字由浅入深地交谈，再回到孩子生活情境。除了表面意思还有字的来源和很多故事，历史故事，家族故事。在这里成人不是认字权威，而是和孩子一起做快乐的识字者，是个说故事的人。这位父亲和家里的小兄妹俩由庄子的"祀社栎树"谈论无用之用；由汉字的"无字不成喻"说到惠子与梁王的对话，谈论怎样用"喻"把话说得更明白；由

"黑"字的学习，孩子提出"世界上占最多的颜色是什么"这样对宇宙问题的思考，等等。当有人向张大春求助指导孩子学习语文时，他说："我家里只一样与人不同，那就是我们有长达两个小时的晚餐时间，全家一起说话。大人孩子分享共同的话题，我会运用当天的各种话题设计孩子们能够吸收且该理解的知识。"

最后说说"识字与文化"。怎样认识汉字，影响着我们怎样去学习汉字和怎样教小孩子学习汉字。如果我们能从文化的高度去认识和理解汉字，将超越一般的识字兴趣的培养和识字方法的学习。汉字是世界上最重要的三种古文字之一。两河流域的"钉头字"和古埃及的"圣书字"都已废弃，只有中国汉字岿然独存。中国文字的发展分为纯图画期、图画佐文字期、纯文字期。这套独特的符号系统积淀了丰富的历史文化内容。几千年来汉字在不断演变，汉字的发展史就是中国的文化史和文明史。汉字不仅是提供交流思想的工具，还浓缩了中国人的人生体验，包含了中国人对社会人生的看法。叶朗、朱良志编著的《中国文化读本》，是北京奥运会期间写给中外读者的中国文化普及书，精粹而通俗；《美的历程》是李泽厚先生几十年的美学经典，清晰而富有热情；宗白华先生的《美学散步》耐心而透彻，滋润人心；瑞典汉学家林西莉的《汉字王国》图文并茂轻松快乐，并融入中国文化讲汉字。还有语言学家周有光的《语文闲谈》，台湾作家蒋勋写的《蒋勋说书法之美》，等等。这些书全部或部分地精彩讲述着汉字里的灿烂文化，引人入胜。读过这些和更多相关的书，你对汉字的理解和感情、感悟都会大不同了。

对于识字还有个问题值得大家注意，就是以男孩子为多数的读写入门期较长的问题。请老师和家长们做些了解，以更好地理解和帮助男孩子们。关于这个问题有部电影值得看看，是印度电影《地球上的星星》。

儿童识字不简单，从语文学习、生活指导和文化理解各个维度去研究都大有可为。愿我们的老师和家长都能获得帮小孩子识字的趣与法，让他们"识字好、识好字、好识字"，让他们从识字出发，爱上语文，爱上学习，爱上祖国文化。

（2015年发表于《大连日报》）

## 有不同才有选择　有选择才有精彩
### ——评《桥》同课异教的异同之间

同课异教这种教研方法真的很好！同一篇课文不同的取舍和设计，真似"横看成岭侧成峰，远近高低各不同"；又如游赏苏州园林，移步换景。同课异教对于提高老师发现和把握文本价值的能力大有益处，能培养老师发现文本多种价值的独到眼光，避免教得千文一面。

### 一、同课异教从不同的目标开始

同课异教从不同的目标设定开始。因为设计者选定了文本不同的语文教育价值，即使是同样的文本价值可能采用的方式、运用的方法也会不同。《桥》是人教版五年级下册第四组元的一篇课文，本组元课文主题是"感人的故事"，情感因素浓厚，所以"理解内容，体会思想"是组元的核心目标之一。这是几篇不同类型写人记事类课文，所以本组元的另一个核心目标就是"领悟描写人物等表达方法"。而陈老师和马老师这两节课的设计在达成这两个目标当中思路、方法是不同的，读写结合点的选择也是不同的。因而，首先二者在课时目标的设定上有不同。

陈老师的目标：

1. 能正确读写生词，正确、流利、有感情地朗读课文。

2. 能抓住课题，联系课文理解带有"桥"的典型语句，体会老汉无私无畏、不徇私情、英勇献身的高尚品格。

3. 通过为重修的桥写赞颂和缅怀之语升华对课文的体会，练习表达自己的理解和感悟。

马老师的目标：

1. 能正确读写生词，正确、流利、有感情地朗读课文。

2.抓住表现老汉高尚品格的语句理解，体会老汉无私无畏、舍己为人的崇高精神。

3.领悟课文在表达上的特点，学习运用多处穿插环境描写的方法。

**二、不一样的思路，一样的"体会思想"**

"理解内容体会思想"是两位老师共同设计的一个教学目标，但他们是采用不一样的教学思路来实现的。每个老师有不同的阅读经验和教学特色，阅读理解上自然应当有不同的设计思路和引导方法。陈老师是抓住课题"桥"来贯穿，联系上下文理解带有"桥"的典型语句，体会老汉的高尚品格。马老师引导学生抓住能表现老汉高尚品格的语句理解体会。陈老师抓住木桥联系上下文理解感悟，奏有"桥"之三部曲：情势危急——逃生之"桥"，镇定指挥——生命之"桥"，舍生忘死——不朽之"桥"。马老师引导学生入境悟其神，设有精彩三境：联系上下文语境，感受情势危急；运用音像情境，读出镇定自若；引导设身处地体会爱子深情。他们共同做到了新课标阅读教学总目标之一：注重情感体验，发展感受、理解能力。他们也都很注重引导学生结合课文中充满感性因素的内容来体会思想。其间始终伴随着学生与作者情感上的共鸣。语文学习是充满感性的，语文世界是有情世界。触摸语言，体验情感，感受形象，是阅读理解的基础。

### 三、不一样的读写点，一样的"加强语用"

2011版新课标明确提出：语文课程是一门学习语言文字运用的综合性、实践性课程。加强语言文字运用的引导和实践是我们语文课特定的任务和责任。只要我们有培养语用强烈的意识，敏锐地去发现、比对和捕捉，语用的好机会、好设计就会呈现出来。语用的种类也是多种多样的，包括用语言、用思想、用素材、用写法等等好多方面。陈老师设计了一个情境："洪水过后，村民要在这里重新建一座桥，为了纪念这位为村民而英勇献身的老支书。想一想，人们会在桥上写些什么来纪念老支书？"为学生内心涌动的对老支书的敬佩之情和缅怀之意设一条水渠，水到渠成，尽情奔涌。不仅升华感情，更使学生的情感和个性感悟得以表达。马老师是在本文诸多表达方法中选择"多处穿插环境描写"这一点，引导学生运用到习作中。学生学到五年级下册早已了解环境描写，也已经会在习作中运用了。但是像《桥》这篇课文不同以往的是多处穿插关于洪水的描写来渲染氛围、推动情节。马老师敏锐地捕捉到一个读写点，引导学生运用穿插式环境描写，这使学生补充建构了对环境描写的另一种样式。它对于学生的习作水平提高很有帮助，是"跳一跳就够得着的果子"。这使我们想到学习文章表达方法的层次性问题。一篇文章，从题目到段式，从某个标点到某些用词等等有诸多的表达方法，哪些是该年段学生了解即可的，哪些是需要体会领悟的，哪些是达到会赏析的，哪些又是可以尝试运用的，我们老师要把握这些层次和程度。该赏析甚至运用的没有做，学生就难以达到年段应有的水平；该了解体会的没有及时做了解就没有习得的过程，那就难以过渡到赏析、运用的深度。

同课而能异教，有不同才有选择，有选择才有适合和精彩。这里《桥》的同课异教来自于两位教师，如果教师个人能对同一篇课文做出多种不同的设计，那创造性使用教材的能力就很强了。课堂就有了更多的选择，学生们就有了自己最适合、最需要的语文课，师生的语文生活就会过得更加有声有色、有滋有味！

（2015年发表于《小学语文教学》）

## 前瞻后瞩定目标　关注语用做设计

—— 人教版五年级下册第二组元整组备课

2011 版语文课程标准明确提出：语文课程是一门学习语言文字运用的综合性、实践性课程。对教学中如何努力体现语文课程学习语言文字运用的综合性和实践性，也做了详切的说明："注重听说读写之间的有机联系，加强教学内容的整合，统筹安排教学活动，促进学生语文素养的提高。""重视学生读书、写作、口语交际、搜集处理信息等语文实践，提倡多读多写，改变机械粗糙繁琐的作业方式，让学生在语文实践中学习语文，学会学习。"新课程标准期待着我们语文教师具备清晰的目标系统，整合教学内容，打通听说读写；具有强烈的培养语用的意识，突出语用价值，提高语用实践的质量。

### 一、梳理目标系统，弄清各级目标间的联系与衔接

系统就是同类事物按一定的关系组成的整体。整组备课人教版第九册二组元前，让我们以"阅读理解"为例了解一下相关的目标系统。

课程目标：语文课程（义务教育阶段）在阅读方面总目标：具有独立阅读能力，学会运用多种阅读方法。有较为丰富的积累和良好的语感，注重情感体验，发展感受和理解能力。

这一组所属的第三学段的"段目标"：重点是把握课文主要内容，体会思想感情，了解文章的表达顺序，领悟基本的表达方法；学习诗歌以及叙事性、说明性等不同文章的阅读。巩固第二学段把握主要内容，在体会文章思想感情的能力目标基础上，提出初步领悟文章基本表达方法的要求。

本组元所在的五年级下册"册目标"为：体会文章的思想感情，理解含义深刻的句子（《桥》为代表的四单元），发现语言表达特点，学习表达方法（写事的：《冬阳·童年·骆驼队》为代表的二单元，写人的：《人物描写一组》为

代表的七单元，写景状物的：《威尼斯的小艇》为代表的八单元）。

学生在上一学期学习五年级上册时的目标为：抓住说明性文章要点，了解基本的说明方法（《鲸》为代表的三单元）；联系上下文、生活经验和阅读积累体会含义深刻的句子（《钓鱼的启示》为代表的四单元）。下学期学生将继续学习的六年级上册阅读教学重点是：展开联想和想象进行表达的方法（《山中访友》为代表的一组元和《伯牙绝弦》为代表的八组元），读课文时能联系实际深入思考（《只有一个地球》为代表的四单元），理解含义深刻的句子及其方法（《我的伯父鲁迅先生》为代表的六组元）。

在了解课程标准总目标的前提下，弄清各学段的阶段性目标及它们之间的联系与衔接，我们才能了解自己的出发点，带领学生到达应到的目的地。为体现教学目标的整体性、阶段性和连续性，实现总体目标，我们一要把握阶段性比较明显的目标，二要循环往复、不断深入地落实一以贯之的目标。这对用好教材、提高教学质量至关重要。

**二、关注整组备课，课文目标是组元目标的具体化**

整组备课，我们首先要明确组元目标是什么。带着组元目标读本组元的几篇课文，弄清楚课文在落实组元目标中的地位和作用，注意结合组元学习重点来设计每一课的教学目标，组织每一课的教学内容。

五年级下册第二组元的重点目标应当是：感受童年生活的美好和珍贵，体会词句间表达的快乐和眷恋等感情；领悟文章围绕童年生活中代表性事物组织材料、寄情于物等表达方法，积累关于童年生活描绘和真实感受的精彩语段；深切感受自己正经历的童年生活，学习运用课文中领悟的方法、积累的句段，真实表达自己的童年生活及感受。

带着这样的组元重点，我们来发现每篇课文从哪些角度承载着组元重点，对比之后设计每一课的教学目标。这样，既落实了组元目标，又量体裁衣从不同侧重点设计出每一课目标。花开几朵，各表一枝。课时目标表的是组元目标的哪一朵，哪一枝，我们心中就清清楚楚了。

这一组课文的重点目标分别是这样的。《古诗词三首》：看注释、边读边想象情景的方法感受诗中儿童童年生活的情趣和快乐，诵读积累童趣类古诗词。《冬阳·童年·骆驼队》：理解课文，结合重点语段体会作者对童年的眷恋和怀念，领悟文章围绕童年生活中代表性事物组织材料、观察细致描写生动等表达特点，积累自己喜欢的精彩语段。《祖父的园子》：理解内容体会心情，感悟寄情于物等表达方法，积累自己喜欢的语段。《童年的发现》：理解内容，体会含义深刻的句子意思，领悟作者求知若渴、寻根究底、大胆想象精神和小小人的大心胸。《儿童诗两首》：感受诗歌丰富想象力和童年生活的快乐，感悟儿童诗特点，积累并尝试仿创。另外，利用每组教材整合的优势，读写和口语交际等要实现统筹与渗透融合。

学生课文阅读理解中的感受、领悟和积累就是口语交际中听说的重要内容。来自课文的感受、领悟和积累，又触发着学生口语交际中讲讲来自父母、同伴，尤其是自己对童年生活的深切感受。习作课学生是在阅读课文感受童年、领悟方法、积累语段等基础上，学习深切感受自己正经历的童年生活，学习运用课文中领悟的方法、积累的句段真实表达自己的童年生活及感受。整组备课前就有这种统筹观和融合意识，开展阅读教学中就会适当地安排"你们生活中有类似的时候吗，结合起来说一说""联系你的生活和积累来理解"等设计和引导。感同身受，课文情感体会更深入了；情同此心，习作选材、组材、描写、抒情更得心应手了。

### 三、确立课时目标，着力设计语言目标操作和达成

我们拿《冬阳·童年·骆驼队》一课第一课时的教学设计来说。

教学目标有三，一是认识3个生字，会写9个生字，正确读写"卸煤、咀嚼、寂寞、幼稚、驼绒"等词语，正确流利有感情地朗读课文；二是理解课文，结合重点语段体会作者对童年的眷恋和怀念之情，背诵积累自己喜欢的精彩语段；三是领悟文章围绕童年生活中代表性事物组织材料、观察细致描写生动等表达特点，尝试练笔。

### 第一课时：

（一）关注题目、作者，激发阅读期待。

1.这个题目有什么特别？（三个词语中间安插了两个间隔号）也很像一幅

画的名字啊，看着它，你仿佛看到了一幅怎样的画面？

多好的题目啊，充满诗情画意，我们再来读读它！

2.这是谁的童年生活画面？这学期我们学过她的《窃读记》，了解了她童年里去书店偷偷读书的故事。这位台湾女作家她的童年是在我们的老北京城度过的。林海音一想起童年就想起上世纪初老北京用骆驼队运送物资的情景。今天让我们跟随老北京的骆驼队，再次走进林海音的童年生活。

（二）关注整体感知，把握主要内容。

请同学们打开书来读课文，把课文读通读顺的同时想一想，作者围绕骆驼队回忆了哪几件事？

1.字词反馈：嚼的读音　卸的第七笔

2.交流几件事：看咀嚼　议驼铃　剪驼绒　寻驼踪

3.交流初读感受：你觉得作者的童年是怎样的？

（三）关注情趣共鸣，赏析精彩语段。

我们再来读读这几件事，把你觉得写得最有意思的地方画下来多读一读，说说你的体会。

预设点拨：

1.体会那份"呆"。

学生说了理解体会后教师点拨：是什么使作者看呆？体会三个"那样"里的惊奇，看图体会，5岁的作者面对庞然骆驼的惊奇、新鲜。

还有什么让"我"看呆？咀嚼时的动作。点拨：作者对骆驼的模样、咀嚼时的动作观察得多么仔细啊！好奇是所有孩子的天性！

看，作者就是这样，抓住小时候一些呆呆、傻傻的想法、做法真实表达，写尽童年生活的纯真！让我们来读一读。评读"沉得住气，慢慢地嚼"。

2.讨论驼铃：

学生交流体会后教师引导"你觉得打头的骆驼为什么要戴个铃铛呢？还可以结合生活中你看过、养过小动物的经历来猜一猜"。

分角色读（去掉提示语）

3.剪驼绒：有趣吗？我们一起来读一读。

4.我们今天读这些事，觉得作者的童年生活真有趣。当年作者忆起这些童年旧事时，她的心头是番什么滋味呢？我们请一名同学来读读最后两节。（配乐）

学生纷纷交流品出的滋味。

终于有一天，在42岁那年，作者拿起笔写了这篇文章，并以此为序，写了自传体小说《城南旧事》，把自己对童年生活不尽的怀念和感伤尽情抒发。

5.带着海音的这份眷恋和感伤，我们来读：

"在我的脑海里，

童年是站在骆驼前，呆呆地看它们咀嚼的样子；

童年是天真地猜想，打头的骆驼为什么要戴个铃铛？

童年是开心地看，骆驼脱掉它的旧驼绒袍子啦！

童年是痴痴地问，骆驼队，到哪里去了呢？"

师：喜欢文中这些细致精彩的片段吗？喜欢就把它们背下来。

（四）关注课外阅读，引导读整本书。

"我"在北京城南还见过哪些情景，结识了哪些人物，发生过哪些难忘的事？请大家课下读一读林海音的《城南旧事》。


**第二课时：**

（一）展示背诵，交流喜欢语段。

（二）通读全文，总结赏析写法。

师：作者就是这样围绕记忆深刻的骆驼队来命题、组材，讲述几个童年生活片段，结合生动细致的描写，表达自己对童年的怀念之情。

（三）学以致用，尝试仿用练笔。

师：童年的你曾对什么东西特着迷，围绕它发生过哪些事？我们也试着以这个童年里令你着迷的事物拟题和组材成文，把它们写下来。

学生试写如《酷爽·童年·悠悠球》《浅粉的 KITTY 童年》等。

设计这一课我在心中问自己：为什么设计这样的目标，怎么达成？这一课的语用任务是什么，体现怎样的价值，用什么样的方法让学生习得？大家知道这一课的情感目标"体会作者怀念童年的思想感情"是很明了的,而语言目标如何设计和达成是需要我们费些心思。我发现本文作者是围绕骆驼队写了有关的几件事,是以"骆驼队"为中心组材和布局谋篇的,很巧妙。林海音有骆驼队的陪伴,我们的学生的童年生活里也有各自离不开、忘不掉的事物啊,这种方法五年级学生学起来又不难。所以我的第三条目标就设计为:领悟文章围绕童年生活中代表性事物组织材料、观察细致描写生动等表达特点,尝试练笔。这一设计贯穿了我的整体设计,从题目的赏析、画面的想象到在整体感知后概括事件;从选择喜欢的事件兴味盎然地阅读并体会,到引读作者"脑海中的童年",都是在从浅入深地领悟作者围绕童年生活中代表性事物组织材料、细致描写这一写法的,他们互相渗透着、递进着。等到第二课时通读课文梳理写法,已经水到渠成,学生运用起来也就得心应手。

其实在阅读理解中,我还引导学生从整体入手把握主要内容,引导学生联系自己结合生活中你看过、养过小动物的经历来猜一猜"打头的骆驼为什么要戴个铃铛呢?"等都是阅读方法的运用。语用的种类多种多样,可以用语言、用思想、用素材、用读法、用写法等等好多方面。一篇文章,从题目到段式,从某个标点到某些用词等有诸多的表达方法,哪些是该年段学生了解即可的,哪些是需要体会、领悟的,哪些是达到会赏析的,哪些又是可以尝试运用的,我们老师把握了这些层次和程度,一节课中的语用点大大小小、相互融合,才是好的语文课。

总之,加强语言文字运用的引导和实践是我们语文课特定的任务和责任,所以我们确立课时目标时,要着力设计语言目标的操作和达成。只要我们有强烈的培养语用的意识,敏锐地去发现、比对和捕捉,语用的好机会、好设计就会呈现出来。

(2015 年发表于《小学教学设计》)

# 第二节　寻找制高点

---

## 阅读养心　思想直立　实践立业
### ——2015年参加"教师博览"首届读书论坛有感

---

参加完论坛已返乡两日，而自己却一步三顾，思在弋阳。心房始终回荡着弋阳铿锵的鼓点，它鼓舞也启发着我，以阅读养心，用思想直立，靠实践立业。

弋阳三顾。一顾开幕式上领导们的讲话，他们的定位和表达如此情智交融，生动感人。而几天的会议里一个个环节、一件件事情、一幕幕场景都与他们的讲话相互印证，实在难得。弋阳县委书记，"欢迎走进古色、红色、绿色的弋阳，过悠然、雅致、现代的生活"；江西教育传媒集团副总徐光明，"从教书人到读书人再到出书人，我们为全民阅读竭尽心力"；弋阳县教育局方华局长，"教育的目标是以良好的校风影响家风，改变民风，不做'少数人的游戏'"。将他们的精彩发言凝练成金句式的总结，是我想把这话带入精神世界的深处、人生之旅的远处。

弋阳三顾。再顾学者教授们的讲座，无不是理智的高峰，无不显脱俗的神韵和耀眼的才华。一词一句精致无比的用语，一颦一笑本真性情的流露，又都是他们的学识、思想和人格最贴切的注脚。傅国涌先生——教育是积累性超越，是建设性力量，它的重心是阅读。早起步、大密度的阅读使傅先生幸遇三师：徐师教大中小三层细节叙事能力；吴师教研究问题宜小宜具体，学术训练起码十年；许师教以平常心做平常人，求真相做真人，有人类文明史的视野、严谨的治学态度，完成自我超越的人格追求。他给我最大的启发，积累性超越会使人有更好的、甚至决定性的相遇，与书的相遇，与人的相遇，与秘境的相遇，与自我的相遇……为了高层相遇，不负今生！

王东成教授——追求独立之精神，自由之思想，追求爱之渴望、求知的渴望和对苦难的悲悯，追求"精神成人"；抵制虚假教育、狭隘民族主义教育，抵制森林法则和庸俗成功学，不培养人格分裂的精致的利己主义者；舒展蜷曲的思维、思想、视野和人格，投身教育的"天足"运动，大学的"天足"运动，教育者的"天足"运动，人人的"天足"运动！王教授的报告令我猛悟：裹足时代远去百年，而我们的思想还要裹足前行？放开思想的"天足"，人是靠思想独立的，靠健全强大的思想行走的！

华东师大李政涛教授——读有字书和无字书并双向转化；在"活的课堂"里看到具体、清晰、准确的学生，在"古人"和"来者"中与光明俊伟的人同行；抓清晰度、精炼度、开阔度和合理度、创新度做自我思维训练才能上台阶做自我超越。

个性教师蔡朝阳——有思考的阅读是深沉而略带紧张的智力行动，使过去的每一天都是饱满有质地的；读书的前半程只为确立你的自我个体，后半程是为了实现你在群体里的价值；写作让变动不居、瞬息万变的思想固定下来，是一种规范自己思想的能力，这种能力是可以迁移的。

广西师大许锡良教授——网络里，世界是平等的，人人平等；三分读七分思考；读书、思考、做人、做事说到底是一回事，是一揽子工程。

弋阳三顾。三顾那些来自天南海北的交流者，他们讲述自己作为阅读者、推广人、写作者和实践者的精彩故事。其间无不闪耀着汗水的光芒，飘溢着教育田野的清香。金师附小校长——老校长的校园在有缺点、待完善上人人平等，给每个人完善自己以时日；他不装也不惧，让校园里的大事小事都有了教育价值；他懂童心顺人心，"击掌文化"身心相印。儿童文学作家童喜喜——美如萤火，行若星火的阅读推广人；一年亲历百校，做百场报告的疯狂跨界教育者。还有原生态的方校长几十载辛勤实践，和师生们把日子过得有滋有味，个人素质优秀的青年教师闫丽雯，读用国学、人书合一的周老师，等等。

作别弋阳，一步三回首。《教师博览》读书论坛，推动我们把阅读作为生活重心，唤醒我们用思想实现直立行走，引导我们把所读所思投入伟大的教育实践。运用之妙存乎一心，天地人事双向转化，我对自己说，感谢论坛就一刻不停地去做一个好的阅读者，教育者，思想者和实践者吧。

（写于 2015 年《教师博览》首届读书论坛）

## 相遇在思想的星空
### ——我读《无语江山有人物》

### 最美是相遇

"人生最美是相遇"，这是傅国涌老师在读书论坛上的报告题目，是他一上午深情追忆、层层升华的主题，是他严谨治学、启迪思想的情怀。傅老师与恩师相遇，与好书相遇，与真理相遇，与跌宕起伏却永远热爱的生活相遇……而今，我们这群来自祖国四面八方、爱读书的教育人有幸与傅老师相遇。"人生最美是相遇"，是读书论坛响亮的开头，也成为论坛凝聚众志的主题词和流行语。

而我的幸运更深一层，晚上国学论坛时竟与傅老师比肩而坐，因为同姓我自然与他多了份亲近。交谈后傅老师将他的新作《无语江山有人物》赠送与我。于是，在弋阳的归途中，我透过书页和文字遇见孤独的革命先驱孙中山、宋教仁，遇见文坛领袖鲁迅、胡适、郁达夫，遇见优秀报人邵飘萍、张季鸾、王云五和胡政之，遇见治学兼办实务的教育人傅斯年、竺可桢等。

人生最美是相遇，今天这番美好的相遇源自哪里？我想，源自工作二十余年当做枕边书对《教师博览》的钟情，源自一年前方主编来大连采风时的相逢，源自《教师博览》与诸位专家学者的交情，源自大连教科所老师们源于工作又超越工作的情谊，源自所有这些人对真理、对教育和生活的热爱……才有今天我与傅国涌老师的相遇，才有此刻我与无语江山中这些人杰的灵魂之遇。

## 高山尽可仰

孙中山先生是推翻封建帝制第一人。他的一生大多数时间生活在落后的晚清，为何却能跳出封建泥沼提出"民族、民权、民生"三个抓住中国问题内核的词语，能亲手制定《实业计划》《建国大纲》等对于中国深具前瞻性、通向现代化的具体方案？孙中山先生出生于广东一个普通贫苦人家，同样濡染于千年封建文化，为什么能辞去大总统职位放弃至高权力？为何能拥有即便心怀鬼胎的大小军阀也不选择与他对立的人格威望？读过傅老师的书，我知道这些来自于中山先生对民族和国家的深爱与忧虑。与以往读的书介绍中山先生是怎样革命的不同，傅老师是从他是怎样为革命而读书的角度让我们来认识先生。读书是先生强有力的工具，他的革命学从实践中来，也从书本中来。

孙中山先生喜欢读书，尤喜政治、经济、地理、历史、哲学和古书。他入过私塾，喜读《二十四史》《资治通鉴》《齐民要术》等古书。而在香港西医书院求学时，除医学专业书，他还读大量《法国革命史》《物种起源》等西方典籍。13岁出国的他熟悉西方语言和政治礼俗，乃至天算地舆之学，格物化学之理，富国强兵之道，化民成俗之规。革命流亡海外期间，他又饱读马克思的书，亨利·乔治的《进步与贫困》《保护贸易或自由贸易》，读许多政治书籍《新自由》《民主政治的危险》《联盟的精神》《经济学原理》《政治经济学的范围和方法》等，读尼采、罗素、柏格森、叔本华的哲学书，还有工业、财政、货币、信贷、城市规划、水陆交通、自然科学、矿产书、建筑书，甚至还有养蜂的书。他爱读人物传记，培根、达尔文、富兰克林、穆罕默德等科学家、宗教先知，读毛奇、拿破仑、克伦威尔、华盛顿、林肯、俾斯麦、威尔逊、纳尔逊等政治家、军事家。他对中国地图烂熟于心，对各国陆军组织法、海军海舰等有关书籍熟读到近乎可背诵。

对于读书先生曾说："我所治者，乃革命之学问。一切学术凡有助于提高我革命的知识及能力的，我都用来作为研究的原料，以组成我的革命学。"对于他的不尽信书，戴季陶曾评价："我们弯着腰读书，中山先生则挺着胸膛读书，合于他的需要便吸取之，不合于他的便等闲视之。我们役于书，他则是役使着书。至于先生读书时或手捧，或放桌上，读后一定放回原处；他的书都包好包书纸，整齐地分类摆放毫不混乱，那都是可敬可学的读书细节了。"

读过傅老师书中关于孙中山先生"革命不忘读书"章节，我正好身在南京。南京七月的大中午，我在人流中攀行千百级台阶拜谒中山陵。那些覆着宝蓝色琉璃瓦的殿阁牌楼，显出先生温文典雅的书生意气。我时时感受着自己严肃平静外表下涌动着一颗激动而欢喜的心。

王云五先生在傅老师笔下是民国风云人物，而我却第一次知道他。"商务印书馆"，小时候第一本词典上就印着它，而我今生第一次了解这个了不起的印书馆和它"三度挽危亡"的了不起的总经理。首度在胡适坚持推荐下出任商务印书馆编印所所长，王云五先生提出规定编辑事业范围、更定考成标准、全体成员为一有机体组织、编著书籍当激动潮流不宜追逐潮流、新机关为事择人旧机关为人择事、用新方法运用旧资料、改定暑假例假办法等，一年整顿出版物即达历年之最。再度是在韩世昌总经理去世后被请回任总经理，两年后商务馆在"一·二八"事变的战火中化为废墟，他"只为我们中国人争一点点的气"，顶着辱骂、威吓和重重困难边裁员减成本边以"日出新书一种"积极推广营业，业务蒸蒸日上又至巅峰。三度挽危亡是在1937年"八一三"淞沪会战中，一改"解雇专家"为"维持专家"，经营上精打细算，为因战事失去岗位的员工一一发放津贴并陆续安排，他的思想是"一·二八"其他出版同业没受损，解雇的职工有可去之处，"八一三"是全面抗战，覆巢之下无完卵，纵然亏损也把眼光放长远，战局辗转险象环生间为商务馆、为出版业和国力延续保存着力量。

作为一个学校管理者，我钦佩王云五先生的改革锐意、科学管理思想和超级执行力。他的才干和气魄来自于敢弄世界潮流的大格局和心系国运民生、民族振兴的大情怀、大担当。他的果敢而坚韧、颠覆而平衡、尽责而担当，都是超越个人得失，超越商印书馆一馆之利的。如果能像王云五先生那样做校长、做教育会怎样呢。

我对竺可桢先生的了解还停留在关于他的初中课本，说这位气象学家常常观察记录天气，插钢笔的上衣兜都磨破了。原来竺可桢先生是可与蔡元培先生相提并论的大学校长、大教育家。1936 年到 1949 年，是连年烽火的岁月，竺可桢先生 47 岁到 60 岁期间，他做了 13 年浙江大学校长。山河破碎，形势险恶，五易校址，筚路蓝缕，他竟将浙大办成了"东方的剑桥"。他在《我国大学教育之前途》一文中反对重应用科学，置纯粹科学和人文科学于不顾的谋食而不谋道的倾向，反对知识传授不注重理智培养、不问性情只问出路和待遇、选定科目不问其训练价值只问可否用到所选职业的功利主义；主张重视基础学科，提供获取知识的方法，培养学生研究批判和反省的精神，主张虽设各学院而实为一整个之机体，认为大学的使命一是造就具备"智仁勇"的完人，二是奠定学有专长的根基，三是养成自己独立思想的习惯和能力。他身体力行做学术研究，主持学术研讨，营造浓厚的学术氛围。

竺可桢还是一个"无门户党派之争"唯才是举的民主办学校长，是一个关心教授、爱生如子的人文校长，是一个生活简朴、志趣雅正的君子校长。作为现时代一名小学校长，望着竺可桢先生的项背，我不敢言自己还有什么难，自己还有什么怕，还有什么顾忌。只觉得心中又升起一盏明灯，温暖而磊落，照我前行。

**思想的星空**

写到这，我又一次翻开这本《无语江山有人物》的扉页，傅老师用潇洒漂亮的字体写给我的那句赠言"星星的思想可以和太阳媲美"。这句话傅老师在论坛讲座中曾一再讲到，与现场老师们分享着这句当年他自己写的关于思想自觉、思想无价的精彩之语。是啊，人之为人，贵在思想，贵在独立之人格，自由之思想。

至于你是太阳还是星星，甚至是一棵芦苇都不重要，重要的是做一棵有思想的芦苇，能闪烁思想的星星。那样的世界多美啊，人人有思想有理智，有真心有性情，有欣赏和交流，有理解和宽容，有价值有创造。渴望这样的思想的星空，个性自由闪烁，多样又和谐。

而人的自由思想从哪里来？我想要从读书思辨里来，从生活中良好思考习惯里来，从家国情怀的关注和担当里来，从社会变革的主动参与里来。星星的思想可以从无到有，从弱到强，从单一到多元，从自我到包容，可以和太阳媲美。参加在弋阳举办的《教师博览》读书论坛，聆听傅国涌、李政涛等专家学者的报告，借由傅先生这样的书走近孙中山、鲁迅、胡适、王云五、竺可桢、傅斯年、邵飘萍等思想者，我感到自己的自由思想和文化自觉得到了强有力的推进。

而今，我感到自己前所未有地乐意看到和唤醒身边人有自己的思考、思想和主张，积极帮助和推动我的老师和学生们拥有一颗独立自主的心，具备善于思考的头脑，实现践行社会主义核心价值和个性发展的和谐统一。那样，我，我们，可以一起置身于更美丽的星空下，互相照耀，彼此温暖。

（写于 2015 年《教师博览》首届读书论坛）

## 阅读，遇见更好的自己

2015 走到年终岁尾，不由再回首。回首学校工作，回首阅读收获，回首家事喜忧……最让我温暖的是温州的读书论坛，使我对阅读、对教育、对世界、对人生都有了更深入的思考和感悟。回首点滴，摘取一二，写在岁末，沉在心底吧。

### 读书使人温文尔雅

温文尔雅的曹书德老师也说"风雅要附庸"。春花秋叶，师生从自然里拾将来，题诗句写篇章，以此物作彼思，以此美念彼美，自然万物与师生的柔软心灵默契融合着。你说如此柔软的心在人生岁月里还会背离美好吗？闫学校长倾心创建的爱丽丝书吧让童话真真地飘落到孩子们的眼前和身边。一扇门，一张桌，一组窗帘，都传达着闫校长对待孩子们梦想的一丝不苟，让我想起作家王开岭对丰子恺先生的评论：儿童是他的子女也是他的偶像，是他的画材也是他的宗教，是他心灵的糖果，思想的字母。优雅的闫学女士就是这样一个把孩子们的梦想当作自己梦想和信仰的教育人！翁思再，一位可亲可敬的老教授、剧作家，讲座中，当那婉转柔美的京剧唱腔从他魁梧挺拔的身体里发出，从他的斑白的头发上方飘出，你瞬间就被他微蹙的眉头和温柔的表情打动了，陶醉了！会场里国剧的美，翁教授的美，听者沉迷的美……让人心旌荡漾，欲辩忘言。

### 读书使人风雅且务实

曹书德老师"甲乙丙丁……"中国式序词的表达是美而雅的，而他抓读写开发语文课程给学生带来的成长更是实实在在的。曹老师的魅力就是这种，内里充满理性与智慧，外面又包裹着温文与平和，中间还飘着才华和性情。纪现梅是我心中最美思想女，她的课堂风雅是让人享受那种严谨又奇幻的思维之美。恩格斯曾说思维是世界上最美的花朵！纪老师的课堂是静水深流，在学生们心头汩汩流淌，学生们的思想成长可以说是一课千里！高丽霞老师与孩子们谈书时的声音好美，这声音是她心灵的容颜，是她灵魂的仪表。"相信你，种子；相信你，岁月"在她那里不仅是个风雅美句，更是她十年如一日带领学生读诵表达的行动诠释。高老师带给孩子们的美不只是晃动在眼前，更是常驻在心灵上、生命里。江南才子蒋军晶让多少女教师迷恋不已，其实更美的是他引导学生用关键词概括事件的时候，是他引发学生对幸福与"无赖"的关系的深入思考的时候。孩子们借由读书和思考把这样深刻也严肃的问题提前想透，后面的人生遇不遇见"无赖"他们都能紧握幸福，无畏那岁月的流转。闫学校长的"爱丽丝书吧"是美的，而由它产生的阅读课程、原创童话的出版与竞拍等已经不是梦境，而是落在师生、家长们身上实实在在的幸福！

### 读书关乎一切人生哲学

读书有用，读好了书命运都不同；读书无用，无用之用时时都在你的灵魂里潜伏着、托举着、召唤着……没有它你就可能程序化、机械化、实用化。读书可以像闫校长打造书吧那样，多么精致讲究都不为其过；读书也可以在山村陋室，简朴无华，乘着想象的翅膀飞翔，哪里还觉得苦？读书可以急用现学，更可以人书合一、左右逢源。读书是"我注六经"亦是"六经注我"。读书可以推动自己就推动教育，可以推动自己就推动家庭，推动社会。读书要转化，转化靠思考，"读"而不思则罔，思而不"读"则殆。你看：读书有用，读书无用；读书不嫌奢华，读书不拒陋朴；读书让你有人性，读书又让你有个性；读书需思考，思考赖读书；你把书读了，也被书浸染了……

还有那个叫夏昆的猛人，带领学生们走进自编的唐诗宋词欣赏课，走进广袤的文学森林，走进经典电影中的人道与人心，走进音乐之声里的灵韵与灵魂。拿起吉他就能仙乐飘飘，专业的演唱星味十足；抓起笔他就有专著《教室里的电影院》《最美的语文》……马未都对他的评价是对的，"整个一个美学老师"。你看，到这里读书已经不只是人生哲学，还是人生美学。

人生最美是相遇，我的2015年真的够美。这一年我偶遇傅国涌、王东成、许锡良、张宏杰、翁思再这些教授和作家；再遇李政涛，重温六年前他的关于教师专业自觉的报告；真遇传说中的蔡朝阳、郭初阳，一年前曾在《盗火者》纪录片里看过他们的影像；初遇见蔡兴蓉、张国功、谢云、王小庆等令我欣赏的主持人，曹书德、高丽霞、纪现梅、蒋军晶、闫学这些卓越的教育人，童喜喜、哈爸这样来自社会的热忱的阅读推广人。还有我与自己的相遇，努力中我遇到了现在的自己，一个更好的自己。

（2015年参加南方阅读论坛有感）

## 触摸高贵者的心灵

那晚，傅国涌先生为我们作了《教育：触摸人类的心灵》的报告。正如他说的那样，历史上每一位真正的伟人、名家都是一个教育家，他自己就是个极好的例子。在我眼里，傅老师既是个著作等身的历史学者，更是一个充满理性思考和人性关怀的教育学者。他既是平均起来每日读一本书的研究者，更是每年出新书的多产著书者，还是一个不遗余力的阅读推广人。他说自己崇敬印度哲人、诗人泰戈尔，赞美泰戈尔办的学校"培育了印度最高贵的心灵"。他不知道，他在我的心目中就是一个极其高贵的人。那晚，我和两百多名听课者多么幸福地触摸了这颗高贵的心灵。

### 时间哲思里的教育概念

傅老师一开课就带着大家思考"时间"。时间分为长时段的"地理时间"，中时段的"社会时间"和短时段的"个人时间"。在时间的长河里我们都是沧海之一粟，生之有涯，生之有限也。教育关乎"过去的现在""现在的现在"和"将来的现在"，关乎一个人的记忆、经历和盼望。是啊，记忆、经历和盼望岂不就是人的一生，是人心灵上最重要的东西。

傅老师文学功底深厚，他接着用三组诗词解释了时间的个人性展望、历史性展望和宇宙性展望，进而让大家明了教育是属于心灵时间的，没有心的人不存在的。瞬间，我的脑海闪过聂华苓的《人，又少了一个》。

在这样一段关于时间的哲思之后，一组精彩的"什么是教育"的阐释呼之欲出。"教育，就是人类在时间的变化中寻求不变价值的过程。""教育，就是人类的心灵与心灵在时间里相互触摸的过程。""教育，就是理解并拥有一切经过时间考验的真善美的东西！""教育，触摸人类的心灵！教育，既有实用性，更具有超越性！"

多么透彻的理解，多么漂亮的表达，多么享受的过程！

受傅老师的启发，我想，人类需要那只"看不见的手"来创造财富，更需要教育这只"看不见的手"来触摸心灵啊。

### 古今中西对照里的教育本质

几千年的农业文明里，我们"面朝黄土背朝天"，翻过来"背朝黄土面朝天"才能好。傅老师的这个比方说的是我们民族的实用与超越问题。"面朝黄土"刨食吃，我们的社会和教育确实太实用化了！如能"背朝黄土"，不就是躺在田头草地上，面，自然就朝向了广袤的星空，朝向了开放、无垠、深邃、神奇……超越实用的精神自然就在孕育着。

漫长农业文明里，我们的教育崇尚自我教育，孔子就是一个终生寻求生命意义的人。傅老师认为中国的教育有最好的人文教育，但缺少科学教育和公民教育。而后两者源于古希腊的西方教育。我想，这样我们这些教育工作者就能够既大胆保有自己的教育自信并发展它，更学习西方现代教育的长处，使我们的教育能全面而完整。

再来欣赏几组傅老师分享的精彩语录给大家吧!

"教育就是关心人的最初和最末。"

"孩子们的潜意识比他们的显意识更为积极。潜意识的认识能力完全与我们的生活合一。它不像一盏可以被点亮并从外部调节的灯,而像萤火虫所具有的那种通过生命过程放出的光线。"

"教育是培养健康心灵的人,而人类只有一颗共同的心灵。"

"万物的根源都在人里面……真正的诗歌就是诗人的心灵;真正的船只就是造船的人。"

"当柏拉图的一个思想变成了我的一个思想,当激发了平达灵魂的一条真理也激发了我的灵魂时,时间就不存在了!"我想这样的思维下,初唐的陈子昂就不太有必要遗憾"前不见古人,后不见来者了"。

在分享了这些关于教育本质的思考之后,傅老师深情得近乎请求地让教师"要高看自己,首先把自己当人,然后把学生当人""教师不能轻看自己,教育是师生彼此的成全""和对的人在一起就是教育,教育就是师生的问对,最好的教育就是闲聊"……

### 君子之风里的教育问对

两小时的倾情演讲之后,瘦弱的傅老师早已汗湿衣衫,但还是那样耐心认真地与现场老师们互动。他对老师们的那份尊重和呵护,那份热切的关心和期待,让我觉得仿佛全天下的孩子都是他的孩子,教育的事是他本人的事。

傅老师在现场的问对中讲到,民国教育当然也有它的问题,但那时代的丰子恺、何其芳都在漫画和文字里做了批评,批评了"剪冬青"式的整齐划一,"流水线"一样讲求"效益"。我想"冬青"今天还在"剪"啊,"流水线"也没有完全撤,而民国时代教育的质朴和人文我们还带着吗?

傅老师讲到我们的教育要能向后看、向前看,还要向上看。他欣赏"中道而行"不走极端的教育,做积累性的突破和建设性的演变。他希望教师和学生能成为精神世界里自给自足的人,能做到"忙人闲心",能有闲暇,能看闲书,经常闲聊。因为文明是闲出来的,教育也是闲出来的……

和傅老师问对，那就是如沐春风。你时刻感受到他眼里笑里的真诚和深爱，话里话外的智慧和艺术，你总是被启迪，被关照，被鼓励，被安慰……浸润在君子之风里，陶陶然的你处于幸福的半融化状态……

傅老师的演讲观点我可以告诉你，傅老师的精彩语录我可以分享给你，但是现场那份幸福的体验我没法全然传递于你，因为你没"经历"那个"现在的现在"，你只能分享我们的"记忆"里的"过去的现在"。作为结束语我知道这有点残酷，但还是揭示了这个残酷，敬请原谅。

（2016年参加全国第二届读书论坛有感）

## 同道联盟　成全生命

暑热时节，几百名来自全国各地的中小学名师工作室联盟成员汇聚井冈山，参加首届全国中小学名师论坛。会议邀请著名学者北师大肖川教授和南昌师范学院叶存洪教授到会指导，他们热心地与现场一百三十多位工作室的成员共同探讨教育的方向和方法、名师工作室精神价值的架构、中小学课程改革及教育科研的转型。各工作室成员之间分享了工作方法、途径和工作室的研究成果，还选举了联盟理事长和常务理事等。两天的学习、讨论和分享，大家从专家那里积聚了宝贵的理智力量，到同伴中间收获了可借鉴的策略方法，幸福地拥有着教育本身的那个美好的"价值引导与自主建构的统一"的过程。

我作为大连市中山区中心小学"读书育人"工作室主持人，带领两位成员亲历本次会议，收获良多。在这里愿意分享三点感悟，努力转化运用之。

**务本度势把握方向**

会议一开场，就是北师大肖川教授的报告《教育的方向和方法》。他用饱满的激情、独特的思维和精准的表达引导大家思考着"好教育""好人生"和"好社会"。

好教育是"文化——心理"的过程，不同国度、不同时期的教育有不同的意味和含义，但都可以提炼出两个对立统一的基本点，就是价值引导和自主建构。所以教师要有属于自己的幸福人生，更要对学生的成长负有道义上的责任，所以学校需要承担为一个民主、自由、公正、文明的社会培养公民的社会责任。

好教育是"认知"与"情意"的统一。"认知"包括经验的分享、理智的挑战和知识的建构。"经验的分享"强调彼此双向的给予和平等真诚的相对；"理智的挑战"因为我们需要足够杰出的人物、社会精英和行业翘楚来推动社会的进步；"知识的建构"中要让学生们懂得一切都可置疑可考量，一切都是可以推倒重来的，只是有无必要，不相信唯一正确的解释。"情意"则强调善的目的、道德的方法和愉悦的过程。今日教育的"善的目的"就是培养师生成为幸福人生的创造者，自由社会的建设者；"道德的方法"就是学生能接受、喜欢的方法；"愉悦的过程"让学生拥有积极的情感体验，用智力劳动之"乐"自我导向。我想，果能如此"认知"，学生的独立人格和自由思想还会远吗？我们的教育如能让"情意"相随，会培养那些没有人性和人味的学生吗？人生如此宝贵短暂，哪还有那么多倦怠和无聊呢？

好人生不仅丰衣足食更是见多识广、梦想成真和有情有义的人生。这样的人生读书行路，服务社会，有良好品格受人尊敬，有稳定兴趣带来独特价值。名师应当有胆有识、有情有意、有闲有趣；名师应当自觉好学，有合理的知识结构，通过研究拥有更多的真知灼见。一个好教师应当是个知识分子，做社会的良心，应当关心社会，了解社会，研究和引领社会。人的生命有这样三重——自然生命、社会生命和精神生命，精神生命强调人对生命意义的体认程度，教师更多的是发育人的精神生命的。

好教育，好人生，好社会，人人想往。面对这"三好"，我们的老师，你有好人生吗？你会做好教育吗？你能和好社会呼应、为民族培养好后人吗？作为老师，我们要参透教育来寻根溯源，关注社会能审时度势，思虑民族能胸怀大义。

### 紧扣教育用对方法

赞同一种说法，"我们教育人首先要用教育的方法解决教育的问题，否则便是反教育，所以围绕着'教育'，围绕着'人的成长'，你才能用对方法"。赞同另一种说法，"教育首先是人文的出发点和落脚点，然后才是科学上的数据、流程、策略，反过来就糟了"。听南昌师范学院教育学院院长叶存洪教授的报告时，我头脑中自然地回应起这样两种说法。叶教授的报告主题是"面对转型的社会和教育，中小学教育科研应当如何转型"。是啊，转型时期，我们名师研究什么，如何做研究？教育科研这可是名师工作室的主发动机啊。

"中小学教育科研转型转向学生视角的研究内容"。叶教授讲述了一个棒球的故事，孩子要玩橱窗里的棒球，妈妈说这个棒球上有明星签名不能玩。过了一会儿，孩子自己取下来玩了。妈妈追问，孩子说：我已经把上面的签名擦掉了，可以玩了……妈妈无语。小孩子的视角、心理和思维和大人的完全不同，作为一名教师首先要研究孩子。在大家的教育教学过程中，应当有很多类似"棒球的故事"的画面，老师你关注了吗，理解了吗，拿来研究了吗？你的课堂，你的班级，有多少针对儿童视角的设计和安排？你的研究如果不和今天的孩子紧密相连，就有"目中无人"的危险。从孩子视角来考量，我们要学会等待，不一味强调统一，因为不是每朵花都在春天开放。

"中小学教育科研转型转向典型的过程性研究形式"。典型的过程性研究形式简单说就是我们可以少写些论文，多写些教育叙事，教学案例，教师手记和反思等。这些值得写的故事、案例一定有典型性，有过程、有细节、有意味，是我们教育生活中美的浪花。多思考和记录这些故事性、案例性研究是最好的草根研究，是扎根的研究，像非洲草原上的毛尖草，前期不长枝叶深深扎根，当雨季来临根系已发达便可以抓住机会疯长，几日便茂密成一片草海。

"中小学教育科研转型转向多关联群体的合作共赢"。韩非子云"下军用己之力，中军用人之力，上军用人之智"。孟子曾说："虽有智慧，不如乘势。"中小学教育科研转型是一样的，要转向多关联群体的合作共赢。同事，家长，教研员，同学校的，其他学校的，同地区的，跨地区的，都要搞好关系多多联合。如今，"好的关系"对于助推我们的教育科研太重要了。因为今天的教育太开放了，"互联网＋"的便捷和科学不可不借。

紧扣教育，用对方法。名师们，我们的教育科研有足够的儿童视角吗，选择了典型性、过程性材料做研究积累了吗，能与多关联群体合作共赢吗，善于借助"互联网＋"来乘势发展吗？

### 同道联盟分享成全

刘发建老师，一个在教学中不放过"不满"的人，正应了鲁迅先生的那句话——"不满是向上的车轮"。他搜集《我的伯父鲁迅先生》的名师教案，认为都过早过多地抬高了鲁迅的伟人形象，情感没有和初识鲁迅的学生们处在同一个振频。通过比对，他发现这篇课文就是周晔从一个孩子的角度回忆自己的伯父，伯父那么有趣、亲切，那么受人爱戴、让人怀念。于是设计了下面的教学思路：

"伯父就是伯父——和蔼可亲的伯父——亲近鲁迅"

"伯父不仅仅是伯父——非比寻常的伯父——敬仰鲁迅"

"伯父是永远的伯父——不能忘却的伯父——怀念鲁迅"

之后刘老师再教《少年闰土》《有的人》，使学生的情感和印象一步步由"伯父"过渡到"鲁迅"。整理了自己的教学案例后，刘老师有了和鲁迅研究专家钱理群先生的交流与合作，有了《让鲁迅回到儿童中间》，有了《小学生鲁迅读本》，又有了一批名师合作的《小学生名家文学读本》。至此刘发建老师的主题《从一节课到建设名家文学读本课程》真是让人叹为观止。他这样的语文教学成果让现场的我内心五味杂陈，《我的伯父鲁迅先生》是我在全国赛课的题目啊，《鲁迅与儿童教育》是我师范的毕业论文啊。他做的是一个语文老师最该做的啊，我好羡慕好佩服，也好不甘。

接下来的名师工作室成果交流也是异彩纷呈。我们分享了南京宋运来工作室"练好梅花桩""炒好自己的菜""开好品牌店"的培养策略，浙江金用院老师"开放——审美"的美术教学，广东郑冬梅工作室的"宽语文课程"的开发等。

教育是生命对生命的成全。是啊，同道联盟的我们将共同努力以建设工作室的方式去实现对生命的成全。首先是名师工作室成员对自己生命的成全。因为上天在我们每个人的身体里都藏有一个最好的自己，我们要用充足的爱和智慧去掉多余部分，把他打磨和呈现出来。进而像美好的种子一般对身边同伴和学生们生命的影响和成全。这是我们的生命最崇高的意义，是我们的人生最深的情怀、最大的乐趣和价值所在。在《教师博览》的宽广而温情的平台上，在教育学者们的启发下，在一代代名师的感召下，在我们彼此激励、乐于分享的联盟里，我们一群志同道合者幸福出发，向着阳光，也向着风雨……

（2016 年发表于《教师博览》）

# 校长与学校　学校与学习
## ——我读《学校的挑战——创建学校共同体》

人与人结识需要缘分，书也是这样。得以阅读一本好书，可能来自于领导、同事、亲友的推荐，可能来自书店、网络的用心搜索。尤其能得到对自己当前的教育工作大有启发的好书，是件非常值得庆幸和感念的事情。《学校的挑战——创建学校共同体》就是我有幸读到的一本好书。我能有机会读到它，是因为翻阅教育杂志，读到一篇文章中提到东京大学教育学院教授佐藤学的对课堂教学的研究。我便想搜集佐藤学教授的专著读一读，系统了解他对课堂教学改革的见解和研究，便有了这本《学校的挑战——创建学校共同体》。

知名人索名著，我和本书如此结缘。书拿到手时刚放寒假，一个假期里我反复读反复思考，深受启发。这本书给了我对于教育和办学深层次的反思和启发，书中还叙述了 16 所学校课堂改革的真实案例，从认识到实践都给了我很多思考，很多力量。

### 启示一：校长是实现每一个学生的学习权的责任中心

佐藤学先生在这本著作中提出，学校改革是以建设"学习共同体"为愿景的，创建"学习共同体"是学校改革的哲学。所谓优质学校是怎样的学校呢？

学校改革的目的何在？是否仅仅是比别的学校更能"上好课"而已？当然不是！学校和教师的责任并不在于"上好课"，而在于：实现每一个学生的学习权，给学生提供挑战高水准学习的机会。

学校未能实现每一个学生的学习权的原因是谁也没有承担起这种责任，而实现每一个学生的学习权的责任中心是校长。实现每一个学生的学习权有两个决定性力量分别是：教师集体基于同僚性的相互合作，学生成为主角构筑合作学习关系并同教师合作推进改革。学生是最值得信赖的改革伙伴，他们往往会先于教师在课堂里构筑"合作学习"的关系，发挥着他们支撑教师课堂改革的作用。倘若能够保障他们课堂"合作学习"的机会，那么，他们就能比教师更快地领悟改革的愿景，就能先于教师，发挥改革领头羊的作用。

书中还列出了学校学习共同体的创建的几个要点：基于柔和声音的交往，基于倾听关系的对话性沟通，小学三年级以上由4人左右组成的小组展开学习；以学习作为学校生活的中心，废除一切学习所不需要的东西；克服教室、学科间的隔阂，年级教师集体努力实现每一个学生的学习权；把课例研究设定为学校的核心工作，研讨的中心是基于课堂的事实议论学生学习何处顺利何处障碍，从教学的实践中学到了什么；改变家长"观摩教学"的方式为协助教师参与课堂实践的"参与学习"方式等。

读到这些内容，我头脑中浮现出"为了人，依靠人，成就人"这样一句话，此刻我想补充为"为了人的学习通过人的学习实现人的学习"。学习是人的一生最重要的事情，归根结底是学习使我们成长，使我们幸福。学习求知，学习合作，学习理解，学习负责，学习技艺，学习欣赏，学习生活，学习做好人生的每一个角色……学习权着实是人权中最重要的权利，由于家庭、生活条件、受教育情况不同，人与人之间学习的结果差别很大。而学校的意义就是尽力地促进学生实现学习权，学生学习权的实现最大的敌人就是厌学。作为教育工作者，我们应当思考，是谁，是哪些因素，使学生只实现了小部分的学习权，影响了学生的好奇心和对于学习的信心和能力，而我们又应该做些什么，怎么做。我也更加明确了作为校长自己有何等的责任，校长是实现每一个学生的学习权的责任中心。是的，除了校长，谁能从组织结构上、制度上实现学校以学习为中心？谁能打破教室间的阻隔促进教师学科间、年级间的合作？谁能实现教师作为教育家的专业成长，使得学生一直保有不曾放弃自己的学习权打下终身学习的基础？只有校长，努力通过教师团队和学生集体来实现。

### 启示二：学校要以实现师生的学习为中心长期坚持研究

佐藤学先生的研究，是通过观摩了一万个课堂，学习了大体同样数量的教师工作，协助近两千所学校进行改革积累起来的。作为一位知名教授、教育专家，佐藤学先生对于课堂事实细致的观察思考令人感动，他是多么熟悉课堂，熟悉老师的劳动！他的思考和研究那么深入，表述又那么简单而本质，清晰而明了。

书中为我们提供了 16 所学校课堂改革的真实案例，金透小学 35 年来自主举办公开课激活课例研究，数十年坚持开展教学研修促进以儿童为中心的教学与教师专业能力的形成。岳阳初中学校改革的核心在于日常课堂教学的建构，课堂中引进"活动"（作业）、"合作学习"（小组学习）、"分享表达"三个要素。青山小学开展学校机构与组织改革以保障教师能够专心于教学的创造和研修，在低年级教学研究中教师如扇子的骨架一样和每个儿童确立起牢固的关系，而且认为激发儿童兴趣并非多做孩子气行为。百岛幼儿园、中小学基于小型学校、复式班级的特点开展项目型学习，突出学习的"活动性"和"合作性"。小阪小学在"调动这个孩子的学习"口号下推进教学的创建。立丰玉南小学坚定"学校要改变就得有百次以上课例研究"的信念，从变化的课堂实现变化的学校。滨之乡小学 8 年来持续探讨"学习"与"关爱"的关系，儿童间的"关爱"关系十分出色，每个儿童自身去挑战学习，借助合作学习相互激励，从而跨越困难。

佐藤学先生是东京大学知名教授，但我更敬佩的是作为教授和教育学博士的他"观摩了一万个课堂""参与和促进上千所学校的改革"这样的经历。这使我坚信，教授、专家，校长、教导主任，如果想做好自己的教育工作，必须深入地和教师的工作、学生的学习在一起。这样不仅促进了学生和教师的成长，更从中促进的是自己的成长。我们的工作如果没有教师和学生的成长进步就毫无意义和价值。尤其是与师生朝夕相处、身在基层的校长，我们是否"观摩了一万个课堂"，是否"参与过上千次研讨"，观摩和参与中我们怎么架构、实施、反馈调整和总结跟进，观摩和参与后我们怎么梳理于笔端，拥有自己厚实的研究经历，形成精当的见解、教育的智慧。

### 启示三：教师作为学习专家构筑起同僚性是学校改革的原动力

书中认为学校从内部改革的最大原动力就在于教师作为专家构筑起亲和与合作的同僚性。佐藤学先生重点论述了如何开展教学研讨才能构筑教师间的同僚性。他反对教学研讨中执教者和观摩者之间形成的观摩—被观摩的关系，因为这种单向的权力关系中执教者对评判是毫无防备的，处于唯命是从的境地。佐藤学先生认为只要这种权力关系不消弭，在校本研修中教师之间的相互学习就是不可能的。所以学校应该构筑同僚性的讨论原则：研讨的目的不是"露一手"，而在于基于每一个儿童的学习的具体事实研讨学习关系的创造和优质学习的实现。研讨的对象不是放在"应当如何教"，而是基于课堂事实的"儿童学习的成功之处何在，失败之处何在"。观摩者不是对执教者建言，而是阐述自己在观摩了这节课后"学到了什么"通过交流心得相互学习。

作者尤其倡导开展不受高谈阔论、品头论足者支配的民主型研讨，直言不讳这些高谈阔论的教师在实践上没有什么优势可言，反而是在那些不张扬的教师中间拥有众多的教学能手。沉静的教师的坦率见解是无比珍贵的。对执教者哪怕用一句话来陈述自己的感想乃是起码的礼仪。这种民主型研讨会上主持者的作用在于保障任何一个教师的发言，引出尽可能坦率的、有真知灼见的发言。主持人过分干预，提炼话题、归纳意见其实倒不如默默地倾听每一个人的发言更为重要。主持者倘若把精力专注于聚焦话题归纳讨论，往往会使得研讨的内容流于僵化和浅薄。以"不凝练""不归纳"作为铁的原则来主持研讨会是最理想的。"畅所欲言"的研修会是可以结出累累硕果的。

我以为，这种民主型研讨是对教师研究能力的信任，是为了实现教师的学习权、研究权和成长权的。和学生的成长一样，教师的成长也离不开尊重、观察、实践和表达等因素。如果我们作为学校管理者不善于在教师间营造尊重与民主、信任与鼓舞，教师很难把这种关系传递到学生那里。如果我们还是在研讨中掺杂过多的甄别和评比的眼光，脱离学生学习的真实观察和描述，不看重每位教师的思考和表达，我们就不是真正和教师一起合作研究，就没有真正着眼于每位教师的成长与发展。想想那种品头论足式的发言，提炼归纳式的主持，我们都曾有过啊。我们总怕"不凝练""不归纳"的会议大家没有收获，但长此以往老师们会表达吗，有长久的积极性吗，有专业自信吗？让我们记得，用"不凝练""不归纳"作为铁的原则来主持研讨会是最理想的，"畅所欲言"的研修会是可以结出累累硕果的。我是很想试一试！

感谢华东师大的钟启泉教授，他在日本学习期间与佐藤学先生结下深厚的友谊，志同道合。所以十几年里，钟教授翻译了佐藤学先生好多力作，自己也出版了诸多著述。庆幸我有此缘分阅读《学校的挑战——创建学校共同体》。佐藤学先生的文字坦荡而真诚，是这样充满热度与责任、激情与智慧。我从字里行间深深感受到一位教育工作者，对自己国家的学校与教育事业的忠诚与热爱；感受到他对亚洲及全球教育，以及对全人类的现在与未来的深切关注与深入思考。读书是为了提高自己，改善实践。读过此书，我对于校长为什么以及怎样改革学校，学校又如何能实现和促进师生、家长、社区的学习，有了更科学更深入的认识，更领悟了"校长""学校""学习"这几个词语之间的血肉联系。渴望自己能扎根学校，扎根实践，着眼于人的学习与成长，创建师生、家长、社区共建也共享的学习共同体。

（2013 年刊登于《大连教育》）

## 学校变革的核心要素
### ——读《中国教育寻变》有感

李建平，《中国教育报》资深记者，我读了她的《中国教育寻变——北京十一学校的 1500 天》。

读一本好书，你总会感受到书页背后作者所持着的纯粹而美好的写作目的。读这样的好书，它让你看见，让你懂得，让你思辨，让你不断地想到自己和自己的世界。在一本好书面前，你是作者唯一的写作目的。你在他的文字里被关照着，温暖着，鼓舞着，唤醒着。读书过程中你一次次有种强烈的愿望，想向他投去源自心底的微笑，走过去轻轻拥抱他。

刚刚退休的李老师从 2010 年到 2014 年沉浸在十一学校 4 年，记录了这场伟大的教育变革，用 38 万字，用她几十年对教育事业无尽的爱。读李老师笔下那些详尽的事件和细节，我们了解着这场变革所运用着的方法策略，所支撑着的学校文化与制度，所诠释着的办学理念和信念。李老师笔下那些真名实姓的北京市十一学校的老师和学生，有血有肉地讲述着北京市十一学校的教育改革是怎样发端，怎样落地，怎样深化，怎样坚持，怎样焕发人的自主、促进人的发展的。这是一本好书，像《春秋》《史记》那样平实记录那些典型的事和人，真实还原这场宏大变革。书中提供大量、多维度的北京市十一学校改革的实践案例与片段，且有本有末、枝丫连理，是帮助我们连接北京市十一学校理念与实践的一座桥梁。感佩李建平老师，深度理解和适度参与教改前沿的教育人，记录一场伟大变革的伟大记者。

读过此书，思量学校转型这样的大变革，我整理了三个核心要素。

**学校变革，无境界则无决心**

在一次谈话间李希贵校长讲道："以行政班为主体的班级授课制进入中国一百多年了，一百多年来政治、经济、社会结构、信息传递方式和人际交往等发生了重大变化，可生活在其间的教育却没有变，塑造人的模式却没有变。尽管教学内容改变了，但与它相适应的教学组织形式、学校形态、课程形态、学业评价等都没有变。让所有的孩子在相同的时间学习相同的课程，只能把不一样的学生变成一样的，而社会需要的是不一样的孩子。如果我们找到条路来，会有一批学校跟上来，经过 10 年，一些学校改变了，再经过 20 年又有一批学校改变了，我们的教育就大不一样了。"当李建平老师对学校变革担心而询问真的准备好了吗，李校长说："我们永远也不可能准备得十分完备，然而不改革，我们面临的问题会更加严重，我们不能再等待，等待只能使我们远离未来。""我们不做谁来做，现在不做何时做，难道五十年后还这样吗？""我们这一代人总要做点什么吧，为了我们这个国家，这个民族。"建平老师在这里写到李校长说这些话时的目光，透过玻璃窗望向远方，写到语气十分低沉却自有一种力量摄人心魄。读到这里，我在一旁写下"有伟大的动力方有伟大的变革"。李校长也说到挑战很大但又必须做，他感到了从未有过的压力。我的目光长时间在这段话上驻留，想到"铁肩担道义"，感受着英雄气质总是带着的那几分悲壮。非名非利，匹夫有责，谁都应当用自己的肩膀来担当啊。我也在心里问自己，你所负责的学校你不来做谁来做？现在不做何时做？为什么大变革风险很大、困难重重，而李希贵校长能够带领老师们去做好呢，因为他们对国家、民族的担忧和担当，变革是他们自己理性而坚定的选择，是他们对社会转型中学校变革的高度自觉。

正因为有这样的境界才有这样的决心，才去碰最硬的石头，正因为有这样的决心才"开弓没有回头箭"，才能够为了变革彻底而稳妥地下放权力，去做到史无前例的学校组织机构变革，才能够有足够的理智力量去认识、管理和控制学校改革的风险……

**学校变革，无智慧便无力量**

教育改革十分困难而复杂，没有足够的智慧就没有足够的力量去面对。

"一个行业的成熟度决定于它的选择性，如果我们仅仅向家长和社会提供相同品质的教育，而不是多元的选择机会，那么无论我们多么努力可能都永远无法摆脱家长和社会的抱怨。为此我们必须看到，选择性与个别化已经成为国家宏观决策、地方中观实施和学校制度设计时既现实又长远、既迫在眉睫又需三思而行的重要前提。"这里李希贵校长准确把握到选择性和个别化是当今教育现代化的重要指标，他的学校变革紧紧围绕这一目标、抓住这一"牛鼻子"倾心倾力开展。大变革中载着 400 名教师、4000 名学生和庞大家长群的北京市十一学校巨轮，仅用 4 年时间就成功调转船头，改换了天地，这需要一个多么充满智慧和力量的船长！

读书中我感受到李校长对人的发展规律，对教育规律、学习规律和学科规律等的准确把握和充分尊重。当老师们十几年、几十年习惯了的教育生活被彻底颠覆了，成为"再也回不去的过去"，而新的教学方法和模式还没有建立和掌握时，李校长充分理解和尊重老师们的那些困顿、难堪、恐惧还有争吵，他一再提醒那些负责人要体谅老师，要用好"渐进"的策略，要多听老师倾诉，多和他们沟通，只要不退回去怎么都可以商量……这4年里，李校长很多校外活动都不参加，和老师和学生们在一起，给老师们带来那些陪伴，那些关注与行走，那些温和，那些体谅与支持，当然还有那些指挥若定，那些坚定不移。这些理性又温暖的力量使老师们经历了真实而不能省略的迷茫和纠结，完成了学校改革理念下精神世界的自我打破与重建，通过课程建设中的合作与探究拥有了一副课程脑，浑身充满课程开发能力和执行力，成为具有很高专业素养和水准的课程人。

李校长的智慧还在于他和老师们论年地讨论和制定北京市十一学校的文化、行动纲领、共同愿景等，指导老师们制定各种手册、标准、流程等。这样，上下联动孕育出学校变革的思想文化有了相应的制度重建来做支撑和保障，加之运用不疾不徐"渐进"的策略，足够的理智力量使变革中各方因素间积极调试共同推动和发展。

当然，学校的理智高峰是李校长深谋远虑又明悉细节的课程改革总方案，是《让旅客做到驾驶员的位置上》《把选择权交给学生》等报告，是改革进行到各重大关口时他的把关定向，是教师解决学校问题处于各个节点或遇到瓶颈时他的点拨与突破……李校长关注国际教育发展趋势和社会变革对教育变革的影响，对接国家课程改革纲要与学校实际，审时度势，清醒果断；他反思多年从没间断的教育改革创新，善于处理复杂问题与局面，沉着稳健。在学校变革中他总能传递出人格和智慧的力量，唤醒师生内心自由与负责的人性力量，激发教师团队科学与专业的理智力量。

**学校变革，无人本皆无意义**

如果北京市十一学校变革中的人没有被尊重信任，没有被鼓舞焕发，不是行走的学校精神和文化，那这场变革就远离了初心，远离了学校的人本思想，最终没有了意义和价值。李校长在北京市十一学校常说："越有本事的人越有性格，这种人是了不起的人物，我感谢他们的存在，因为他们发出了充满理性的声音。正因为这些人物的存在学校才安全。在学术性组织里，这些人物特别重要。学校是人才聚集的地方，欣赏接纳各种人才，要包容不同性格、不同风格的教师。"在教师采访中，李建平老师确实感受到北京市十一学校的教师有充分的自由度和被尊重的程度，他们有充分的教学自由度和课程自由度，可以自行决定教材与教学的内容及进度，教师具有独立自由的精神和轻松从容的心灵。北京市十一的校园里每一位老师和学生都得到充分的尊重和支持，每一件事情的处理都符合学校的行动纲领、各类手册和流程，无一人一事与学校倡导的思想相悖，与人本的理念相违。

校长在联欢会上应学生的邀请扮演加勒比海盗等角色欣然前往并倾情表演，校长带客人参观中打扰了一对男孩女孩的谈话，他自然地说声"对不起"再把门带上，校长和预约的学生吃午餐，了解来自学生的气息也收集学生发现的问题……在北京市十一学校的校园校长和老师们这样的例子太多了。而十一的校园里人与人不仅仅是相互尊重的态度，更是对生命、对才华和创造力的人格和价值尊重。这里全员全时空地享有自由与创造。学科教室、课程分层、导师与咨询师、每人课表、选课走班、小班教学、自修教室、小学段、枣林村书院、课程研究院、学生管理学院、分布式领导、规划与游学课程、校服设计和管理中心等等，在给学生自由与选择的过程中他们遇到了太多的问题和困难，但更是创造了非凡的成果与精彩。

书中提到的老师我了解几位，真的很特别，很厉害。《教师博览》杂志社主办的第二届南方读书论坛上曹书德老师作了主题报告和现场问答互动，又用一节写作课传达了他的教育思想和学科主张，他是位很有人文关怀、独立思想、专业水平和教育智慧的谦谦君子。北京教育成果展览会的一个读书分享会上，理性又知性的侯敏华老师讲述了学校变革中老师们的纠结、无奈、委屈和争吵，难怪李建平老师在书中说这是一场近乎"自杀"的变革，大家对北京市十一学校的老师们有了更多的理解和敬佩，对这场变革有了更现实的了解和体味。北京市十一学校的培训中心负责人赵继红老师介绍了李校长行动前的思想讨论和文化建设，提出如果每一所学校都成了北京市十一学校那不是中国教育的春天。校服设计和管理中心创始人、北京市十一学校刚毕业的学生刘逸伦交流了自己在北京市十一学校的感受，对"北京市十一学校无法学习"提出质疑，认为中国人的勤奋更应该体现在思考和思想上。就是在这次《中国教育寻变》读书分享会上我有幸见到了本书的作者李建平老师。生物老师王春易是2011年某一期《人民教育》的封面人物，一个满面春风地与学生交流的清丽女教师，里面的文章介绍了"新老师"王春易的"新思想"和"新课堂"。历史老师魏勇我曾在央视读书频道看到过他，又在纪录片《盗火者》中看到他的历史课堂，他善于在一些有深度和自由度的问题讨论中培养学生历史思辨能力，也写过好多教育文章。

所有的这些事例，这些人物，让我看到北京市十一学校变革的意义和价值。李希贵校长提出北京市十一学校要成为一所"伟大的学校"，我想"伟大的学校"不是给自己和学校增加光环，而是突出北京市十一学校对于教育，对于国家、社会乃至于人类应有的责任与意义。回头看，成功地经历这样变革的学校不是伟大的吗？参与者400名教师、4000名学生还有庞大的家长群和其他人群，这样的学校将影响多少教育人，而所有的这些人又将在一生中带着这些影响和世界产生多少美好的连接，产生多少意义。

在我们的时代遇见这场伟大变革是幸运的。一次阅读，一次活动不能给予你变革的全部智慧和力量，但最起码你的灵魂不可否认地被重重地推了一下，你的心实实在在地温暖和激动了很长时间。你读你看，你羡慕你敬佩，你心头的责任和职业的良知会更频繁地咬疼你，你相信追随榜样的路上总有一天自己能有足够的智慧和能力去设计自己的大变革，营造自己的自由呼吸的校园，经历自己的痛与乐，穿过传统的高原而不愧对传统与我们的时代。

你可能不住地对自己说，真的不能等，不能等。

（2017年发表于《教师博览》）

## 向着明亮那方
——我与新学校香山训练营

　　相信每个香山训练营学员必有被她深深吸引的故事。难忘自己曾为了参加香山训练营的活动曾在风雨中赶车跑烂脚上的鞋子，曾在凌晨北京黑黑的地铁口听闻瘆人的乌鸦叫，曾在北京培训间唯一的休息日往返于训练营的青岛会场，曾在杭州培训后连夜飞抵训练营深圳会场……参加香山训练营活动，我是挺疯的。它绝对会把你的教育生涯划分成鲜明的两大阶段——没有参加训练营的阶段和参加过训练营的阶段。作为一个普通学员，愿意在这里和大家分享四年来它给我的影响和帮助。

### 无限接近的教育理想

　　怎能忘记那个夏日，2016 年 7 月 16 日，香山训练营第一期活动在北京市十一学校举行！北京市十一学校啊，那是我心目中无限接近理想教育的所在。奔驰一夜的火车，凌晨却在北京城郊那一站抛锚了，眼见着当天早上的会要被延误在路上，我心急如焚。火车修好到站后，担心塞车或问路耽误时间，我打了那种可以钻空行车的电三轮，飞驰在开往会场的路上。还好只是错过了热身活动，希贵校长的报告刚刚开始。

　　希贵校长向我们介绍学校如何实现组织结构的变革，他就这样边讲解边无比亲切地穿梭在我们五六个小组之间，或在你身边驻足，或就某个问题在我们当中询问和讨论……亲自见到自己崇敬已久的榜样，那个感觉太幸福！而希贵校长的报告给我的不仅仅是激动和庆幸，紧接着漫过心头的就是从未有过的严肃思考和自我挑战的觉醒。短短的 3 天培训，参训的校长们深切感受到，学校组织结构的变革首先要革的是校长的"命"，大家在共识基础上还互相调侃该从哪里下手"革自己的命"。4 年过去了，伴随着训练营的系列培训和各自学校的实践，相信校长们已不同程度"洗心革面"，不同程度地科学放权和赋能。当晚我们还聆听了黄全愈教授的报告，他给我们播放冒险家在山峦间的摩托车秀，跟我们讨论如何分辨事实和观点，以他家庭为例比对中美教育。第二天和第三天，训练营安排了秦建云校长和刘艳萍校长的报告，两位校长分别讲述了自己带着北京市十一学校的理念实现克拉玛依一中和海淀一分校成功转型的经历，精彩得让人震撼又眼红……

**关于培训的培训**

我是第一批香山训练营成员，却永远不想结业，先后参加了五次后几期的活动，因为我喜欢训练营的培训形式，学习了各种关于培训的培训。训练营的每一次活动必使大家思想激荡、不快不归，必定不止一次地让人感慨，"天真蓝"真是个拥有卓越的才华和品质的团队，是个有强烈使命感和强大影响力的教育传媒，他们使一个个来自天南海北的教育寻变者结成联盟，并在各自的学校把变革者从一个人发展成一支队伍……

让我难忘的是以网络答题的方式选择成员，所设计的一连串问题个个是涉及学校变革的重要穴位，让你感到你正在接近一个走向理想教育的富矿。等参加了香山训练营活动，接触了李斌主任和他请来的希贵校长、刘可钦校长、汪正贵校长、李晓琦校长以及稽成中院长等强大导师团队，还有吴法源社长的源创图书团队、张树森老师的准行世纪引导团队。在这里，没有一次培训不是在学校变革的路上给你个主题鲜明、循序渐进的加油站，没有一个问题的讨论是无关痛痒、不深不浅；在这里，我们总是作为被给予尊重和厚望的主体而深度参与，总是在回答问卷中就参与了培训活动的设计，总是轮流着做主持和总结、在训练者和参训者之间转换；在这里，你总会一次次被带到学校这个真实的改革现场，北京市十一学校的各个盟校让人大开眼界、叹为观止，也经常把各地学员的学校拿出来，作为会议主场和讨论样本，那真是将变革的鼓点播到了你的耳畔心尖……教育就是一场场或长或短、形态各异的培训，香山训练营的培训本身就在告诉我们什么是教育，什么是变革。

**在"学"与"似"之间**

香山训练营之所以给我这么大的影响，还因为这里的大多数导师都能把自己的思考和经历写成文章和著作，帮我们在这些文章和书籍里持续获得变革的力量和实践的策略。每年至少一次的训练营是我们的集结号，我们集结起来赶一场场学校变革的大集。李斌主任本人就曾是个出类拔萃的新闻记者，读他的《把学校交出来》和《改变世界，以教育的方式》你不难理解他为什么能从中青报评论部副主任辞职成立"天真蓝"教育传媒，让我们从心底为教育获得如此英才而庆幸和欢喜。《中国教育报》资深记者李建平老师的《中国教育寻变》是一个绝佳的导引，使我再读她的《嫁接十一学校：六位教育者的寻变之旅》，再读希贵校长的《为了自由呼吸的教育》《面向个体的教育》《学校如何运转》，以及相关的《学校转型》《非常理想特别现实》《为每个人开的学校》《课堂里走出教育家》《从教走向学》等书目后，对北京市十一学校教育改革的理解和学习能亲而又亲、层层深入。导师稽成中院长引导我们阅读《追求理解的教学》《基于概念的课程与教学》《统整的力量》《21世纪技能》等书，使我在新课程改革和学习方式变革的路上寻到难得的理论支撑和经验借鉴。

伴随着这些阅读和思考，我的学校有了师生海选命名的"棒棒堂"读书会，有了"学生喜欢"为导向的校园生活，有了"非常传统特别现代"这个融合百年校史和科创特色的高认同度育人理念，有了注重参与感和选择性、富含童趣和教育味的活动课程，有了四五年级同时开课自由选择的十几种器乐课，有了通过选课软件选择和申请的各类校本课，有了把整个校园变身几十个科技体验场的嘉年华活动……与设计这些活动类课程和选择性课程同步，我们还以省课题《以综合性学习对接"6C"核心素养培育》引导着学科活动课、单元主题课程、节日主题课程和"金点子"STEAM课程的研究与实践。

香山训练营就像它的蜂鸟样标识一般，辛勤穿梭于教育的花丛，广泛而深入地影响着来自全国各地的学员，影响着全国各地的教育。虽然我还远远没能做到自己所看到的学到的，但在"学"与"似"之间，我还是努力地结合学校实际适当超前地做好能做的，一边坚定地向着明亮那方，一边酝酿着走一步再走一步的条件和机缘……

（2020年为新香山训练营第五期培训会撰稿）

## 家园与团队　方向与使命

**我们的学院我们的家**

我们好喜欢学院的家园文化。首先是两周来我们的生活得到了很好的安排和关照，在这里代表一班的学员向学院的领导、班主任和服务中心真诚致谢和致敬！家园文化更多的内涵体现于这里的"家人"，99 名来自全国各地的同学，我们虽然有着不同的历史文化、风物风情，有着不同的地域特色和办学实践，但却有着共同的价值观、意义感和事业心！这些"同"与"不同"多么美好，我们通过微信群、通讯录将结成更紧密长久的发展共同体。最让我们满足和凝聚的是我们的专家团队和考察点校，他们的报告和结构化研讨何其精彩，他们对政策文件的解读通透而接地气，他们对关键概念的诠释可谓剥皮见骨，他们的睿智、襟怀、高位又平和，让我们的精神一次次去到了没去过的地方，让我们的教育自信与自觉上升到没有升到的高度！

**"顶天立地"做校长**

本次培训刷新了我们对自己的新定位，我们该做个"顶天立地"的校长。"顶天"，遵循人的成长规律、教育规律，包括借鉴经济领域和现代社会的发展规律，规律是我们的"天"；把握国家的教育政策、办学方向，兼具世界眼光，方针和方向是我们的"天"；提升我们的境界和使命感，修炼我们的胸怀和担当，人格力量是我们的"天"。"立地"，立足我们的地域、我们的学校，着眼我们的学生、教师和家长、社区，我们需要用科学民主的管理，进一步实现愿景、权力、责任和成就的对接，让权力落到地面；我们需要让课程先行，从顶层架构到评价体系和活动载体，逆向设计实施，让课程大厦落地；我们需要以人为本、师生至上，尊重并引导人性，相信并凝聚人心，热衷服务，迷恋成长，让教育给人的美好生活落地！

**乘上现代化的快车**

现代化就是我们教育创新的方向和节奏，教育现代化是每一代人的时代使命，是我们基础教育动态班的主要研修内容。我们需要以高阶思维，盯住关键少数的高级素养，实现人的现代化；我们需要开发实施适合本校的项目学习、跨学科主题学习等现代化课程，实现学生思维方式和学习方式的现代化；我们需要推动教育信息化建设，实现学习工具、设备、载体、途径、内容的现代化；我们需要开展学校系统性、统整性改革，实现学校组织结构和内在秩序的生态化、工作流程和学习时空的现代化！

两周的学习生活，交流研讨中我们结下了真挚的友情，愿今后你来我往、常来常往，寻找共同的研究领域一起做事儿、共同发展！

（2018 年在第 21 期全国小学校长基础教育动态班结业典礼上的发言）

## 集团化办学，扎根中国大地的教育新形态

集团化办学是促进教育优质均衡发展的重要策略，是扎根中国大地的学校教育新形态。为了学习先进地区集团化办学经验，中山区教育局组织中小学校长团到杭州进行为期一周的实地考察，让我们受益匪浅。

### 一、集团化——加快教育现代化的路径

李更生教授的讲座中为我们梳理了中国的现代化经历了物器时代——制度时代——文化时代三个阶段。《中国教育现代化 2035》加快教育现代化，核心是人的现代化。人的现代化包括心理、思想、态度和行为，四大核心要素就是自信、开放、理性和尊重。

四大理念：以德为先全面发展（价值取向）

面向人人终身学习（对象选择）

因材因人知行合一（方法指南）

融合发展共建共享（机制构建）

人的现代化12个特征：乐于接受新事物，准备接受社会的改革与变化，头脑开放尊重不同的看法，注重未来与现在守时惜时，注重效率效能，对人和社会充满信心，注重计划，尊重知识追求知识，相信理性及理性支配下的社会，重视专业技术，正视传统不惟传统是从，相互了解、尊重和自重，了解生产及过程。其中的相信理性和理性支配下的社会很重要，这样的人群不会动辄对他人施以情感绑架、道德绑架和政治绑架。

而中国教育的现代化必然带着中国传统文化的底色，中国的社会主义特色。中国儒士精神就是孔子的"知者不惑，仁者不忧，勇者不惧"以及孟子浩然之气和张载的立言立德开太平。第一所学校为什么叫京师大学堂，中国学生为什么规矩带着紧张，缺少尊重。杜维明谈中国传统文化精髓就是大气包容、和谐、淡定从容的东方哲学和儒雅气相，从平民道德走向贵族道德，崇尚尊严、荣誉、勇气、担当、创新，充满青春朝气活力，充满爱、诗和远方。

### 二、集团化——文化引领的集群式发展

文化是由某因素联系起来的生活方式和工作方式，并体现了一定的生活态度和工作态度，教师员工和多年习惯的集体养成就是学校文化。办教育就是育文化，育文化就是养习惯。

文化体现在多个层面：精神层面的价值观念、办学思想和教育理念就是全体师生的价值选择和观念认同；物质层面的校容校貌、场馆建筑和硬件设施，是精神理念的空间对应和物化；制度层面的规章制度、章程规范和班规公约，是精神理念与行为方式的承接和转化；行为层面的言行举止、教与学的行为、仪式活动，是理念的践行和落实。

文化决定着观念，观念决定着心态和意识，心态决定着行为，行为决定着习惯，习惯决定着命运，习惯就是文化。

制度是底色，行为是表现，人是制度的体现。人也是环境的产物，眼鼻耳舌身意，佛学中境以六根转心。所以环境育人，建筑物饰之美，不同风格图书馆，让教室成为学习天堂。

所以我们看到上城区教育局的"美好校园，美好教育"的文化引领，"上

城教育上乘教育"的共同愿景。看到余杭区杭行路小学文化的力量,行行文化,人人都是小行家,从理念文化到管理文化、课程文化、教师文化的全面生长培育。

### 三、集团化——因地制宜的教育新生态

上城区教育局十几年教育集团化发展之路,样态丰富。

公民办集群发展:民办建兰中学,公办惠兴中学

民办领办新校发展:建兰中学和时代小学——钱学森学校

区域联盟校:教育学院附小,教科所附小,清河实验小学——山南教育集团

名校普校共建:胜利实小和教科所附小

集团内异校设立名师工作室,带着课题和项目到异校工作,名校就在家门口,名师就在你身边。注重文化价值传承和课程共建共享。

杭州绿城育华学校黄建明"教育不公,奋斗不息"。民办集团化托管公办学校,一般五年期。他们早早认识到学区房是中国城镇化和商品房之后出现的问题。奉行一个好校长 = 一套好标准 = 一群好学校,靠标准化和信息化,未来可建 80 到 100 所学校。他们在集团化的路上找准角色定位,发挥好角色的作用和力量。

政府:义务教育公平化。

学校:老校的生命周期,插条重生,以新促老。

老师:把个人发展融入事业发展之中。

安吉路实验学校,国有民办转公办,托管四校。王盛之校长的信息化管理和教学经验历经二十多年的延续和深耕细作,成就斐然。

### 四、集团化——内涵发展促进真正优质均衡

我们说内涵发展,内涵是本质属性的总和,学校最本质的属性是学生的学习和发展中心,需要有专业的校长,专业的教师和专业的管理。集团内质量标准化,人财物资源统调。制定标准,制定流程,流程保证标准,分解目标责任书,都是内涵发展的关键词。网上一卡通管理系统、扁平化组织结构和评价系统,都是改革的"牛鼻子"。

抓住人才培育人才，行政队伍是核心，青师队伍是未来，名师队伍是财富。集团化发展把相关人群调动起来是正道，教育者、受教育者、社区、家长、专家团队等。为了争取社区和家长的支持，为了落实五育并举，立德树人的任务，"把跳绳喜报贴到社区墙上去"。用网络课程将合法家长培育成合格家长。

课程是内涵发展的内核和硬核。建设学习中心、学科教室。学习中心是师生共建共享，优化资源配置为目标，实现无边界学习为指南，促进人与空间环境、学习资源、智能技术的充分交互，服务于学生全面而有个性的发展的复合式学习空间。课程建设走起来，学习中心建起来，共享起来。课程建设体现新课程改革特点，建设新学习空间，创生新运行机制，带来新学习方式，新技术应用，带来新评价体系。尤其是引进第三方评价，对于建设区域新基础教育研究中心、教师发展中心、教育科学研究中心、教育信息研究中心等作用和意义深远。

上城教育局的"小时选课程，长大选人生"，适性教育下的个性化课程建设，余杭区杭行路小学的研学课程，都给我们很多启发。

（2020年中山区中小学校长赴杭州学习有感）